Hilda Catz
y colaboradores

Trabajando en Cuarentena en épocas

de PANDEMIA y de Post-PANDEMIA
Transformaciones e invariancias

Prólogos: Marcelo Viñar y Ricardo Rodulfo
Epílogo: Raúl D. Motta

Colaboradores:

Martina Burdet
Luis Martín Cabré
Hilda Catz
Mariela Cerioni
Mónica Cruppi
Mercedes Díaz
Magdalena Filgueira
Gustavo Finvarb
Leopoldo Galak
Lila F. Gómez
Mirta Iwan
María Pía Isely

Marta Lago
Beatriz Markman Reubins
Susana Martínez Ferreira
Patricia Morandini Roth
Guadalupe Morais
Inés J. Puig de Materazzi
Alicia Monserrat
Susana Rasinsky
Laura Ramos
Ricardo Rey
Alicia Szapu de Altman
Azucena Tramontano
Juan Vasen

**Ricardo Vergara
Ediciones**

Catz, Hilda

   Trabajando en cuarentena en épocas de pandemia y de Post-pandemia : transformaciones e invariancias / Hilda Catz. - 1a ed . - Ciudad Autónoma
de Buenos Aires : RV Ediciones, 2020.

   300 p. ; 22 x 15 cm.

1. Clínica Psicoanalítica. 2. Psicoanálisis. 3. Pandemias. I. Título.

   CDD 150.195

Coordinación de Producción y Edición: Ricardo Vergara
Te: (549) 116-231-2760
email: edicionesvergara@gmail.com
Facebook: Ricardo Vergara
Instagram: @vergara_ric
Colegiales, Ciudad de Buenos Aires
Reoública Argentina

Imagen de tapa: "**Tan lejos, tan cerca**"
Pintura digital de raíz por Hilda Catz

E-mail: hildacleliacatz@gmail.com

Lectura de originales: Naty Calderone

Queda hecho el depósito que marca la ley 11.723

Impreso en Argentina - Printed in Argentina
Imprenta Dorrego, Av. Dorrego 1102 (CABA)
Julio 2020

... *"el hombre es incapaz de controlar su propia naturaleza, cuya locura lo lleva a dominarla perdiendo el
dominio de sí mismo, puede dominar los virus pero se
encuentra desarmado ante nuevos virus .... debe y de-
berá negociar con la vida y la naturaleza".*

Edgar Morin (1993)

Índice

Lo siniestro
Hilda Catz...11

Introducción y palabras de apertura
Hilda Catz...13

Prólogo 1
Ricardo Rodulfo...19

Prólogo 2
Marcelo Viñar..23

Colisión de traumas
Martina Burdet...27

The "Wise Baby" (El bebe sabio)
Luis Martín Cabré..35

Crear Presencia. De transformaciones e invariancias
Hilda Catz...45

Una luz en la oscuridad. En búsqueda de
un camino hacia la salida de la cuarentena,
en el tratamiento de un niño de 4 años.
Mariela Cerioni...55

Escenarios de la subjetividad infantil en
tiempos de Pandemia
Mónica Cruppi..69

Jugar juntos en tiempos de aislamiento
Los desafíos de jugar con un niño con
hipoacusia en las pantallas
Mercedes Díaz, Laura Ramos....................................83

Pinceladas
Gustavo Finvarb................................97

Coronavirus: Reflexiones
Leopoldo Mario Galak................................109

Avatares del análisis remoto de
un niño preescolar
Lila Fabiana Gómez................................115

De un Mundo sin límites a los límites
de la Cuarentena. ¿Cómo poner
límites en un mundo sin límites?
Maria Pía Isely................................133

«El Juego, antes y después de la Pandemia
Mirta Iwan................................141

La humanidad a las aulas. La información
acerca del coronavirus puede generar una
forma inhibitoria del pensamiento
Lic. Marta Lago................................153

Psicoanalizar en tiempos de pandemia:
¿posibilidad o utopía?
Susana Martinez Ferreira
Magdalena Filgueira Emeric................................161

Transformaciones en el encuadre
de los tratamientos con niños
a partir de la pandemia del Covid 19
Beatriz Markman Reubins 177

Diego, entre la invisibilidad / visibilidad
de la pandemia. (Reflexiones sobre el
análisis de un niño en pantalla)
Alicia Monserrat................................189

Crisis melancólica grave en paciente
bipolar. Inervención en agudo a la distancia
Erica Guadalupe Morais, Ricardo Juan Rey..............199

Los sueños diurnos infantiles de la
inmunidad y del contagio.
Antecedentes sobre la Complejidad
Social en Tiempos de Pandemia.
Patricia Morandini Roth.................................207

Otras Pandemias: las psíquicas
El Virus del engolfamiento materno
y la ausencia paterna. El Hikikomori
del Samurai, arrancándose la piel.
Inés Josefina Puig de Materazzi.....................221

Algunas consideraciones en relación
a la pandemia de coronavirus.
Aportes desde una perspectiva
psicoanalítica
Lic. Susana Rasinsky.................................235

De pandemias y locuras privadas
Alicia Szapu de Altman..............................249

El amor en los tiempos de la pandemia
Azucena Tramontano.................................263

Las pestes de la peste
Juan Vasen..277

A la manera de un Epilogo.
Entre "quedate en casa" y "tests para todos"
Raúl Domingo Motta.................................289

"Lo Siniestro"

Son las 4 de la mañana de una calurosa noche de verano.

Cecilia se despierta sedienta. A oscuras se dirige a la cocina, donde a tientas busca un vaso.

Siente pasos detrás de sí, y dice:

"Sos vos?"

Y una voz le responde: No

Hilda Catz

Introducción y palabras de apertura

Hilda Catz

*"Se mide la inteligencia del individuo
por la cantidad de incertidumbres
que es capaz de soportar"*
E. Kant

Este segundo tomo es el resultado de la continuación de un intenso intercambio entre colegas como lo fue el primer tomo, realizado al decretarse la cuarentena como forma de enfrentar la Pandemia del virus covid19.

Ante un peligro desconocido como el virus del covid19 y sus imprevisibles y trágicas consecuencias propuse la necesidad de transmitir nuestras reflexiones ante el horizonte de incertidumbre y extrañeza frente al que nos encontrábamos y que reflejamos en *"Psicoanálisis de Niños y Adolescentes, Trabajando en cuarentena en tiempos de la Pandemia"* tomo I.

Siguiendo la enseñanza de nuestros pioneros, consideramos la importancia de trabajar en grupo, y se fue generando también *"Trabajando en Cuarentena y en la Post-Cuarentena en épocas de pandemia"* tomo II. Tratando así de demostrar que el Psicoanálisis puede mantener su potencia clínica en el medio de esta tormenta, pero también aceptando la duda y la falta de certezas como una forma de sostener la salud mental.

Y ahora con nosotros los autores:
Martina Burdet nos presenta : El hikikomori es el exponente de la versión absoluta de un amor a un otro deshabitado. Y es lo que le ocurre a su paciente en plena

13

pandemia donde ésta reactiva en él el deseo de no deseo de los primeros objetos hirientes.

Luis Martin Cabré nos habla del bebe sabio... ese saber de los niños que muchas veces es negado por los adultos y nos recuerda:..." no todos los niños logran el dominio de su propio dolor y algunos quedan fijados en la auto-observación y en la hipocondría".

Hilda Catz "hay algo que crea presencia, una invariancia en la que nos apoyamos como psicoanalistas que es la palabra y que también transforma. No está el abrazo pero la palabra es como un cuerpo que abraza, genera una trama que envuelve y sostiene".

Mariela Cerioni remarca:..."Después de las primeras sesiones vía remota, que fueron de incertidumbre y de exploración, ... la modalidad de girar la cámara... sumar los muñecos superhéroes que se encuentran en el consultorio... facilitó la hora de juego virtual"

Monica Cruppi nos habla de que..."En todos los casos tenemos que considerar, el rol de "el tercero" presente en la sesión a través de la tecnología utilizada, la que modifica la relación de intimidad entre el terapeuta y el paciente y que tiene valor simbólico".

Lila F. Gomez "El objetivo de este trabajo gira en torno a reflexionar sobre el diseño del dispositivo remoto ... empatizar con el sufrimiento del niño y su familia, nos interpela, nos convoca a una actitud abierta y creativa intentando así prevenir la instalación de situaciones traumáticas".

Magdalena Filgueira Emeric y Susana Martínez Ferreira nos remarcan" Sin embargo, la viñeta muestra como igualmente es posible que un pedido de ayuda se configure en un encuentro solo de voces... pero igualmente ...denuncian un sufrimiento psíquico"

Gustavo Finvarb en sus "Pinceladas" nos habla de ..." vicisitudes de y en la transferencia...y como la dimensión actual por la pandemia es novedosa en ese sentido y afecta el terreno discursivo".

Leopoldo Galak en sus reflexiones plantea:..." Tiendo a creer que la situación que estamos viviendo no se trata de un encadenamiento sucesivo de cosas, sino de un quiebre, donde el paradigma anterior es inservible para entender lo que pasa en el mundo".

Maria Pía Isely plantea la problemática de "¿Cómo poner límites en un mundo sin límites?..." Un mundo donde vale todo y todo no vale nada" sin caer en los extremos de la sobre-protección ni el abandono como dice Freud (1925-26).

Mirta Iwan en "El Juego, antes y después de la Pandemia" y nos lleva a repensar el valor del juego en las infancias y nos remite a Freud (1932-1936) con "Todo niño que juega se comporta como un poeta, pues se crea un mundo propio ...".

Marta Lago nos dice que la información acerca del coronavirus puede generar una forma inhibitoria del pensamiento y agrega T-S Elliot((1935-1942)..." Váyase, dijo el pájaro Que la especie humana No soporta mucha realidad".

Beatriz Markman Reubins nos dice que :..." En el futuro tendremos que conceptualizar lo aprendido en nuestras prácticas virtuales, ...y qué de lo aprendido en esta etapa, puede resultar quizás interesante incorporar al encuadre tradicional".

Alicia Monserrat nos relata su caso Diego :..."Las circunstancias de la pandemia nos obligan a recurrir a la creatividad como analistas para afrontar nuevos retos, sin dejar de lado los principios teóricos y técnicos..."ni descuidar el entorno parental.

Guadalupe Morais y Ricardo Rey muestran "un abordaje enérgico e intenso a distancia en una situación crítica con una paciente bipolar melancolizada de alto riesgo, poniendo énfasis en un abordaje farmacológico y psicoanalítico con alta frecuencia de sesiones y amplia disponibilidad de contacto con su terapeuta".

Patricia Morandini Roth nos plantea :.."Los niños soportan un sobre esfuerzo, una sobre-adaptación en la cual no dejan de irrumpir los síntomas, regresiones,... ¿Será que los niños aceptan la realidad material impuesta por ese superyó social y el yo ideal parental?".

Ines J. Puig de Materazzi nos trae la extrema gravedad de un adolescente con la temática de:...Otras Pandemias: las psíquicas y del Virus del engolfamiento materno y la ausencia paterna ejemplificado con el Hikikomori del Samurai, arrancándose la piel que escenifica su paciente.

Laura Ramos y Mercedes Diaz destacan que..."La pandemia nos ha implicado a todos...nos obligó a tomar medidas extremas y a modificar nuestras costumbres y rutinas...Aceptar esta situación, pensarla con colegas, escribir sobre ello, nos permite que el aislamiento sea físico y no social o afectivo".

Susana Rasinsky destaca... "una característica que nos llevó a escribir estos dos tomos y que atraviesa prácticamente todos los trabajos presentados que es el pasaje de lo presencial a lo virtual, principalmente en lo que hace al Psicoanálisis de Niños".

Alicia Szapu de Altman "La pandemia des-vela, saca a la luz... aquello soterrado. "Lo siniestro" burla las barreras impuestas por la censura y nos sumerge en un clima impensable donde el límite entre oscuros fantasmas y realidades actuales se desdibuja... facilita el desborde de algunas locuras privadas."

Azucena Tramontano nos trae el amor en la Pandemia con "El amor en los tiempos del cólera",..."Su protagonista sería este ser supremo que el mundo conoció al despertar en la oscuridad y que generó perplejidad e intriga, un tiempo detenido universalmente...., la idea de la enfermedad y de la muerte".

Juan Vasen nos habla de La peste de las Pestes... "La

primera de las catástrofes en las que nos sumió es la catástrofe de las certidumbres, y aún altera nuestra vida cotidiana: la incertidumbre en relación a hábitos y costumbres que son parte natural y consustancial de nuestra cotidianeidad".

Raul Domingo Motta: "Entre la visión conservadora, que niega el poder profundamente re-configurador de la pandemia, la visión quimérica, que propone un año cero de la historia, se anuncia algo más preciso, el acontecimiento de la pandemia desnuda la fragilidad de la complejidad humana... Junto a esta fragilidad, descubrimos cuánto ignoramos y al mismo tiempo experimentamos el protagonismo del error individual y colectivo, tanto científico como político."

A través de la lectura de los trabajos presentados se puede observar que esta apocalíptica pandemia de coronavirus nos enfrenta a nuestra vulnerabilidad, a las pulsiones más primitivas que impone el aislamiento, así como al "darwinismo", de quizás tener que elegir a los que van a vivir en esta crisis sanitaria del siglo XXI.

La propuesta es poder pasar desde la intimidación que provocan los hechos desconocidos e imprevisibles que todos vivimos en nuestra tarea cotidiana a la intimidad de espacios terapéuticos, de reflexión y de trabajo compartido como este segundo tomo que aquí se presenta.

Prólogo 1

Ricardo Rodulfo

Leyendo este libro tan grupal –y por eso mismo tan propio del estilo de trabajo de Hilda Catz- una de las primeras cosas que diríamos es "el Psicoanálisis a tiempo". A tiempo en su tiempo, mano a mano con la pandemia y trazando en animadas discusiones un recorrido que parte de la irrupción del virus e internándose en los contornos de tan compleja estructura el grupo se aboca a un inventario clínico muy sabroso, en el que desfilan innumerables problemas. Comenzaría por esa ambivalencia radical que preexiste largamente a esta pandemia o a cualquier otra, aquella que hace de nuestro prójimo lo mejor que podemos encontrar a la vez que lo más amenazador. Homo homini lupus. ¿Se aproxima ese otro como amigo o como enemigo? Nunca lo sé de antemano, tampoco porque forme parte de mi familia, tampoco porque nos hayamos amado.

En esto no hay nada que sea nuevo de verdad, solo lo anecdótico de una virosis fulminante. Junto con esto se pone de relieve lo inevitable del "entre" que nos hace ser: nada necesitamos tanto como la alteridad del otro o de la otra. Por eso, todo encierro, todo confinamiento que procura cuidarnos, al hacerlo se mueve entre Escila y Caribdis, nos arroja a otros males.

Los analistas hoy nos topamos con crecientes demandas por niños y otras personas de todas las edades asolados por multitud de síntomas que antes no tenían, efecto de la larga cuarentena: Pánicos, stress, insomnios, violencias a veces peligrosas, depresiones, trastornos psicosomáticos, ACV, infartos, oscilaciones entre claustro y agorafobias, actuaciones de diverso orden, incluso aquellas que llevan a ponerse en peligro de contagio que nos sumergen en las complejidades y paradojas de la subjetividad.

Más allá de esto, los autores, con Hilda Catz a la cabeza, los colegas van coincidiendo en una propuesta no técnica al Psicoanálisis, que les permite que en condiciones tan alteradas puedan trabajar y pensar. Y apostar por lo intransferible de una apuesta en pro de los valores de singularidad de las personas –algo que no se compra ni se vende ni se arregla con mera tecnología- lo que les permite jugar con las nuevas posibilidades de lo digital para llevar a cabo e improvisadamente una extrapolación de la terapia a un ámbito que no es el de la presencia sino el de la no presencia. Todo un regalo esta categoría que nos legó Jacques Derrida.

Pero no ese trata nunca de una cura por la técnica. La apuesta de este libro es llevar lo humano al corazón de una combinatoria robótica y es comprensible y compartible la fatiga que este trabajo extra genera.

Para terminar, "Cuando la tormenta pase y se amansen los caminos y seamos sobrevivientes de un naufragio colectivo. Con el corazón lloroso y el destino bendecido nos sentiremos dichosos tan sólo por estar vivos. Y le daremos un abrazo al primer desconocido y alabaremos la suerte de conservar un amigo. Y entonces recordaremos todo aquello que perdimos y de una vez aprenderemos todo lo que no aprendimos. ya no tendremos envidia pues todos habrán sufrido. Ya no tendremos desidia seremos más compasivos...entenderemos lo frágil que significa estar vivos sudaremos empatía por quien está y quien se ha ido. Extrañaremos al viejo que pedía un peso en el mercado, que no supimos su nombre y siempre estuvo a tu lado. Y quizás el viejo pobre era tu dios disfrazado. Nunca preguntaste el nombre porque estabas apurado. y todo será un milagro y todo será un legado y se respetará la vida, la vida que hemos ganado. Cuando la tormenta pase te pido dios, apenado, que nos devuelvas mejores, como nos habías soñado". Mario Benedetti

Prólogo 2

Marcelo Viñar

Hilda Catz ha escogido para este su segundo tomo de la investigación acerca de la Pandemia la autoría múltiple, es una opción que nuevamente celebro especialmente por la implicancia que tiene en estos momentos. Por otro lado los pioneros de la Escuela Argentina (Racker, Pichon, Aberastury, Bleger, Baranger, Rodrigue) promovían puentes entre mundo interno y mundo externo como los de Simbiosis y la Ambigüedad esencial del campo analítico y su entorno. Antecesores que están presentes también a lo largo de estos dos libros sosteniendo formas de abordaje creativas. El análisis del grupo familiar, del binomio madre/padre hijo y los grupos operativos que apostaban a la fertilidad de los vínculos que tanto significaron para el psicoanálisis latinoamericano.

Sabemos que la grupalidad aporta una pluralidad de miradas que enriquece la percepción de los hechos en toda su complejidad a su vez inabarcable y refleja. Una comunidad local de lealtades y pertenencias, que se genera en la adolescencia que nos marca para toda la vida, con amores y rencores, porque ocupan las valencias afectivas dejadas libres en la salida del mundo endogámico familiar de la infancia. Grupos que como el que trabaja en este libro construyen un espacio intermedio para enfrentar con multiplicidad de miradas lo que acontece logrando lo que Hilda denomina ese pasaje de la intimidación que produce la Pandemia a la posibilidad de creación de espacios de intimidad.

Entiendo que la pandemia trae lo inesperado, que nos deja atónitos y perplejos, experiencia que es vecina de lo que en el proceso analítico sentimos cuando merodeamos lo que llamamos la Otra Escena, y esta perspectiva debiera ayudarnos para manejar lo desconocido que nos aporta la pandemia.

Desarrollar este tema nos remite a otras complejidades ya que las experiencias intensas (traumáticas) cambian la dirección entre uno y otro extremo teniendo en cuenta que la clínica psicoanalítica es un trabajo de resignificación a posteriori. Múltiples autores afirman que el mundo será otro después de la pandemia, ese mundo dará lugar a producción de nuevas subjetividades, hoy, en tiempos de modernidad liquida o vértigo civilizatorio como el que atravesamos la metáfora que designe la experiencia psíquica debiera sugerir el movimiento, lo efímero y el cambio abrupto. Para posicionarnos ante el flujo constante y cambiante de la experiencia interior, la metáfora que propongo es la del viento, el aliento que va desde la calma al huracán con sus intermedios de brisas y ventarrones, todas estas alternativas poseen un rasgo previsible y otras conducen por derroteros como está sucediendo con la Pandemia abruptamente inesperados.

Hemos trocado el rumbo desde el paradigma iluminista de apuntar a una causa prínceps y a un determinismo lineal para desembarcar en los paradigmas complejos, multicausales, con zonas de incertidumbre y el real inaccesible que toma lugar el ombligo del sueño.

No es lo mismo pensar o interpretar la humanidad de un sujeto centrándolo exclusivamente en el fuero interior de sus pulsiones e identificaciones que pensarlo inmerso en sus vínculos y acontecimientos como se lo presenta en este libro que nos habla de trabajar en cuarentena en épocas de la Pandemia como un puente entre los acontecimientos internos y externos que lo determinan.

Incluir lo social en su interacción con el conflicto psíquico se ha vuelto un desafío ineludible para el psicoanálisis del Siglo XXI. El mundo de hoy es lo suficientemente cambiante, complejo y caótico como para proponer encuadres rígidos y teorías definitivas. En la lectura de este libro que aquí prologo palpita la libertad para escoger los parámetros y alcances de su tarea y cuentan para ello con la rica tradición de la Asociación Psicoanalítica Argentina pionera del psicoanálisis latinoamericano, para reinventarse en este mundo inédito e insólito.

Colisión de traumas

Martina Burdet

Madrid VI-2020

La crisis del Covid-19, si algo supone durante y después, es el corte de todo vínculo, por doquier, en la sociedad, en las familias, entre los abuelos y los nietos, entre los amantes. Por todas partes. Entre amigos, entre compañeros, entre trabajadores, entre países. De un día para otro, hay que quedarse en casa, un virus invisible amenaza nuestra vida y el modo más eficaz de luchar contra él es el aislamiento. Nosotros analistas no somos excepciones. Nos hemos visto poniendo mucha distancia con nuestros pacientes, trabajando online durante varias semanas, presencialmente de nuevo según los casos, pero con distancia y más distancia, con mascarillas que tapan las caras del paciente como del analista. Adiós al tender la mano, cuerpo huidizo, mano guardada, con angustia por ambas partes. El vínculo terapéutico se ha podido preservar sobre todo cuando la relación transferencial estaba previamente asentada, pero en todos los casos observo en el material de mis adolescentes y adultos la reactivación de fantasías filicidas versus parricidas.

Han pasado tres meses y el virus sigue siendo un gran desconocido. El porte de la mascarilla es obligatorio y la distancia social, el mejor remedio. Algunos aprovecharon la situación para disfrutar de más tiempo o para descansar de la aceleración de nuestros tiempos actuales, pero otros, aquellos para quienes la relación con otros elegidos por sus cualidades propias ya había cedido el paso a una mera conexión con otros reducidos al papel de propiciadores de *likes* (Burdet, M. 2018), entraban en un mundo bien diferente, sobre todo cuando sus primeros objetos eran fallidos y no entraban en el grupo de los primeros objetos padres o madres suficientemente buenos.

El tocar al otro, el ser pensado por otro, tan estructurante para el psiquismo desde los orígenes, ahora suprimidos, reactiva en personas con fallos en sus primeras relaciones objetales algo del derrumbamiento y del dolor debido a los traumas precoces. Como en la viñeta que voy a exponer a continuación, una persona puede quedarse catapultada en un mundo fuera del mundo, mundo donde la noción de límite es borrosa y donde el yo arrancado de todo contacto con otro padece una suerte de hemorragia. Para unos cuantos como el paciente RR2, el vacío externo impuesto y el corte radical con los demás despertaron al instante los agujeros internos y las separaciones insostenibles no elaboradas anteriormente. Ante lo insoportable del dolor psíquico que siente, RR2 se escapa y se refugia en el mundo virtual que viene a compensar el agujero vivido en lo real, y en cuestión de días regresa a un magma que había caracterizado su adolescencia. La situación traumática social inmediatamente actúa como catalizador en el mundo interno del paciente produciendo una regresión a una fijación y unos refugios psíquicos defensivos (Steiner, J. 2013) que antaño le habían servido de defensa.

RR2 había acudido a mí porque decía vivir en un mundo paralelo: "Estoy bien solo, si voy con la gente me trabo. Me hicieron tanto daño. Lo bueno de los juegos es poder ser lo que quieres. Yo era el que ayudaba al héroe. Quería causar admiración, que dijeran, cómo "molas". En la vida real tengo miedo a que me den de lado. No tengo relación. Soy débil. Nunca dije lo que pensaba. Solo estoy contento cuando estoy invisible para los ojos de los demás. Ver a los demás en la calle, me angustia. Es como que no sé existir en el mundo. No sé cómo hablar, no sé cómo comportarme, no sé quién soy. Solo sé vivir *online*".

Los padres de RR2 se separaron cuando tenía nueve años. El padre, descrito con problemas de adicciones y violento, se fue a vivir con su amante. La madre, alcohólica, se queda con sus tres hijos pero "se vino abajo" en el momento de su separación, léase, se descompensó: síndrome de Diógenes, ausencia de higiene y de límites para los hijos a los que no logra atender, arrebatada ella misma por sus propios problemas y la depresión en la que se hunde.

RR2 se refugia en una vida *online* desde sus 13 años hasta sus 19. Sus "verdaderos" amigos son virtuales. Duerme en la mesa del colegio y se pasa el resto del día y las noches jugando. "A sus 9 años, dice, tuvo que ser el hombre de la casa". Probablemente que de tan alta responsabilidad, así como de no significar bruscamente nada para ambos padres que a su manera le dejaban, deseó escapar del dolor y trasladarse *online*, en otro mundo.

Ésta es la situación que recompongo paulatinamente porque cuando acude a mí RR2 tiene un buen trabajo al que se dedica sin tregua, como a los juegos, día y noche. Duerme en casa de su padre pero éste le echa enseguida, unos meses antes de la crisis sanitaria. Partido de dolor RR2 se busca una casa.

La fase inicial de nuestro trabajo se centra alrededor del dolor producido por la separación y el maltrato paterno y su problema peculiar: el hecho que él no sabe relacionarse con las personas pues, por primera vez, ha dejado de tratar con los seres de manera virtual. Se mete, en su realidad cotidiana, en problemas serios al no entender bien a las personas y al tratarlas como avatares. Usa a las mujeres como puro agujero de descarga y para acceder a ellas declara un amor que no siente, miente y termina creando situaciones que no entiende, líos de cierta envergadura que le asombran pero donde alguna vez hasta tuvo que intervenir la policía.

Trabajamos en torno a cómo crea este tipo de situaciones sin haberlo podido imaginar. Miente, sale con varias chicas a la vez, llega a tener problemas graves porque no entiende y por lo tanto no mide que las personas tienen afecto y se basan sobre lo que dice. Va viendo que sus 6 años de vida *online* han hecho que no sepa relacionarse con la gente, que no pueda percibir el lado humano del humano ya que durante su adolescencia lo rechazó. Con dolor va viendo que la vida no es juego y que no sabe nada de sí, ni del mundo del que dimitió debido ciertamente a angustias y heridas tempranas inasumibles.

RR2 forma parte de estas personas que encontramos hoy para quienes, debido a traumas precoces, el establecimiento de un vínculo con otro se torna difícil. En su lugar lo que predomina tiene que ver con el deseo de no deseo, versión magistralmente tratada por Piera Aulagnier (1975) como variante de la pulsión de muerte. Desobjetalización en este caso en el sentido que le da A. Green 2003).

Estalla en España la crisis pandémica del Covid-19. Se proclama el estado de alarma y el país entra en confinamiento. RR2 entra en pánico, llama a su madre que le dice que le "ayude el Estado", lo cual muestra el poco nivel de empatía de ésta para su hijo y la ignorancia que tiene en relación a la situación presente en la sociedad donde para nada se trata de que el Estado pueda actuar en este caso. Pero lo que sí está claro es la repetición de una imposibilidad de pensar al hijo y un abandono y rechazo por las dos vías parentales. El padre no se manifiesta. El único hilo que mantiene RR2 con un ser humano es conmigo, en un primer tiempo por teléfono.

Es entonces, en el après coup de la crisis sanitaria que constituye para RR2 y para mi entendimiento, cuando me percato de la gravedad de la crisis adolescente narrada por el paciente que vuelve a producirse a los pocos días del confinamiento. Cortado de todo vínculo familiar, cortado de una incipiente relación que empezaba, cortado de mí con quien habla ahora por teléfono, RR2 actúa su pasado como presente.

Vuelve a su adolescencia, regresa a un paraíso, un mundo soñado de antaño que se desarrolla *online* en exclusividad, en juegos interactivos perdiendo las nociones de día y de noche. Olvida comer. Él, normalmente muy comprometido con sus sesiones, se va olvidando de alguna. Come una vez al día gracias a "Glovo". A medida que avanza el confinamiento, se va olvidando de sus sesiones: "estaba en una partida".

Siento que el deseo vital le abandona. Le oigo decirme, "sabe estoy como antes, con un cierto placer pero a la par, la verdad que estoy muy mal a otro nivel, muy deprimido. Me autodestruyo. A otro nivel, estoy también feliz en este mundo sin exigencias".

Veo cómo RR2 pierde contacto con la realidad, regresa al refugio psíquico de su adolescencia nunca elaborada, hecho que se me había señalado pero que nunca entendí pudiera desarraigarle de la vida de semejante modo, imperando unas declinaciones de la pulsión de muerte en cuanto que deseo de regreso a una suerte de vientre materno contenedor- vida- en -exclusiva- *online*.

Después de dos sesiones perdidas por desorientación temporal, RR2 pide que le extienda una autorización para acudir a consulta personalmente pasadas seis semanas de confinamiento. Decido no volver a reanudar con el diván y tener las sesiones cara a cara hasta que se pueda reconectar conmigo, a pesar de mi cara también con la barrera de la mascarilla.

RR2 6 semanas sin ver a nadie. Viene hundido, las ojeras le comen la cara, está demacrado, extremadamente delgado. Enseguida me explica con tono de disculpas que "huyó del dolor" hacia el mundo de la tecnología, que lo sabe pero que lo siente, que no pudo hacer de otra manera. Por unas semanas había vuelto a su lugar de la adolescencia porque "no lo podía soportar". Parecía un vivo exponente occidental del hikikomori.

El Hikikomori, es una figura cada vez más frecuente en Japón que reniega de la experiencia de la otredad de manera extrema. El fenómeno que supone la huida de la experiencia del otro es absolutamente novedoso. Para ellos (Godart, 2017, p. 123)[1] "morir de pantalla es más fácil que morir de amor". Para ellos, el otro está absolutamente barrido de una vida que se desarrolla en exclusividad *online*. Se podría leer el fenómeno como exponente puro del deseo de no deseo, como una avería en el deseo vital. El Otro con mayúscula, simbólico de la teoría lacaniana, o el otro, están ausentes. En este caso, "yo ya no es otro" y "morir de pantalla" (Pommier,G 2018) se torna más fácil que morir de amor en una alienación con personajes virtuales y una pérdida de vínculos extrema. El hikikomori es el exponente de la versión absoluta de un amor a un otro deshabitado. Y es lo que le ocurre a RR2 en plena pandemia. Ésta reactiva en él el deseo de no deseo de los primeros objetos hirientes y hasta que no reanude un vínculo con un objeto suficientemente bueno en este caso, con el analista, diría que RR2 padece "estas nuevas enfermedades del alma" (Kristeva, J (1993) en cuanto que rechaza la experiencia del otro por excesivamente hiriente.

El trauma social y actual externo viene a resucitar los traumas internos pasado y presentes y forman así un trauma acumulativo para el paciente que salta regresivamente a su paraíso artificial adolescente que seguía sin elaborar.

---

[1] Traducción personal.

Bibliografía

Aulagnier, P. (1975). *La violence de l´interprétation. Du pictogramme à l´énoncé.* PUF. París.

Burdet, M. (2018) *Amar en tiempos de Internet ¿ Me am@s o me follow?* Underbau.

Godart, E. (2018). *La psychanalyse va-t-elle disparaître?* Editions Albin Michel.

Green, A. (2007a). *Pourquoi les pulsions de destruction ou de mort?* Edition du Panama. París.

Pommier, G. (2018). Paradise Apple, en Godard, E., y Gori, R., *Les métaphores des subjectivités à l´ère numérique.* Erès.

Steiner, J. (2013). *Refugios psíquicos.* APM. Biblioteca Nueva. Madrid.

Martina Burdet

Psicoanalista
E-mail: martinaburdetdombald@gmail.com

The "Wise Baby" (El bebe sabio)

Luis Martín Cabré

La noción de "bebe sabio" apareció por primera vez en 1923, en una breve anotación de 25 líneas aproximadamente titulada *"El sueño del bebé sabio"*. Ferenczi describe un sueño típico o una fantasía que relatan muchos pacientes en que niños muy pequeños o bebés en la cuna, repentinamente, *"son capaces de hablar o escribir con gran facilidad, comunicar proverbios profundos, sostener conversaciones eruditas, hacer discursos o dar explicaciones científicas"* (p.349). En su opinión, el contenido manifiesto de este sueño apuntaría, a través de la ironía, a un deseo reprimido de carácter edípico tendiente a superar y vencer a los "grandes", invirtiendo la situación en la que el niño se encuentra en relación al adulto.

El análisis de este sueño abría ya entonces muchas sugerentes interpretaciones sobre las dificultades que los niños encuentran en la manera de relacionarse con los adultos, pero alcanzó su mayor relevancia con los desarrollos de Ferenczi sobre la teoría psicoanalítica del trauma. Ocho años más tarde, en *"El análisis de niños con adultos"* (1931) vuelve a referirse al *"sueño del bebé sabio"* pero en este texto su planteamiento adquiere una formulación nueva y radicalmente diferente relacionada con la situación clínica del niño traumatizado.

"Todos sabemos...", -afirma-, *"...que los niños que han sufrido mucho, moral y físicamente, adquieren rasgos fisionómicos propios de la gente adulta y con experiencia. Tienen igualmente tendencia a tratar maternalmente a los demás, de esta manera comunican sus conocimientos penosamente adquiridos por el trato recibido y se*

convierten en gente dispuesta a ayudar. No todos llegan tan lejos en el dominio de su propio dolor y algunos quedan fijados en la auto-observación y en la hipocondría". (Karnak. Final Contributions, p. 136)

Si observamos minuciosamente la reflexión de Ferenczi, el concepto de *"bebe sabio"* alude más que a un mecanismo de defensa, a un mecanismo de supervivencia, totalmente diferente al de la represión, y consecuencia directa de una autoescisión que transforma brutalmente la relación de objeto en una relación narcisista *(autoescisión narcisista).* La inteligencia del niño *("el bebe sabio")* se comporta, en las fantasías del análisis, como "otra" persona (una parte escindida) que acude en ayuda de un niño mortalmente herido. Pero además, el *"bebé sabio"* tiene la capacidad no solo de leer su propio inconsciente sino el inconsciente de los adultos y cree inocentemente que ellos apreciarán su información.

Esta noción esencial de autoescisión narcisista implica que una parte del yo desarrolla una capacidad protectora de la parte infantil desprovista de protección, pero también, al mismo tiempo, la internalización de un objeto primario que obstaculiza la constitución del narcisismo y la capacidad contenedora de la paraexcitación, con las consecuentes carencias en el ámbito de la representación, produciendo una indefensión que puede convertirse en irreversible.

En este sentido, el trauma traduce la ausencia de una respuesta adecuada del objeto ante una situación de fragilidad que fragmenta y mutila para siempre el yo del niño, conservando un estado traumático permanente y una sensación de indefensión primaria *(Hilflosigkeit)* que se reactiva ante cualquier circunstancia, a lo largo de toda la vida e incluso en la situación analítica misma. Tal vez, por este motivo, los pacientes severamente traumatizados presentan una marcada pobreza en los procesos de simbolización y dificultan al analista la formulación de interpretaciones pertinentes.

En "*Confusión de lenguas entre los adultos y el niño*" (1932) Ferenczi insiste, de nuevo, en la idea del "*bebe sabio*" cuando sostiene que bajo la presión de una experiencia traumática, el niño queda por un lado en estado emocional embrionario pero al mismo tiempo puede manifestar todas las emociones de un adulto maduro o de un filósofo reflexivo pero sin establecer conexión alguna entre las palabras y los afectos.

Esta sería su tesis. Cuando el lenguaje de la pasión de un adulto, que maniobra inconscientemente el erotismo tanto del amor como del odio, choca de manera violenta con el lenguaje de la ternura del niño, descalificando y desmintiendo el reconocimiento del pensamiento y los afectos, en el aparato psíquico del niño –que había depositado toda su confianza en el adulto— tiene lugar un trauma que le provoca, no sólo miedo, desilusión y dolor sino, sobre todo, le conduce inevitablemente a una escisión. A diferencia de la escisión en Freud ("Ich-spaltung"), según la cual una parte del Yo acepta la realidad y la otra la desmiente, en la concepción de Ferenczi ("splitting"), una parte muere y la otra vive, pero desprovista de afectos, anestesiada, quedando al margen de la propia existencia, como si fuese otro, un "*bebé sabio*", quien viviera su vida.

El trauma infantil, además de escisión puede generar fragmentación, atomización y autotomía. Esta noción de autotomía por él acuñada, insiste aún mas en la misma idea e implica de manera implícita la amputación de una parte de sí mismo, por lo que en la perspectiva ferencziana, como dije antes, una parte del sujeto "muere" a través de la escisión. Ya no siente dolor porque no existe. Es más, "*[...] no se aflige por la respiración o el corazón, ni en general por la conservación de la vida, sino que mira con interés el ser destruido o despedazado como si ya no fuera él mismo, sino otro ser, a quien se le afligiera ese penar...*" (Ferenczi, 1932 [1988], p.47) La psique se defiende con su autodestrucción o con la destrucción de quien le brinda ayuda o afecto. Y es que una "inteligencia superior" permite una percepción del dolor más profunda y más intensa hasta el punto de volverse insoportable.

Si llevamos estos planteamientos al seno de la relación analítica, podemos preguntarnos como puede ser revivida y activada en la transferencia esta escisión narcisista producida por el impacto de la experiencia traumática. Como sabemos, la elaboración del sufrimiento mental constituye un eje esencial en el desarrollo de todo proceso analítico pero pone en primer plano también el dolor mental del propio analista que debe elaborar el sufrimiento proyectado por parte del paciente y que debe poder tolerar y contener la rabia, los ataques y las seducciones sin quedar paralizado en el propio pensamiento. Todo analista puede encontrar pacientes que viven la imposibilidad de experimentar el dolor y utilizan mecanismos muy primitivos para evitar el sufrimiento. Se tornan silenciosos, inmóviles, sarcásticos, insensibles y borran cualquier rastro de emotividad en su discurso. Una consecuencia es el empobrecimiento de su vida mental y de su relación analítica pero también de necesitar actuar estos sentimientos congelados en actos autodestructivos, especialmente en ocasión de separaciones o interrupción de las sesiones. ¿Cómo consigue el analista convertirse en un bebe sabio para el paciente, permitiéndole reducir la necesidad de recurrir a la escisión y favoreciendo un proceso integrador? Para lograrlo y permitir acceder al paciente a los núcleos más recónditos de su mundo interno y sobre todo para favorecer un cambio psíquico que le permita aliviar su sufrimiento y su desesperación, el analista no puede contar únicamente con el instrumento de la interpretación. Aparentemente, Ferenczi, en esta tarea, sitúa al analista en el lugar de la escucha de lo imposible y en los límites no solo de lo psíquico y lo somático sino también de lo pensable.

El fenómeno del "bebe sabio" es un importante indicador clínico de lo que se denomina "progresión traumática". Se trata de una maduración precoz, adquirida a costa de un intenso sufrimiento emocional, que se manifiesta a través de capacidades intelectuales, en ocasiones muy sorprendentes. Sin embargo, estas capacidades, muy a menudo inadecuadamente valorizadas y reforzadas socialmente, ocultan la necesidad que tienen estos pacientes de ser escuchados, entendidos y contenidos en su sufrimiento "enterrado vivo" para poder ser elaborado y superado.

La concepción del "bebe sabio" se aproxima a algunas aportaciones del propio Ferenczi relacionadas con la noción de *"orpha"* y especialmente con la noción de Winnicott (1983) sobre el *"falso self"* (que se desarrolla como un proceso mental cuyo fin es relacionarse con el exterior y preservar la vida del verdadero self), *"del paciente como terapeuta de su analista"* de Searles (1975) o de la *"reversión de la perspectiva"* de Bion (1959, 1963).

Veamos brevemente la proximidad de la noción de *"bebe sabio"* con la de *"orpha"*, que permite interesantes sugerencias. En el Diario Clinico (12 de enero, pag.48), Ferenczi define "Orpha", concepto que le sugirió su paciente Elisabeth Severn durante su análisis con él, como: *"...instintos vitales y organizadores...que sustituyen la muerte con la locura"*, es decir, un factor insconsciente que se despierta en el momento del trauma. Su función es como la de *"un angel de la guarda"* que intenta conservar la vida cueste lo que cueste, y *"produce alucinaciones que cumplen deseos, fantasias consoladoras, narcotiza la conciencia y la sensibilidad frente a sensaciones que se hacen insoportables.."*. Orpha es capaz, por tanto, de crear una especie de "psiquismo artificial" o de *"bebe sabio"* para sostener al cuerpo con vida, para salvarlo de la muerte, pero al precio de conformar un individuo fragmentado, compuesto de diversas partes.

Ya en Notas y Fragmentos, en la nota del 21 de septiembre de 1930, se había referido Ferenvzi a *"...una fuerza interna, de naturaleza desconocida, totalmente inconsciente que evalúa con una precisión matemática tanto la gravedad del traumatismo como la capacidad de defensa disponible, produce algo así como una máquina de calcular complicada, con una seguridad automática, que es el único comportamiento psíquico y físico práctico y adecuado en esa situación..."*

Y en distintos pasajes del "Diario" Ferenczi insiste una y otra vez sobre este concepto (17 de enero, 1 de mayo y 12 de junio), pero es sobre todo en las notas del 10 de mayo donde describe de manera ejemplar su concepción *"..En la necesidad extrema nace un ángel de la guarda interior que dispone de nuestras fuerzas corporales mucho mas de lo que podemos nosotros en nuestra vida ordinaria..."* Es un "angel de la guarda" formado con partes del propio psiquismo y de la propia pulsion de autoconservación que sustituye la ayuda exterior inexistente.

Por último, desearía subrayar como toda la concepción del bebe sabio estaba implícita en el funcionamiento mental y la situación afectiva del propio Ferenczi. La decepción inevitable de su análisis y relación con Freud, por la imposibilidad de elaborar su duelo infantil por el desinvestimiento libidinal de su madre y que se había reactivado a nivel transferencial, había conseguido contenerla internamente durante muchos años por su gran dependencia hacia él. Es más, no teniendo la posibilidad de contar con la ayuda de un analista capaz de tratarle, Ferenczi recurrió a él mismo, a "una parte de sí mismo", que a la manera de un "bebe sabio" le permitiera elaborar su sufrimiento imposible. No fue suficiente.

Cuando se sintió abandonado por esa "potencia superior" que representaba Freud tanto intelectual como afectivamente todas las salidas parecieron cerrarse. En realidad le quedaba una, volcarse en el trabajo con los pacientes y, en el plano teórico, reivindicar el lugar del traumatismo en la teoría psicoanalítica.

El propio Ferenczi, en algunos pasajes dramáticos del Diario Clínico, describió algunas ideas que parecían reflejar su escisión narcisista y el papel de "su bebe sabio" como terapeuta de su propia enfermedad. Así el 10 de enero comenta *"...en momentos de graves dificultades ante las que el sistema psíquico no está preparado o cuando cursa una grave destrucción de órganos específicos o de sus funciones, se reactivan fuerzas psíquicas muy primitivas que intentan asumir el control de la situación perturbada. En los momentos en que el sistema psíquico falla, el organismo empieza a pensar..."*

Pero el pasaje más revelador y conmovedor lo constituye sin duda cuanto escribe el 2 de octubre donde establece una conexión íntima entre lo psíquico y lo somático, es decir entre su enfermedad y los aspectos emocionales relacionados con ella. La crisis hemática (la anemia perniciosa) surge, según él mismo, *"en el momento en que entendí que no solo no puedo contar con la protección de una potencia superior sino que por el contrario sería atacado y aplastado si osara dejar de someterme a ella"*. Deja entrever la idea de que lo que le ha preservado de la desintegración hasta entonces es la "identificación" con una potencia superior (Freud), un sustituto paterno, y la convicción de contar con la protección de su pensamiento en todo tipo de circunstancias adversas. Y se formula algunas preguntas *"...y ahora igual que debo fabricar nuevos glóbulos rojos, tengo (si puedo) que crear una nueva personalidad y abandonar la que tenia hasta ahora? ¿Tengo que elegir entre morir o "reorganizarme" a los 59 años?¿Vale la pena vivir 'únicamente y siempre bajo la voluntad de otra persona? ¿Esa vida no es en*

realidad más bien una muerte? ¿Pierdo gran cosa si re-
nuncio a esa vida? ¿Quién lo sabe?..."

Lamentablemente, la anemia perniciosa que acabó con su vida puso de manifiesto que la reacción defensiva que puso en marcha para defenderse del peligro de una amenaza percibida externamente, terminó por incorporar la propia amenaza y apropiarse de ella generando un proceso autodestructivo que terminó por desmantelar su propia identidad. Y de este modo, l' "enfant terrible" pero también el "bebe sabio" del psicoanálisis nos dejó a todos los psicoanalistas un maravilloso legado, el de un hombre que no solo se distinguió por su inteligencia y honestidad, sino como uno de esos seres humanos generosos que, como escribió Groddeck a Gizella en su última carta, *"dan todo lo que tienen siempre y constantemente"*, de esos seres humanos que mueren siempre por la ideas de los demás pero viven en cambio gracias a las suyas propias.

Luis Jorge Martín Cabré

Ex Presidente de la Asociación Psicoanalítica de Madrid (APM).
Miembro Titular con funciones didácticas de la A.P.M.
Miembro titular de la Sociedad Psicoanalitica Italiana
Miembro acreditado como psicoanalista de niños y adolescentes.
 Miembro ordinario de la Sociedad Española de Psiquiatría y Psicoterapia del niño y adolescente.
Miembro fundador de de la Fundación Internacional "Sándor Ferenczi".
Miembro del European Editorial Board del International Journal of Psychoanalysis y del American Journal of Psychonalysis.
Miembro Representante Europeo en el Board de la IPA (2015-2019)
E-mail: ljmartin@telefonica.net

Referencias

Bion W.R (1959). *Attacks on Linking, Internacional Journal of Psycho-Analysis*, vol 40, 308-15.

Bion W.R (1963) *Elements of Psycho-Analysis*. London, Heinemann

Ferenczi, S. (1923) *The Dream of the Clever Baby. In J. Rickman (Ed) Further Contributions to the Theory and Technique of Psychoanalysis*. London Hogarth Press.

Ferenczi, S. (1931) Child Analysis in the Analysis of Adults. In M. Balint (Ed) Final Contributions to the Problems and Methods of Psychoanalysis. London Hogarth Press.

Ferenczi, S. (1932) *Confusion of Tongues between Adults and the Child*. In M. Balint (Ed) Final Contributions to the Problems and Methods of Psychoanalysis. London Hogarth Press.

Ferenczi, S. (1932) *The Clinical Diary of Sándor Ferenczi*. Cambridge, MA: Harvard University Press 1988

Ferenczi, S. (1932), *Notes and Fragments. In M. Balint (Ed) Final Contributions to the Problems and Methods of Psychoanalysis.* London Hogarth Press.

Searles, H.F. (1975) *The Patient as a Therapist of his Analyst*. In P.L. Giovacchini (Ed) Tactics and Tecniques in Psychoanalytical Therapy. Vol. II. New York, Jason Aronson.

Winnicott, D.W. (1965) *The Maturational Processes and the Facilitating Environment: Studies in the Theory of Emotional Development.*London: Hogarth Press

Crear Presencia
De transformaciones e invariancias

Hilda Catz

> *Un niño, en la oscuridad,*
> *le dice a su tía:*
> *—"Tía háblame, tengo miedo".*
> *—"Pero de qué te sirve si no puedes verme".*
> *—"Hay más luz cuando alguien habla".*
> S. Freud (1917)

Lo que nos constituye a todos como individuos fue sacudido por un virus incontrolable, el Covid19 que por sus características destruyó todo lo supuestamente establecido, por más que se lo quiera desmentir, y nos enfrentó con un estado de perplejidad difícil de sobrellevar. Se trata de una catástrofe de dimensiones insospechadas, y podría decirse sin precedentes, ante la cual se hace necesario resistir y soportar la turbulencia, que implica la subversión de los valores de lo ya conocido que arrastra esta especie de Tsunami viral.

Tratar de atravesar la inevitable cesura que provoca esta Pandemia con todo lo conocido, lo valorado, lo amado y vivenciado como propio de lo humano no es fácil y nos demanda el coraje de poder aceptar nuestra fragilidad y vulnerabilidad. Desde esta propuesta la posibilidad de sostener nuestra tarea se apoya en la mirada psicoanalítica considerada, parafraseando a Bion (1970), como una **invariancia** desde la que se puedan lograr **transformaciones**, nuevos continentes como modelos – que, sabemos, serán circunstanciales y descartables – para pensar lo impensable y que hagan las veces de instrumentos conjeturales para poder atravesar esta situación catastrófica.

Sabemos que la presencia del otro, del semejante, es fundamental en el proceso de constitución subjetiva, así como también en las situaciones de crisis y catástrofes que tanto intimidan, donde aparecen con toda su fuerza las necesidades de apego y protección y se buscan tramas que alberguen tanto lo público como lo íntimo. Se reclaman presencias y asistencias que armen contención para los miedos y las intensas ansiedades de desintegración ante una realidad avasalladora que amenaza movilizando angustias profundas que irrumpen en el mundo interno potenciadas por el mundo externo, que se ha vuelto atemorizante.

El otro es temido, se ha vuelto peligroso: lo que constituía uno de los núcleos centrales de nuestra tarea, es decir, propiciar los vínculos, los lazos que despliegan la subjetividad, son denostados por la necesidad de aislamiento social. Se nos exige poner distancia de todo aquello que nos humaniza: los afectos, el amor, la amistad, la pareja, los hijos, la familia, el vínculo emocional madre-bebe, asistir a los enfermos, acompañar en los duelos, donde el peligro radica en que se cuide la vida física pero no la vida psíquica, como si ambas fuesen incompatibles.

Nos hallamos ante lo azaroso, lo imponderable, lo accidental, la contingencia, la vulnerabilidad, la incertidumbre ante una amenaza que puede destruirnos y que hace presente cada día nuestra condición de seres mortales. La pregunta que surge es cómo puede hacerse posible el aislamiento social sin que la subjetividad resulte perjudicada, dañada, atravesada por la soledad forzada donde los más cercanos no pueden acompañarnos cuando más los necesitamos.

Puede decirse que también la subjetividad está en terapia intensiva, nos demanda cuidar que no se bloquee nuestro "respirador emocional", nos convoca porque está en el "grupo de riesgo", y no sólo las fronteras geográficas están cerradas sino también las del contacto humano para poder asistirla.

Nos preguntamos cuántos "aislamientos", soledades y otras problemáticas subjetivas, que estaban ahí a la espera de que se le "cerraran las puertas" para manifestarse, se potenciaron a partir del confinamiento ya que la situación de encierro favorece la emergencia de síntomas que hasta ese momento estaban compensados. Se agravan aún más las presentaciones psicopatológicas, que pueden llegar a extremos imprevisibles como el incremento de las adicciones, los suicidios, los femicidios y el abuso sexual infantil.

En realidad, podría decirse que la subjetividad ya venía con "enfermedades pre-existentes" como se suele decir cuando nos quieren apaciguar, explicándonos que los muertos han muerto porque no eran del todo sanos, sino seres humanos, mortales y falibles, trayendo remembranzas de la segunda guerra mundial. Los adultos mayores pasaron a ser huéspedes posibles de un virus, un número dentro de una estadística que aplana la subjetividad que nos constituye como humanos.

También es cierto que puede ocurrir que ante lo angustiante del presente ese pasado reciente invitara a una cierta nostalgia a instalarse aun cuando sabemos que ciertas estructuras y formas de vincularse no siempre generaron efectos enriquecedores y/o estimulantes de la subjetividad humana, ni con los niños, ni con las familias, ni con los adultos ni con los ancianos tampoco.

Cómo creamos presencia mediante la virtualidad

Propongo adoptar un enfoque teórico-clínico innovador respecto de la técnica que puede usarse en la actualidad como una herramienta privilegiada en el abordaje de las patologías actuales de la niñez y la adolescencia.

Por un lado, son los hechos mentales del niño y del adolescente los que entran en nuestro espacio virtual y por otro lado, el resultado de las identificaciones proyectivas en la mente del analista, según las asuma o rechace y las vuelva a actuar al campo analítico virtual. Así se constituirá la narrativa específica e irrepetible de la pareja terapéutica, en tanto posibilidad de construir imágenes y transformarlas en narración, con el agregado de que no se transforman en una composición, sino que hay un tiempo de elaboración interna. Se relaciona con la concepción de Bion (1966) de la mente, que según Green (1988) es como si fuera un aparato digestivo, es decir, tendría que ver con modalidades de "la digestión" del analista antes de que ofrezca una interpretación.

Desde mi punto de vista se puede ver como la digestión y/o elaboración de un nuevo encuadre que emerge como resultado de este tipo de "conexión" tanto virtual como psíquica que pasa a una co-narración a través de la pantalla, ya sea a través del juego, de los garabatos, e incluso del silencio, también elocuente.

Se trata de una propuesta que en primera instancia parecía imposible, pero que a través del aprendizaje de la experiencia abrió camino a lo posible, donde se fueron incluyendo nuevas variables, inesperadas, como el tiempo de duración de la sesión, el privilegio de la presencia de los padres, que en algunos casos hubiera sido muy difícil de lograr, como si se abriera a un universo de posibilidades, distintas pero no por eso menos valiosas.

De esta forma, el vínculo se va transformando en una tierra fértil para que puedan ir evolucionando distintos intercambios, que emergen de la pareja terapéutica en un juego que implica ponerse en juego permanentemente, e ir armando continentes conjeturales, modelos descartables pasibles de estar en constante *transformación* y cambio, apoyados en la *invariancia* del encuadre en la mente del analista.

La propuesta, entonces, es ir construyendo una historia junto al niño, e incluso el adolescente, convirtiendo nuestra mente no sólo en pantalla sino en escenario donde se puedan desplegar los sueños, los miedos y los terrores que no pudieron ser nombrados.

Es como si le dijéramos al niño: "¿vamos a jugar en esa casita? Y el niño nos respondiera: "Pero si no hay ninguna casa ahí" y nosotros le dijéramos: "Entonces vamos a construirla", propuesta de simbolización que podrá ser utilizada de distinta manera por cada niño, pero particularmente, por cada pareja terapéutica. Como ingenieros y arquitectos elegirán los materiales, propondrán las columnas o bases fundacionales y también el diseño en el cual desplegar y contener un mundo de temores y fantasías. Estos dejan de ser un fantaseo para hacerse "realidad imaginaria" en ese espacio virtual de la sesión donde ***la ausencia física se hace presencia.*** Las palabras construyen paredes virtuales elásticas y provisorias y vamos transitando desde esos primeros instantes de extrañeza ante lo nuevo, hacia la posibilidad de realizar ese pasaje desde la ***intimidación inicial a la intimidad del encuentro*** (Catz, 2020).

Porque si retornamos a Freud (1888-92) hay un hallazgo que se produce cuando va a la casa de una paciente puérpera que no podía amamantar a su bebé. Freud mantiene intercambios con el marido de la paciente y con el grupo familiar, va varias veces al día a visitar a esta mujer que no podía dar de mamar hasta que desiste de usar la hipnosis y le empieza a hacer preguntas. Es uno de los primeros casos donde comienza a trabajar con la asociación libre, donde la paciente comienza a narrar su historia familiar. Y podríamos decir que también inaugura el análisis de pareja y de grupo familiar, donde podemos también incluir el binomio madre-bebe y un particular seguimiento del caso a través del tiempo, aunque sin las connotaciones de un análisis clásico.

Esta experiencia nos remite al hecho de que en todas las épocas se trata de que prevalezca la mirada psicoanalítica del terapeuta y su encuadre interno como **invariancia** por sobre requerimientos que de por sí van a encontrarse en permanente cambio y **transformaciones**, que abarcarían todo lo que significa incorporar lo nuevo, tanto en la cuarentena como en la post cuarentena. Como me decía una paciente adolescente: "el que no cambia es petróleo", y ante mi pregunta de a qué se refería me contestó: "petróleo, el fósil de los dinosaurios."

También tenemos que tener en cuenta la sociedad en que se vive y lo obvio, el sentido común, que según las posibilidades y las costumbres de cada grupo o clase social frente a la cuarentena y a la post-cuarentena, contará con recursos y espacios diferentes para poder afrontarla. Pero por sobre todas las limitaciones es necesario poder tolerar la exigencia y la urgencia inusitada de plasticidad psíquica ya que lo que se hacía de determinadas maneras está en permanente cambio, incluyendo las creencias individuales y los mitos que tiene cada cultura. Nos demanda el coraje de poder ir aceptando nuestra fragilidad y angustia para poder descubrir y sostener la *invariancia* (Bion, 1970) que hay en toda posibilidad de Cambio Catastrófico (Sor y Senet, 1988), que desde nuestra perspectiva se apoyaría en la mirada psicoanalítica que pueda armar un continente, un aparato para pensar lo impensable que ayude a modificar la angustia de no saber en la incertidumbre de lo que estamos viviendo.

Transformaciones e Invariancias

Desde la conceptualización de Bion (1970) toda transformación psíquica auténtica implica un cambio abrupto, una «sub- versión del sistema», proceso que denomina Cambio catastrófico: pues muchos son los inconvenientes que interfieren para que un hecho nuevo sea albergado.

Desde mi perspectiva en este contexto bien podría ser la Pandemia, ya que la mente de por sí tiene una tendencia a resistirse a incorporar hechos nuevos y no facilita el lugar para que el hecho nuevo pueda tener la posibilidad de ser pensado, mucho menos en lo que respecta al Covid19.

No obstante Sor y Senet (1988) subrayaron que si se logra, de esa forma comienza un transformación, es decir un proceso en constante **transformación** entre un territorio conocido y otro por conocer, que en este caso podemos referir a lo desconocido de la Pandemia, para acceder a su vez a nuevos territorios de descubrimiento, aunque también de oscuridad. Se trata de un proceso que conceptualizan como "Cambio Catastrófico", en contraposición a "Catástrofe" y las necesarias e inevitables turbulencias que se producen con el cambio catastrófico, un cambio en el sentido de la evolución, que lleva a transformaciones e invariancias de distintos vértices: emocionales, afectivos, sociales, económicos, etc., teniendo en cuenta que cada recuerdo y cada deseo ligan una experiencia emocional y contienen latente siempre la posibilidad de crisis.

Frente a esta experiencia no somos pasivos, la propuesta sería aceptar el pasaje a lo virtual para re-vincularnos, pero sabiendo que no se puede reemplazar lo que se pierde, es un duelo a elaborar. "Crear presencia" con la palabra entre la intimidación del exilio forzado de lo que fue y la intimidad del éxodo elegido, una migración interna esperanzada en busca del pensamiento creativo para poder sobreponernos a la banalización de la hiper-conexión.

Se trata de poder desplazarnos con cuidado en ese puente estrecho donde, por un lado, se reconocen las **transformaciones** constantes de todo lo que era y ya no será igual y por el otro, lo que permanece, por ejemplo la **invariancia** de la mirada psicoanalítica en nuestros grupos de estudio, seminarios, las clases que se siguen dando, los pacientes que continuamos atendiendo en esta etapa tan convulsionada que necesita ser registrada para poder aprender de la experiencia, poder transmitirla y publicarla a modo de testimonio de una época.

Algunas conclusiones

Nos hallamos ante un estado de duelo, de crisis civilizatoria universal donde todo va a cambiar, o por lo menos, donde nada será igual: desde la forma de relacionarnos, hasta la forma de estudiar, de trabajar, de viajar, de esparcimiento, etc. Se hallarían en plena **transformación** todos los órdenes que hacían a nuestra vida, como también el tránsito hacia distintas formas de elaboración de los duelos, desde lo cotidiano hasta de las pérdidas de seres queridos, transformaciones que nos llevarán a buscar "otras formas de humanidad" como dice Kristeva (2020) para recuperar el registro subjetivo que cada cual posee de lo humano.

En todas esas áreas tal vez no tengamos la presencia física de la misma manera que acostumbrábamos, pero hay algo que sí construye presencia, una **invariancia** en la que nos apoyamos como psicoanalistas que es la palabra y que también **transforma**. No está el abrazo pero la palabra también es como un cuerpo que abraza, que genera una trama que envuelve y sostiene y como dice el poeta:

"El oficio de la palabra,
es un acto de amor: crear presencia…
La palabra: ese cuerpo hacia todo.
La palabra: esos ojos abiertos. "

Juarroz, Roberto. Desbautizar al mundo

Bibliografía

Bion, W. (1962). *Aprendiendo de la experiencia*. Barcelona: Paidós, 1980.

Bion, W. (1963). *Elementos de Psicoanálisis*. Buenos Aires: Paidós, 1988.

Bion, W. (1970). *Attention and Interpretation*. London: Karnak Books.

Catz, H. y colaboradores (2020) *"Psicoanálisis de Niños y Adolescentes, Trabajando en cuarentena en tiempos de Pandemia"*, Ricardo Vergara Ediciones

Freud, S. (1888-92). *"Trabajos sobre hipnosis y sugestión"* Amorrortu Ediciones.Obras Completas, Buenos Aires

--------------(1917-19) *"Historia de una neurosis infantil"*, Amorrortu Ediciones.Obras Completas, Buenos Aires

Green, A. (1986) *De Locuras Privadas*, Amorrortou editores. Buenos Aires

Kristeva, J.(2020) webinar de IPA, 14-6-2020

Sor, D. Gazzano, M.R. Senet (1988) *"Cambio tastrófico"."Psicoanálisis del Darse Cuenta"*. Kargieman. Buenos Aires.

Una luz en la oscuridad.
En búsqueda de un camino hacia
la salida de la cuarentena,
en el tratamiento de un niño de 4 años.

Mariela Cerioni

Termina mayo. Último día. En mi cuidad comienza a sentirse el frío del invierno. La temperatura cálida nos acompañó demasiado este año, como si la naturaleza hubiese escuchado las primeras informaciones que nos llegaron junto con la pandemia, las que decían que el virus se propagaba más en el clima frío, y así alejarnos también de la desolación y el distanciamiento afectivo, lo cual fue inevitable con las medidas tomadas para evitar el contagio.

Hoy en los titulares de las noticias redunda la palabra post pandemia: "Pensando la educación de la post pandemia", "El dólar post pandemia", "La post pandemia y las bodas", "Los restaurantes y bares de la post pandemia", "La post pandemia y el modelo económico", "Los turistas de la post pandemia"... y una larga lista que no acaba. Los escenarios han cambiado en esta cuarentena mundial y todos queremos estar preparados para salir del encierro obligatorio. Observo las imágenes que acompañan los informes y me detengo en las ilustraciones del conoronavirus. A pesar de la constante en la forma de representarlo gráficamente (con las puntas en forma de corona que tiene en su superficie), los colores, tonalidades y texturas varían. Rojizos, anaranjados, verdes, amarillos, azules, rosas o celestes, ensombrecidos o luminosos. ¿Cómo es el virus para cada persona, en las múltiples realidades que hoy se están viviendo? Me paro en la puerta de mi consultorio pensando en la mía. Donde resido, hemos superado los sesenta días sin que surjan casos nuevos de la enfermedad. En este momento no hay circulación comunitaria del virus. Se avizora una salida con temores a que, si los casos reaparecen, tengamos que volver para atrás. El Centro de Operaciones de Emergencias (COE) regional, a través del colegio de profesionales, estableció las recomendaciones para la reapertura. Cantidad de turnos a atender por día, condiciones y elementos requeridos de higiene en la sala de consultas, precauciones a tener en cuenta, como el distanciamiento, franja horaria de trabajo y la sugerencia de seguir priorizando la atención vía remota. Un encuadre que se suma al encuadre psicoanalítico. El olor a lavandina y alcohol toma protagonismo a la hora de recibir a un paciente, al igual que la frecuencia del lavado de pisos, previendo que los niños eligen y prefieren jugar sobre esta superficie. No me disgusta el aroma y el brillo de las baldosas es atractivo.

Establezco prioridades para comenzar a atender a algunos pacientes. Ciro no está en la lista. El tratamiento por videollamada está resultando posible y favorable para él, por lo que considero que podemos ir hablando sobre la salida de esta modalidad con tiempo y proyectar juntos el reencuentro.

El desarrollo que se presenta en los puntos siguientes es continuación de lo expuesto en Catz, H. (2020), compilación recientemente publicada, en la que se presentan viñetas de casos, con el objetivo de reflexionar y profundizar sobre el trabajo psicoanalítico de niños y adolescentes, en la cuarentena decretada por la pandemia mundial. A través de mi participación, en la que comento el tratamiento de un niño de 4 años, intento mostrar la modalidad de trabajo entre analista y paciente y las posibilidades que han ido surgiendo de realizar una hora de juego psicoanalítica on line.

El dúo dinámico continúa en acción[1]

En el momento de la determinación del confinamiento obligatorio, el tratamiento de Ciro (de 4 años de edad), que estaba en sus comienzos de manera presencial, pasó abruptamente y sin poder plantearlo previamente con el niño, a realizarse de forma virtual, mediante videollamada de whatsapp, como lo acordamos previa comunicación con los padres, buscando la modalidad para continuar. Hasta ese momento, Ciro había tenido una muy buena disposición a generar juegos que, con el transcurrir de las sesiones gustaba de repetirlos, modificando parte de la trama con la que simbolizaba y contaba que estaba transitando un momento en el que había nacido su hermano y él tenía que, definitivamente controlar esfínteres, porque ingresaba a la sala de 4 años, y desde la institución le requerían que no asistiera con pañales. Los padres habían consultado, poniendo el acento en su dificultad en el aprendizaje del control de esfínteres, síntoma que tiene una larga historia de complicaciones con la defecación, desde los primeros meses de vida, relacionadas con la constipación. Por este motivo los papás han realizado, con mucha preocupación, varias consultas y el niño ha recibido múltiples tratamientos médicos.

Después de las primeras sesiones vía remota, que fueron de incertidumbre y de exploración, ya que ambos (paciente y analista) estábamos en la búsqueda de seguir jugando en los encuentros, la modalidad de girar la cámara en el transcurso de la videollamada, del modo selfie al modo foto, (es decir que en lugar de que el niño me viera a mí, pudiera ver el consultorio, los juguetes y lo que yo misma estaba viendo) facilitó la hora de juego virtual. Además, la iniciativa del niño de esperarme con un

---

[1] En este punto se sintetiza las primeras sesiones virtuales con el paciente (que lo denominé Ciro). El caso se encuentra desarrollado con mayores detalles en Cerioni, M. (2020). Se recomienda su lectura para una mejor comprensión del presente texto.

muñeco de Robin (el legendario personaje compañero de Batman) montado en su moto, ocasionó mi ocurrencia de sumar los muñecos superhéroes que se encuentran en el consultorio. De este modo se generó el juego que denominé "El dúo dinámico", en el que "Robin-paciente" indica a "Batman-analista" las acciones que juntos van a poner en acción, especialmente para controlar a un grupo de villanos (hombres arañas negros) que sin control (al igual que sus heces) desobedecen reglas y tienen comportamientos muy mal vistos por los benefactores, considerados no sólo héroes, sino también súper poderosos, ya que tienen virtudes y destrezas sobrenaturales, como lo es volar.

El obrar de todos juntos, y por un bien común, de Spiderman, Capitán América, Flash, Ironman, Superman y Batman se inclina, con la conducción y orientaciones de Robin del otro lado de la videollamada, a capturar a los malhechores, encerrarlos y darles una penitencia, como lo es que se vayan a dormir envueltos en telas de arañas (enredados en hilos) que les tiró Spiderman. Y en este jugar de transferencias y contratransferencias nos contactamos con lo bueno y lo malo, lo permitido y lo prohibido, las heces y la búsqueda de encontrar un camino en el qué hacer con "las cagadas" que se mandan los villanos y la función de los buenos, que en un principio para Ciro, consiste en castigar el mal obrar.

Castigos y premios

Ciro muestra a través del juego, el camino para castigar las maldades de los villanos, las que consisten en esconderse o tramar robos y tomar pertenencias ajenas. La penitencia predilecta es encerrarlos en algún lugar, inmovilizarlos, privarlos de acción. Luego, mediante la voz de Robin, llega el premio para los que han enfrentado a los villanos. Es una invitación a los superhéroes a un banquete de asado y papas fritas. Una muñeca princesa, que está dispuesta en la repisa, ayuda a cocinar y a servir y los comensales festejan alrededor de la mesa (acciones que realizo en la casa que está armada en el mueble de los juguetes). Me detengo a pensar en sus fantasías orales. Los premios son incorporados oralmente. ¿Qué hace luego Ciro con esos premios en su interior y cómo los saca de allí? Son sus heces destructivas, con las que ensucia y agrede, especialmente a su mamá que le suministra la comida. Winnicott (1936) se refiere a estas fantasías del niño de incorporar la comida y manejarlas en su interior (vientre) y que las mismas se relacionan con el interior de la fuente de suministro, que es la madre, la que en el caso de Ciro hace cinco meses ha dado a luz a su pequeño hermano.

El castigo, la privación de movimiento, es sentido por Ciro como una castración que hay que dar a los malvados. Solicita con reiteración que Spiderman los envuelva con su tela y manifiesta disfrute y risas cuando se me dificulta sacarlos del enredo de hilos que usamos para representar las telas de arañas. Por otra parte, Superman y Batman "han perdido las capas". Insiste Ciro que deben tenerlas para poder volar. Las capas se encuentran en la caja destinada a guardar los muñecos. Con una cinta scotch intento pegarlas, pero en las maniobras de juego que hago con los muñecos se les vuelven a caer. Ciro se acerca a la cámara para observar mis movimientos para reubicar y pegar las capas en las espaldas de estos superhéroes, elemento que le da la potencia, especialmente a Superman.

Ciro desde su casa, rodeado de sus muñecos de Spiderman, el Capitán América y Roqui (es el nombre que le puso a un mono de peluche al que le falta un ojo), se presenta en todas las sesiones con su disfraz de Batman puesto (a excepción de la máscara que en algunas ocasiones se la coloca; por lo general está sobre la mesa). La mamá me ha contado que el disfraz es un regalo de su tía en su último cumpleaños y que fue solicitado por él. Para resignificar este personaje que Ciro elige, es útil pensar que el mismo, inspirado en un murciélago, intenta combatir a los criminales. Su ansia de justicia surge para dar venganza a los malvivientes, después de presenciar un violento asalto y ataque a sus padres, en el que murieron. Este superhéroe no posee poderes sobrenaturales. Se caracteriza por tener grandes habilidades intelectuales; es un acróbata experto, domina las artes marciales, posee técnicas de sigilo e intimidación y es experto en el escapismo. El uso de implementos tecnológicos ayuda en sus aventuras. Su traje sirve para potenciar estas habilidades[2]. Una parte importante es la capa. Ciro se identifica con Batman por su interés de hacer justicia, la que consiste en sacar al malviviente (hermano bebé) que en la fantasmática de Ciro le ha robado su lugar y a su mamá.

¿El lobo está?

Batman es un personaje inspirado en un murciélago y este animal tiene hábitos nocturnos. Los papás me habían informado de sus dificultades para dormir y el temor a la oscuridad, desde que están intentando de que duerma en su dormitorio y sacarlo de la cama matrimonial. Además, la mamá está muy ocupada con el bebé, que la requiere de noche. El bebé no descansa bien. Le han descubierto alergia a la lactosa y el reflujo que padece le dificulta el sueño. En una entrevista, la mamá cuenta que Ciro está logrando dormir solo en su habitación, no sin antes pasar por un ritual de rodearse de muchos juguetes y Roqui, el peluche. Ciro construye una especie de nido que lo contiene, junto al mono que lo vigila con un solo ojo. Los objetos duros, como los describe la mamá, y que le preocupan que durante el sueño lo lastimen, pueden pensarse como la necesidad de retenerla (como también retiene las he-

---

[2]   Datos extraídos de internet, Wikipedia.

ces que lo constipan) en un momento en el que tiene que separarse de ella, dado el nacimiento del hermano que está ocupando su lugar. Y en la oscuridad las fantasías destructivas se le aparecen simbolizadas en la figura del temido lobo. Ciro solicita con insistencia que la persiana, dice la madre, quede abierta de modo tal que ingrese la luz de una farola de la calle.

Durante las últimas sesiones Ciro propone, a través del juego, que Batman, el que sabe muy bien cómo moverse en la oscuridad, ataque al lobo. Cuando plantea esto, recuerdo el títere del lobo que guardo en un mueble que está en el consultorio. Es sólo una gran cabeza con grandes ojos y una boca que se abre, llena de enormes dientes. El niño me pide que el Batman le inflija golpes y piñas en la cabeza y en los dientes. Y él también lo quiere hacer con su muñeco de Robin. Para que esto se concrete se me ocurrió que cuando él mueve su personaje, yo acerco y alejo la cámara (el celular) del lobo, mientras ambos emitimos el sonido del golpe. La escena se completa cuando me dice que está de noche y yo apago la luz del consultorio, que queda en penumbras, dada la hora de la tarde en que tiene su sesión, en donde ya está oscureciendo en esta época del año. La cámara se pone negra hasta que de inmediato se hace UNA LUZ EN LA OSCURIDAD. Enciendo una linterna, que es también una luz de emergencia con la que cuento por si hay cortes de energía eléctrica. Ciro manifiesta entusiasmo a través de sus expresiones, de encontrar, en los lugares en los que dirijo el haz de luz, al lobo. Lo que resta es que siempre es golpeado por los superhéroes o atrapado entre las telas de Spiderman, mediante la orden que da Robin. Bettelheim (1975) considera que el lobo, en los cuentos, es un personaje que representa lo destructivo y la proyección de la maldad. Ciro está intentando deshacerse de los impulsos que desde su mundo interior lo angustian. Considero que, mediante este juego, juntos le damos luz, nos enfrentamos y luchamos para combatirlos.

Un camino hacia la salida

El intercambio con Ciro, de juegos, ideas y comunicaciones para ir armando el juego, se va enriqueciendo de simbolismos, recreados a través del argumento y los personajes. De este modo se abre la posibilidad de convertir los aspectos que lo acechan en su mundo interno, en creativos y vitales. Ciro recrea parte de su historia en el juego, inventando situaciones y otorgando un rol a los protagonistas, como un escritor lo hace a través de un cuento o novela. A propósito de esto, los padres comentan entre risas que, así como ellos están siguiendo una serie, Ciro sigue el juego de las sesiones como si fuese "su serie". Todos los días pregunta si le toca encontrarse con Mariela -agrega la mamá.

Con el transcurrir de las sesiones cada personaje va tomando un lugar, un rol. Ciro lo propone, desde la voz de Robin.

> *-Spiderman, tenés que tirarle la tela de araña para ponerlos presos.*
> *-Batman, ¿querés que te lleve a andar en mi moto?*
> *-Ironman vos te quedás a vigilar*
> *-Superman, tenés que ir volando.*

Me detengo a indagar sobre el personaje del Capitán América. Me llama la atención que "Robin" se dirige para indicarle que se mueva en la casa armada en la repisa de juguetes. No sale de allí. ¿Qué poder tiene el Capitán América? -pregunto. El poder es el escudo -me explica Ciro. Pero el muñeco con el que estamos jugando no tiene el escudo. Recuerdo que se ha roto el sostén del mismo y que por eso ha quedado guardado en alguna caja. Probablemente por eso no sale, pienso. Sólo pueden salir de la casa los personajes que tienen súper poderes, los que Ciro identifica y que pueden reaccionar ante los peligros. El niño está creando el argumento con estos personajes desde el living-comedor de su casa, mientras afuera, en el mundo externo, está transcurriendo una pandemia mundial que nos tiene en cuarentena. ¿Cómo puede salir de la casa el Capitán América sin su escudo de protección? ¿Sería como salir sin tapabocas?

Ciro está en la búsqueda de encontrar puertas abiertas, caminos constructivos, de elaboración. En una de las sesiones recientes, antes de comunicarme con él mediante la videollamada, veo que sobre el mueble de juegos ha quedado uno de los hombres araña negro, dentro de una casita. Otro pequeño paciente que ha retomado las sesiones presenciales, al que podríamos pensarlo como un hermano analítico, ha estado jugando con el mismo y ha quedado así. Tengo intenciones de sacarlo de allí y colocarlo con los otros dos, que están sobre una caja enredados en los hilos de telas de araña, es decir, prisioneros. Pero no lo hago.

Al comunicarnos, muestro la escena a Ciro, esperando ver su reacción. Al niño no le disgusta. "Parece que se está portando mejor" -le digo. Ha quedado allí y no ha hecho nada malo. Le pregunto si quiere que lo ponga con los otros dos. Ciro me dice que lo lleve a la casa y que los superhéroes lo inviten a comer. Sesiones siguientes este villano, que ya no lo es tanto, continua en la casa. "Sigue haciendo cosas muy buenas" -afirmo, "y que lo están aceptado". "¿Qué debería hacer para convertirse en un superhéroe?" -le pregunto. "-¡Pelear con el lobo!". Interpreto que me cuenta que el villano debe enfrentarse a los impulsos destructivos y a la oscuridad. Y que Ciro quiere identificarse con los aspectos buenos, dejar de sentirse un villano.

Uno de los Venom (nombre del hombre araña negro) ya no es más un villano. O podríamos decir que es un villano que se está convirtiendo en un superhéroe, un camino de salida que Ciro busca para resolver sus dificultades. En la última entrevista con la mamá, por videollamada, comenta que sus síntomas han cedido considerablemente. Con la niñera y el papá, pide ir al baño. "A mí siempre me hace renegar un poco más y le tengo que andar preguntando cuando lo veo en actitudes sospechosas", agrega.

El tratamiento en la post pandemia

Comunico a Ciro, en uno de los últimos encuentros virtuales, que pronto podremos encontrarnos y volver a jugar juntos en el consultorio, por lo que podrá traer a su Robin y seguramente asistir disfrazado de Batman. Su respuesta es "No Mariela. Hasta que no se muera la coronavirus afuera, no se puede salir". Me resulta gracioso y me llama la atención que le da el toque femenino al coronavirus. ¿Cómo es el virus para Ciro? ¿De qué color? ¿A quién representa?

La mamá comenta que por ahora seguirían optando por la continuidad del tratamiento por videollamada, ya que les está resultando cómoda esta modalidad en este momento y que, si bien en un principio no creía que iba a resultar, ha podido comprobar que va bastante bien con Ciro. Cuenta también que lo deja solo después de que realiza la llamada, con el celular. Ya no la requiere ni si quiera cuando entra otra llamada porque aprendió a descartarlas solo. Al principio seguía las sesiones y escuchaba lo que hablábamos y jugábamos, pero que ahora ya no, aunque algo oyó sobre que ¿estamos jugando con el lobo? A modo de chiste me sugiere un soporte para agarrar el celular, lo que considero una manera de pedir que me ponga cómoda y continúe el tratamiento mediante la videollamada, porque ella necesita seguir así. Salir de la casa para traer a Ciro al consultorio, se les dificultaría.

El niño ya tiene algunas salidas en la inmediatez de su domicilio, y juega con niños del barrio. Considera que hacer esto no es estar en falta y que es posible porque residen en un barrio, en donde tienen mucha intimidad y confianza con la gente vecina. El peligro puede estar fuera del barrio que los circunda.

La madre también avizora algunas salidas o resoluciones al cansancio de estos últimos meses, debido al nacimiento del bebé y sus problemas digestivos y los comportamientos de Ciro que los llevaron a la consulta. Los chicos están mejor. Le ha sido difícil compartir todo lo que le pasa con amistades o familiares. No quiere contar porque siente que todos empiezan a decirle que debe realizar "esto o lo otro", o a cuestionarle lo que hace o no hace, u opinan el origen de lo que les pasa a sus hijos, en donde siempre queda involucrado su accionar, y que esto no la ayuda. Al contrario, son todas cuestiones que la hacen sentir más señalada y perseguida. Empáticamente le digo que quizás ella necesita gente, que en lugar de decirle lo que hace mal o lo que deja de hacer, le hagan de mamá, que la ayuden y acompañen a criar a sus hijos de manera saludable. Y en este aspecto puedo ser en parte yo o la pediatra amiga, que me cuenta estuvo en este tiempo de cuarentena investigando y estudiando la sintomatología de su hijo menor y le ha dado indicaciones que están funcionando. Mis palabras le llegan bastante, la emocionan y se larga a llorar. Conociendo su historia, sé que la tengo que acompañar a sostener a sus hijos de la manera en que ella siente que no ha sido sostenida. Sostenerla a ella. Dice Winnicott (1952) que sentirse sostenido de un modo inseguro es la más precoz de las angustias.

Antes de despedirnos también me comenta que se les está haciendo complicado el pago en cuanto la mutual no está cubriendo parte de las sesiones, ya que han establecido no reconocer las consultas on line. Esta "otra mamá", que debe ayudarle a proteger la salud de sus hijos, también la ha abandonado.

Aguardo el transcurrir de la realidad cotidiana con el deseo de ir hacia adelante en las siguientes etapas que marcarán la salida de la cuarentena en mi región y de no tener que volver hacia atrás. El peligro de las regresiones, acechan tanto a Ciro como a la situación de la pandemia. La salida, la post pandemia, no será igual para Ciro, que para su mamá o su papá o para cualquier otro paciente. Porque esta cuarentena, ocasionada por un virus que no nos busca si nos quedamos en casa, es "de color diferente" según como cada uno lo esté viviendo. Como así también se podrán ir haciendo muchas más interpretaciones psicoanalíticas del juego de Ciro, como cuando nos detenemos frente a una obra artística y cada uno la mira "desde adentro".

Bibliografía

Bettelheim, B. (1975). *Psicoanálisis de los cuentos de hadas.* 8va. edición, 2007. Barcelona. Editorial Crítica.

Catz, H. y colaboradores (2020). *Psicoanálisis de niños y adolescentes. Trabajando en cuarentena en tiempos de la pandemia.* Buenos Aires. Ricardo Vergara ediciones.

Cerioni, M. (2020) "El dúo dinámico. Experiencia de un tratamiento en cuarentena con un niño de 4 años" en Catz, H. y colaboradores (2020). *Psicoanálisis de niños y adolescentes. Trabajando en cuarentena en tiempos de la pandemia.* Buenos Aires. Ricardo Vergara ediciones.

Winnicott, D.(1936) *"Apetito y trastorno emocional"* Obras completas. Biblioteca digital. http://www.psicoanalisis.org/winnicott/index2.htm

Winnicott, D. (1952) *"La angustia asociada con la inseguridad"* Obras completas. Biblioteca digital. http://www.psicoanalisis.org/winnicott/index2.htm

Lic. Mariela Cerioni

Lic. en Psicopedagogía de la U.N.R.C.
Psicoanalista.
Miembro concurrente en la Asociación Psicoanalítica Argentina.
Integrante del grupo de estudio "ESPACIO DE AUTOR: Luis Chiozza" de la Asociación Psicoanalítica Argentina.
Doctoranda cohorte 2018, del Doctorado en Psicología USAL-APA. Tesis en elaboración. "Los cuentos infantiles como mediadores de los procesos de metabolización. Estudio de un dispositivo de intervención grupal en niños de 3 y 4 años". Directora de tesis Hilda Catz. Ph.D.
Co-autora en Catz, H. y colaboradores (2020). *Psicoanálisis de niños y adolescentes. Trabajando en cuarentena en tiempos de la pandemia.* Buenos Aires. Ricardo Vergara ediciones
Atención en clínica psicoanalítica de niños, adolescentes y adultos. Consultorio particular.
Asesora del Espacio de Infancia N. Soles, jardín maternal de la ciudad de Río Cuarto, desde el año 2001 a la actualidad.
E-mail: mariela_cerioni@hotmail.com

Escenarios de la subjetividad infantil en tiempos de Pandemia

Mónica Cruppi

Nuevos escenarios

Estamos transitando un escenario de pandemia con una enfermedad que veíamos muy lejana, que tenía lugar en países distantes, pero que fue avanzando de modo silencioso hasta irrumpir con fuerza a nivel mundial en forma de pandemia, alcanzando todos los estamentos de nuestra sociedad.

Por lo inesperado de su aparición y sus consecuencias puede adquirir características traumáticas a nivel individual y grupal.

La enfermedad COVID-19 ya está entre nosotros, forma parte de nuestro día a día y, además de sus particularidades, plantea un nuevo paradigma con escenarios y comportamientos, algunos desconocidos, que conllevan diferentes tipos y grados de angustias y preocupaciones, tanto a niveles singulares como sociales; los cuales se ven aumentados por la incertidumbre que genera el desconocimiento ya sea de su origen, de su propagación y de su comportamiento.

Entre las escenas que despiertan diferentes preocupaciones y que observamos, se encuentran: el cierre de fronteras con personas que no pueden volver a su país, el aislamiento de individuos para evitar la cadena de contagios, la "cuarentena", el cierre de escuelas y universidades, el cierre de comercios, la suspensión de eventos deportivos, actividades de ocio y culturales, la inseguridad económica por el cese de actividades etc., que ponen de manifiesto una angustia intensa de algo ominoso, por la amenaza que todo ello supone. Además, la enfermedad y su riesgo de contagio generan: angustias, ansiedades, temores y pánico, que se anudan con contenidos inconscientes agudizando el peligro real.

La pandemia implica un tiempo de suspensión y de readaptación a una realidad cambiante con gran incertidumbre porque desconocemos sus alcances y sus derivaciones. La ONU, nos alerta sobre las consecuencias en la salud mental que el Covid 19 puede tener por causas del aislamiento físico, del miedo a contagiarse, por el efecto de meses sin ver a los seres queridos, por la angustia económica, por las incertidumbres de todo tipo, por la desinformación y la pérdida de seres queridos por la enfermedad,

La catástrofe que vivimos y sus efectos se convierten de este modo en un factor disruptivo que puede adquirir la cualidad de lo traumático por el poder intrínseco de la situación. Una situación que enfrenta al individuo con su intimidad con aquello que lo habita internamente y con lo que va a tener que lidiar. De cada persona con sus circunstancias ya sea adulto, adolescente o niño, de cada organización familiar con su dinámica, dependerá su elaboración. Aquí es donde entran en juego las estructuras psíquicas y los recursos internos.

En relación al niño y su salud mental gran parte de lo que le suceda dependerá del procesamiento familiar de la situación. Sabemos de la incidencia de la familia en la enfermedad del niño.

A raíz de la pandemia experimentamos profundos cambios subjetivos. Uno de ellos, nos impone para relacionarnos, sumergirnos en la dimensión virtual. Una dimensión "sin cuerpos" que continuamente se modifica y nos requiere adaptación. Estos cambios vertiginosos van de la mano de un nuevo paradigma que lleva al uso intenso de las tecnologías de información y comunicación. Nos empuja a vivir virtualmente y a hacer experiencia a través de esta dimensión de la realidad. Recorremos un camino incierto, una enorme transición con un aislamiento impuesto y apoyados en la tecnología "nuestro nuevo hábitat" que nos sostiene y nos ayuda a vivir el día a día.

Así, habitando este mundo tecnológico y con la intención de evitar el contacto físico con el otro, cumplimos con los compromisos laborales, educativos, sociales, terapéuticos, de entretenimiento, etc.

Nuestros pilares de apoyo: afectos, actividades y situaciones han mutado. Su presencia material por este lapso se ha transformando en la imagen virtual de los mismos. La virtualidad ha sustituido en parte el contacto con lo humano, con otros cuerpos. Para Franco Berardi, esta sustitución por otros cuerpos técnicos produce una transformación esencial de la subjetividad, ya que la socialización es otra: menos corpórea y con aceleración de los estímulos y con modificación en el ambiente comunicativo. Es así que estas tecnologías se han convertido en el soporte por donde pasa parte de nuestra vida.

En lo que se refiere al psicoanálisis y su clínica, estas herramientas en este momento se han convertido a nivel mundial, en el recurso principal para iniciar o continuar con los procesos terapéuticos. Los psicoanalistas estamos haciendo experiencia y explorando las posibilidades que brindan las tecnologías, utilizándolas para garantizar su continuidad, tanto en la clínica de adultos como en la de niños y adolescentes.

A continuación, desarrollare algunas consideraciones teórico-técnicas del consultorio "on line" y luego voy a presentar un psicodiagnóstico realizado totalmente por video llamada a un niño de 8 años durante la cuarentena.

El consultorio Online

Estamos viviendo tiempos excepcionales donde es necesario implementar cambios en nuestro trabajo como analistas. Estos se relacionan con los encuentros a través de la dimensión virtual y con la flexibilización de la técnica psicoanalítica. Es indudable que esta dimensión modifica las áreas donde se posa; la clínica analítica es una de ellas. El análisis online, nos trae no sólo aires de cambio, sino además grandes desafíos. Implica modificaciones en la teoría de la técnica, en especial en el encuadre.

En el análisis por internet, la transferencia prescinde de los cuerpos, por lo que la riqueza del lenguaje del cuerpo, queda sesgado. Los cuerpos, lugar privado donde se inscriben marcas y signos que aluden a la identidad, como así también su imagen- la marca personal- se encuentran intervenidos por la tecnología.

La impronta de lo sensorial y sobre todo de la "mirada" queda sesgada. La relación digital impide mirarse a los ojos y plantea una especie de panóptico donde todo se ve. Habitar la dimensión virtual invita a sumergirse en la web en solitud, en un espacio donde se subvierte la relación con el otro, al reemplazar el cuerpo a cuerpo por el sonido, la imagen y el texto.

Esta situación enfrenta y pone en cuestión al sujeto en relación a su intimidad, su cuerpo, su identidad y sus relaciones. La intimidad se ve alterada por la presencia de la tecnología que constituye un "tercero" en la escena.

El consultorio online y su encuadre constituye una frontera a investigar. En relación a la clínica de niños se nos presenta como un camino a andar, nos desafía a adaptar la técnica del juego a la dimensión bidimensional de las pantallas. Si bien, desde hace un tiempo se viene trabajando a través de medios digitales en la clínica de adolescentes y niños, muy poco se ha hablado al respecto.

En este momento nos encontramos con mucha polémica referida a, si es posible garantizar un proceso psicoanalítico a través de estas tecnologías.

Lo cierto es que, como consecuencia mundial del Coronavirus, se aceleraron los tiempos y trabajamos de manera virtual, iniciando o continuando con los análisis de adultos, niños, adolescentes, parejas, familias y grupos. La técnica y su teoría con esta modalidad se nos imponen como un campo a investigar.

Como efecto del desanclaje del espacio y el tiempo, el consultorio online constituye un "no sitio" -prescinde del lugar físico- de encuentro entre paciente y terapeuta. El encuentro se hace posible a través de los medios tecnológicos y de las coordenadas temporales.

En relación al dispositivo, encuadre o setting analítico, desarrollaré algunas sugerencias que me han servido en mi trabajo por medios digitales en la clínica con niños. Me referiré al encuadre externo y al encuadre interno del analista apoyándome en los lineamientos ya aceptados y vigentes desde hace años para el análisis convencional de niños.

Por encuadre entendemos un conjunto de condiciones para garantizar el proceso o el ejercicio del psicoanálisis que regulan las relaciones entre analista y paciente. Desde el punto de vista del encuadre externo en el caso de los análisis online, es necesario tener en cuenta varios aspectos. En principio contar con una buena infraestructura. Me refiero a un buen funcionamiento de la banda ancha: velocidad y calidad en el servicio. Es de gran ayuda contar con un buen dispositivo: un celular de última generación, tablet o notebook, etc. De acuerdo al aparato que usemos la perspectiva visual se amplía o se estrecha y de su posición depende el plano en que vemos a la persona: primer plano, medio cuerpo o cuerpo entero. En el caso de usar el celular observamos que, no es lo mismo la posición horizontal que la vertical, pues la posición horizontal permite una visión panorámica del entorno. También es necesario contar con un soporte para el mismo, que nos permita tener "manos libres". Actualmente, la primera consulta nos suele llegar por la plataforma de WhatsApp.

En las primeras entrevistas comenzamos informando a nuestros pacientes la plataforma principal que vamos a usar y la alternativa en el caso que la principal no funcione, me refiero a: Skype,Messenger,WhatsApp, Facebook, etc.

En todos los casos tenemos que considerar, el rol de "el tercero" presente en la sesión a través de la tecnología utilizada, la que modifica la relación de intimidad entre el terapeuta y el paciente y que tiene valor simbólico; Por ej. las interferencias, los aparatos usados, el manejo de las plataformas, otras aplicaciones abiertas durante la sesión, etc.

Los horarios constituyen otro tema, en el caso de que nuestro paciente resida en otro país. Hay que tener en cuenta y precisar la banda horaria del terapeuta y del paciente, la duración de la sesión, etc.

La intimidad constituye una cuestión importante. Es necesario contar con un espacio de intimidad que garantice y de continuidad al proceso terapéutico.

En el análisis con niños la intimidad se ve transformada. Esta intimidad dependiendo de la edad del niño muchas veces incluye a los padres, hermanos, otros familiares, y al servicio doméstico. Ellos, a veces están en "la escena" auxiliando a los pequeños, o sosteniendo el juego, o por pedido del niño, o por el uso que hace el niño del espacio al mostrarnos su casa, en los las idas y vueltas del campo de juego. Se construye un escenario de juego diferente al presencial.

En los análisis online los terapeutas tenemos acceso a la vivienda de nuestros pacientes y en estas épocas de cuarentena ellos a las nuestras.

La elección del lugar nos aporta elementos inconscientes para considerar. En el caso de los niños -dependiendo de la edad- en la elección suelen intervenir sus padres.

Con respecto al cuidado de la intimidad del analista, este cuenta con aplicaciones en las plataformas que permiten personalizar el fondo para las video llamadas, a través de un fondo virtual.

En relación a la caja de juegos en los consultorios online; estos los provee el niño. El analista lo acompaña preparando la suya acorde a la edad el niño. Este aspecto constituye un terreno a explorar.

El niño usa sus materiales, sus juegos, y sus juguetes. Los juguetes para los niños son objetos con un importante significado emocional, pues desplazan su mundo interior en su elección, lo cual forma parte de su narrativa. Además, como nativos digitales los niños se encuentran muy a gusto navegando en los mares tecnológicos y aportan nuevos juegos a través de las aplicaciones que conocen.

También, hay que precisar el modo de trabajo, número y recuperación de sesiones, tiempo vacaciones honorarios; aclarando las formas de pago digital, duración del tratamiento, etc.

El encuadre externo se articula con el encuadre interno del analista. El encuadre interno es el instrumento principal para garantizar un buen proceso. Está constituido por un conjunto de propiedades psíquicas que interactúan como radares invisibles. Las propiedades psíquicas, están relacionadas con la organización mental del analista de acuerdo a: su propio análisis, su autoanálisis, las experiencias de vida, las condiciones personales, el talento clínico, su salud mental, vocación analítica, formación profesional, etc. (Alizade, 2002). El cambio de escenario de los tratamientos psicoanalíticos, desde lo presencial hacia lo virtual, se sostiene con el uso de sus herramientas: los conceptos de inconsciente, transferencia, contratransferencia, interpretación, la utilización de la regla fundamental etc.

Habitamos un mundo cada vez más digitalizado cuyas variaciones han anclado en la "cultura psicoanalítica", inaugurando un nuevo espacio: "el análisis online".

Sin dudas, somos observadores, a la vez que estamos viviendo un cambio revolucionario, porque la realidad virtual modifica nuestra práctica tal cual la conocemos.

La clínica de Agustín durante la cuarentena

A principio del mes de abril me llama Emilia, la madre de Agustín un niño de 8 años. Ella y Julián su marido están muy preocupados y angustiados, por el comportamiento de su hijo el que se agudizo a partir de la cuarentena. El psicodiagnóstico se realizó por video llamada utilizando la plataforma de WhatsApp.

A continuación, voy a describir una síntesis del mismo comenzando con las entrevistas realizadas a sus padres.

En el mes de marzo, Emilia Julián y Agustín pasaron sus vacaciones en Punta del Este. Regresaron al país en el momento del cierre de fronteras. Ellos viven en la provincia de Tucumán y ante la imposibilidad de volver a su hogar, consiguen quedarse en la casa de Carina, la hermana de Emilia para cumplir con la cuarentena y el aislamiento obligatorio y preventivo. Carina está separada y vive con su hija adolescente en una casa amplia y confortable.

Ambos padres tienen 50 años, hace 24 años que están casados, trabajan en turismo y tienen comercios de venta de artículos artesanales.

Agustín es un niño adoptado que llega a la casa de sus padres a los 3 días de vida. Sus padres durante 10 años habían intentado concebir, hicieron varios tratamientos, pero sus intentos habían sido infructuosos. Emilia, padecía una enfermedad que le impedía quedar embarazada.

Sobre Agustín, me comentan que nunca lo vieron así, está hiperactivo y agresivo.

La madre me dice en un tono "humorístico":

"...Los 'brotes psicóticos' le agarran cuando le ponemos límites o tiene que hacer la tarea, por suerte la prima -17 años- lo ayuda a hacerla. Con la tarea es una cosa que llora y no la quiere hacer, nunca lo vi haciendo tanto escándalo y llega un momento que no tolera más, pero bueno la vamos llevando. El tema que él está con estas reacciones violentas. Se levanta, no desayuna, mira un rato la tele, va y busca la perra, la hacer correr y eso que le dijimos que es muy viejita, que no la haga correr. Me pregunta una y otra vez sobre su adopción y me dice '¿yo estuve en tu panza no?' le digo que le expliqué muchas veces que el no estuvo en mi panza, que estuvo en la panza de otra señora. Me dice -'¿cómo se llamaba?' le digo Lucia y me hace 'tatatata' como que no quiere escuchar, entonces al rato me dice '¿bueno entonces ella es mi mamá?' No, le digo, ella te tuvo en la panza, tu mamá soy yo y siempre voy a serlo. Ella sólo te tuvo en la panza, era muy joven y no te podía tener. Me dice '¿mi papá quién es?', tu papá es Julián y siempre va a ser Julián, ¿queres que te cuente? 'no, no me cuentes nada, te dije que no me cuentes'. Al rato se pone muy nervioso, me pregunto si le daba la teta. Le dije que no, porque no lo tuve en la panza, por lo que no tenía leche. Además, me preguntó ¿cómo se fabrican los bebés? Siempre me pregunta lo mismo ¿si tuvo en otras panzas, como la de la abuela o la de la tía?, siempre le digo lo mismo pero no pregunta más allá.

Otra cosa, busca en Netflix donde hay una teta y quiere ver el programa. El otro día le dije: ¡vos no podes ver todo lo que diga más de doce años ni lo que diga violencia y se terminó!´. Demanda atención permanente es el centro del universo. También, me quiere espiar cuando me baño, el otro día *me vio y me dijo que yo tenía pito debajo de los pelitos. Si no le prestó el celular se enoja, juega un ratito, si pierde se enoja y putea contra el juego. Se lo saque, se enojó, nos puteo. Se brota y nos putea, es horrible. Al padre le hace burla todo el tiempo. Hoy le revolvió frasquitos de acrílico y le decía 'te odio te odio basura basura' y hace un rato nos dijo a los dos lo mismo. Es difícil saber que hacer cuándo se pone así, porque no es fácil. Le preguntamos que le pasaba y nos dijo 'tengo cosas feas en la cabeza 'y no quiso contar más a pesar que le insistimos..."*

Julián, me dice que sus vidas se encuentran muy desordenadas que a veces se acuestan alrededor de las 4 de la mañana. Agustín, se duerme un rato antes y no descansa bien, pega patadas, se mueve en la cama, no quiere dormir solo, nos dice que tiene miedo, razón por la que duerme con Emilia. El padre duerme en otro cuarto. También me comentan que el pequeño los escucho hablar de sus preocupaciones, laborales y económicas. Me preguntan, qué pueden hacer porque es imposible la vida con Agustín, sienten que no tienen recursos para hacer frente al despliegue que hace el pequeño.

Les comento sobre la importancia de mantener los ritmos cotidianos para organizar el psiquismo del niño y contener así su desborde pulsional.

En otra entrevista me comentan que les costó mucho organizarle el día pero que este cambio lo tranquilizó,

En este momento pienso que la adopción fue y es una situación dolorosa para ellos. Una situación de difícil manejo que no ha podido ser elaborada.

Los elementos inconscientes- representaciones y afectos-, que estos padres le transmiten a Agustín, se unen a las propias del niño reactivando en él, angustias y ansiedades primarias relacionadas con duelos tempranos. Estas son las que impulsan sus comportamientos regresivos con hiperactividad y agresión. Con respecto a las fantasías del niño, entiendo que se relacionan con las preguntas sobre su origen, y se enlazan con su curiosidad sexual - ¿cómo se gestan y cómo nacen los bebés?- y con la angustia de castración. El escenario de la cuarentena, los duelos, las incertidumbres que trae y el aislamiento, precipitaron en Agustín una desorganización interna.

Las primeras horas de juego por video llamada, transcurren de este modo.

Me llama Emilia y aparece Agustín sentado en un sillón del living entre medio de ambos padres. Se lo ve alto, delgado y vivaz.

En la primera hora me reciben los tres sentados en el sillón del living y de pronto Agustín se levanta agarra una rueda de auto vieja, apoya su pecho sobre ella y la hace rodar. Me dice" mira lo que hago", luego tira la rueda, y se sube a una hamaca, que le armaron sus padres a partir de una viga en el living y comienza a hamacarse. Luego, va a una bolsa de boxeo que tiene armada en el balcón y empieza a tirarle piñas. Va y viene por el living de la casa, pero siempre pendiente de la mirada de sus padres y de la mía. La madre lo sigue con la cámara para que lo pueda ver. Sus padres intentan ponerle límite pero sin resultado.

Intervengo diciendo que tiene muchas cosas en cabeza que le dan vueltas, lo confunden, le hacen sentir rabia y miedo. Esta intervención lo tranquiliza, se sienta y me dice que extraña: la" play", a su amigo Ale y a su perro.

En la segunda hora de juego, con sus padres presentes, me cuenta que el padre lo reta por lo que hace. En ese momento, le dice a Julián que se vaya y se queda con Emilia, luego lo llama y comienza a jugar con él al "Twister" un juego que consiste en mantener el equilibrio. El juego, dura cinco minutos y veo a Agustín, con el cuerpo en torsión intentando mantener un equilibrio que no puede sostener y se cae, mientras su padre lo observa. Vuelve su mirada hacia la cámara y me dice que los padres son malos porque el papá siempre lo reta y nunca juega con él. Agrega, que está enojado con ellos porque él quiere tener un hermano y me pregunta si yo los doy en adopción. Se va y empieza a hacer acrobacias en el living "hace medialunas", luego se tira al suelo y hace gimnasia en el suelo, imita movimientos de natación y se arrastra, se para y da otra media vuelta.

Agustín, siente miedo y rabia, siente que sus padres no lo contienen ni lo ayudan a mantener su "equilibrio".

Intervengo expresándole qué le cuesta mantener el equilibrio y que tiene muchas preguntas dando vuelta en su cabeza que lo asustan.

Le aclaro que no trabajo en la agencia de adopción y que sabe que estoy para ayudarlo con lo que le pasa.

En la tercera hora de juego, apenas comenzada la llamada, Agustín aparece en primer plano, luego lo amplia y aparecen sus padres sentados uno al lado del otro. Empieza a jugar con el celular y lo da vuelta quedando su imagen "cabeza abajo". Vuelve a dar vuelta el celular colocándolo correctamente; hace un primer plano, abre la boca gigante y me muestra que tiene un diente suelto, el "canino inferior derecho". Luego juega a dar vueltas "medialunas" en el living.

Le señalo que "tiene la cabeza dada vuelta" por todo lo que le pasa.

Pienso, que el diente que se mueve condensa sus duelos; los tempranos y los actuales, que no han podido ser elaborados.

Durante la entrevista, tenemos una interrupción tecnológica - ellos están lejos del modem-, se acercan al mismo, donde también se encuentra una computadora. Agustín, se sienta frente a la PC y comienza a buscar un juego, mientras sus padres quedan en "primer plano" hablando conmigo.

Mientras él juega escucha como sus padres me cuentan sobre las consecuencias económicas que les trajo la cuarentena, el esfuerzo que implica la convivencia con la hermana de Emilia y su hija y la incertidumbre por desconocer cuándo volverán a su hogar.

Más adelante la madre me dice que cuando se le cayó el diente Agustín le dijo: *"...yo quiero que vuelva a ser todo como antes..."*

Hasta este momento, el niño se ha presentado con sus padres sin poder estar a solas conmigo. El trabajo online me trajo repetidamente "una imagen", observe como Agustín ponía en primer plano la figura de sus padres, mientras él se ubicaba por detrás con sus juegos. Esta imagen, constituye un relato inconsciente, los sitúa como parte importante de su conflictiva, sobre todo en lo relacionado con el duelo temprano y las dificultades para ahijar y acompañar en su desarrollo a Agustín. El aumento de la agresión en el niño, lo relaciono con fuertes vivencias de desamparo, que se traducen en los insultos hacia sus padres.

El trabajo "online" me muestra una vez más la riqueza del mundo interno del niño, proyectadas en el campo de juego. Pienso que en Agustín, aparecen angustias y ansiedades tempranas relacionadas con el duelo por la separación inicial con su madre biológica. Estas, se enlazan con las angustias y ansiedades que se deprenden de la curiosidad sexual y de la angustia de castración produciendo una desorganización interna traducida en su comportamiento. La desorganización lleva al niño a un estado regresivo con la utilización de mecanismos de defensas maníacos y paranoides.La pandemia, el aislamiento, la incertidumbre, los duelos, el miedo, la percepción de las emociones del entorno y las de sus padres, precipitó el cuadro.

La claridad con la que Agustín puede expresar su sufrimiento me hace suponer que su tratamiento tiene un pronóstico positivo.

Bibliografía

Alizade, M *"El encuadre interno"* Fepal - XXIV Congreso Latinoamericano de Psicoanálisis - Montevideo, Uruguay "Permanencias y cambios en la experiencia psicoanalítica" – Setiembre 2002

Cruppi, M *"Vivir en la Posmodernidad"- Desplazamiento de las significaciones en el siglo XXI.* Letra viva. Buenos Aires. 2017

Cruppi, M *"Habitando la dimensión virtual / Desafíos en la clínica con niños"* en niños en cuarentena. Buenos Aires Letra Viva 2020

Cruppi, M *"Un enemigo invisible" "Covid 19".* La sigma.com Marzo 2020

Grupo de investigación *Tecnología y subjetividad- Psicoanálisis en la sociedad 5.0* -Asociación Psicoanalítica Argentina

https://www.eldiario.es/internacional/ONU-alerta-impacto-pandemia-medidas_0_1027147508.html

Dra. Monica Cruppi

Psicoanalista, Doctora en Psicología Social, Miembro Titular en función didáctica de la Asociación Psicoanalítica Argentina. Full member de la International Psychoanalytical Association. Se ha especializado en Psicoanálisis de niños y adolescentes, en Educación y Tecnología y en Ciencias sociales y Educación. Es Investigadora en temas de pareja y familia y en la influencia de la cultura web en la subjetividad. Desde 1998 colabora con sus artículos y notas de divulgación psicoanalítica en diferentes medios de comunicación nacionales y de países latinoamericanos. Es columnista de la Revista especializada en Psicoanálisis Imago Agenda. Ha escrito varios libros en coautoría entre el que se encuentra el "Diccionario Argentino de Psicoanálisis" y es autora de "Vivir en la Posmodernidad- Sobre el desplazamiento de las significaciones en el Siglo XXI" y también de numerosos artículos de la especialidad. Ha trabajado como docente de grado y posgrado en el ámbito universitario y trabaja como docente en la Asociación Psicoanalítica Argentina.

E-mail: dra.monicacruppi@gmail.com

Jugar juntos en tiempos de aislamiento
Los desafíos de jugar con un niño con hipoacusia en las pantallas

Mercedes Díaz
Laura Ramos

> *"Se trata sólo una diferencia de técnica,*
> *no de los principios del tratamiento"*
> Melanie Klein (1926)

La pandemia nos ha implicado a todos. Nos tomó por sorpresa, nos obligó a tomar medidas extremas y a modificar nuestras costumbres y rutinas. El Aislamiento Preventivo Social y Obligatorio nos llevó a permanecer en nuestras casas, tuvimos que dejar el consultorio y recrearlo a través de las pantallas. Sufrimos el impacto del aislamiento tanto en lo personal como en lo profesional.

Aquello que encuadraba nuestro trabajo con los pacientes, el consultorio, las cajas de juegos, el espacio que compartimos habitualmente, se perdió abruptamente. Toda esta situación -la pandemia, perder nuestras rutinas, el aislamiento- ha despertado incertidumbre, angustias y ansiedades con las que hemos tenido que lidiar. Para poder llevar adelante estos cambio, abruptos, radicales, inesperados, se requiere un trabajo psíquico de elaboración que nos permita salir del repliegue narcisista en el que nos vimos inmersos. Aceptar esta situación, pensarla con colegas, escribir sobre ello, nos permite que el aislamiento sea físico y no social o afectivo. Nos permite iniciar el trabajo de duelo necesario para poder repensar una nueva manera de trabajar. Nos lleva a repensar las cuestiones técnicas.

Frente a las dificultades que se nos presentaba en la clínica, nos preguntamos dónde encontrar respuesta. Sabíamos que este es un suceso único y que la respuesta no estaba escrita. Fuimos en la búsqueda de aquellos autores que sortearon dificultades, y aún más, crearon allí donde no era ni pensado. Esta forma de pensar, de trabajar, nos estimuló para repensar esta situación de pandemia y los obstáculos con los que nos fuimos topando. Así llegamos a una frase de Klein, que nos inspiró: "Se trata sólo de una diferencia de *técnica*, no de los *principios* del tratamiento. Los criterios del método psicoanalítico propuesto por Freud, es decir: que usemos como punto de partida la transferencia y la resistencia, que debemos tomar en cuenta los impulsos infantiles, la represión y sus efectos, la amnesia y la compulsión de repetición y además, que debemos descubrir la escena primaria, todos estos criterios se mantienen en la técnica de juego." (Klein, 1926, pp.147)

Es interesante recordar el contexto en el que Klein escribió esa frase, fue en los orígenes del psicoanálisis de niños, cuando eran muy discutidos sus alcances. Frente a todas las críticas, Klein creó una técnica capaz de adaptarse a las características de los niños sin apartarse de los principios fundamentales del psicoanálisis.

Esta idea de Klein, como de tantos otros autores que pudieron transformar las dificultades en posibilidades, nos llevó a pensar en que el análisis de niños también era posible a través de las pantallas, siempre y cuando pudiéramos seguir los principios analíticos. Principios que fuimos incorporando en nuestro análisis personal, en la formación teórica, en las supervisiones y en el trabajo con nuestros pacientes, es decir, aquello que constituye nuestro encuadre interno (Donnet, 1973). Se modificó nuestro encuadre externo, el consultorio, los materiales, la presencia física con el paciente, en algunos casos el horario. Pero el encuadre interno nos dio sostén, nos dio la posibilidad de dar continuidad a los tratamientos y así recuperar nuestra posición analítica.

Compartiremos un recorte del trabajo analítico con un niño de diez años donde se presentan una multiplicidad de dificultades que había que sortear.

Me[1] consultan por Juan, un niño de 10 años. La madre lo presenta diciendo que tiene una Hipoacusia congénita neurosensorial bilateral de etiología desconocida. Nunca realizó tratamiento psicológico. Asistía a una escuela especial donde el aprendizaje se daba a través de la lectura labial, pero hace dos años le indican el cambio a un colegio de enseñanza a través del lenguaje de señas ya que no logra seguir las clases. Esta nueva institución indica la consulta psicológica por notar ciertas conductas disruptivas y violentas. Las entrevistas con los padres fueron muy difíciles de realizar, se los nota muy angustiados frente a la hipoacusia de su hijo. La angustia se manifiesta desde la retracción, las ausencias y la falta de palabras. La angustia del diagnóstico los ubica a estos padres sin poder escuchar ni hacerse escuchar. Esta es una de las primeras dificultades que habrá que sortear para poder llevar adelante el tratamiento con el niño.

El primer encuentro con Juan era un gran desafío ya que no manejo el lenguaje de señas. Juan presenta varias dificultades además de su sordera, pero llama mi atención el rico perfume que tiene, su buen humor y buena predisposición. El proceso psicodiagnóstico fue bastante inconstante. Pero a pesar de los encuentros

---

[1]   Lo escrito en cursiva corresponde al relato de la analista del material clínico.

entrecortados, pudimos establecer un vínculo sin dificultades, paulatinamente pudimos crear ciertos juegos y lograr entendernos. En un primer momento de las sesiones me resultaba muy difícil entenderlo y él a mi, al ir transcurriendo el encuentro ambos nos entendíamos con una fluidez muy natural. Cuando él quiere comunicar algo siempre tiende al lenguaje de señas o gestos con sus manos, pero lentamente vamos construyendo las frases entre los dos. Siempre se mostró muy afectuoso y simpático. La comunicación aparece como una dificultad que puede ir siendo sorteada gracias a la continuidad de los encuentros, a la presencia física, ya que el cuerpo era un sustituto de las palabras, y a la buena predisposición de Juan, en sus intentos de establecer contacto y comunicarse. La analista se presenta disponible y Juan puede "usarla" al decir de Winnicott (1971).

En un primer momento juega con los elementos de la caja y realiza un juego bastante repetitivo. Agrupa los soldados por colores y los enfrenta. El soldado que siempre gana es uno que no tiene grupo ya que no hay otro de su color. En este primer juego Juan nos cuenta que el ganador es el distinto, el único. En su familia son todos oyentes y él es el único sordo. En el juego observamos que la dificultad y el desvalimiento de combatir sólo, es sustituido por la fortaleza omnipotente del personaje y negada la adversidad. Estos mecanismos maníacos (Klein, 1940) pueden ayudarnos a entender también, las dificultades de Juan para incorporar la lectura de labios. Para poder aprender nuevos lenguajes es necesario conectarse con el déficit, aceptar la sordera y poder hacer el duelo por la capacidad ausente. Juan aún no puede aprender el lenguaje de señas ni la lectura de labios, porque omnipotentemente sigue negando su discapacidad. Las dificultades de los padres para hablar de la discapacidad de su hijo, seguramente estén vinculadas con la dificultad de Juan de aceptar su discapacidad.

Luego descubre los juegos del consultorio, eligiendo el Juego de la Oca, sin presentar dificultades para entender las consignas o para atenerse a las reglas. En una sesión de este último tiempo encuentra un metegol, de muñecos con resorte que hay que tirar hacia atrás para que pateen la pelota. El resto de las sesiones transcurren con ese juego. Elige siempre a Argentina y yo soy Brasil. Aparecen los desbordes, con fuerza tira de los muñecos y éstos salen volando, entrando muchas veces al arco en lugar de la pelota. Surgen los enojos cuando no logra ganar, las trampas, los cambios de reglas y todo lo posible para no perder. Una dificultad muy habitual en el trabajo con niños son los desbordes y las trampas que generan contratransferencialmente en el analista enojos y malestares, a los que tenemos que estar atentos para que no interfieran en nuestro trabajo. El poder entender por qué un niño hace trampa y qué expresa con ella, nos permite corrernos del malestar, no enojarnos y conectar con la conflictiva inconsciente. En esta línea, nos ayudan las palabras de Valeros sobre las trampas en el tratamiento analítico: "Lo más probable es que en el tramposo predomine la necesidad urgente de reparar dolorosos sentimientos de desvalorización o defectos del self a través de la creación de una situación dramática de triunfo." (Valeros, 1997, pp.177). A medida que se suceden los encuentros, en las trampas, en sus enojos al perder y en su necesidad imperiosa de ganar, vemos la presencia de fuertes mecanismos maníacos frente al desvalimiento. Cuando se enfrenta con la dificultad, se reconoce incapaz y por medio de mecanismos maníacos, restituye su capacidad omnipotentemente.

Al declararse el Aislamiento Social Preventivo y Obligatorio, me pregunté cómo podíamos continuar trabajando con Juan. En un primer momento parecía que dar continuidad a los tratamientos de niños era poco probable. Pero como venimos pensando, el hecho de salir del momento de shock inicial, del replegamiento narcisista, al pensar con otros y compartir experiencias, fuimos descubriendo que existían posibilidades. Necesitamos de un momento de pensarnos, de autoanálisis, de conectarnos con nuestras propias resistencias para poder ofrecer un espacio analítico. Para poder poner a jugar la técnica, es necesario recurrir al encuadre interno, a los principios psicoanalíticos que fundamentan nuestra práctica, para desde allí, repensar el encuadre, los materiales y recrear a través de las pantallas la sesión con los niños.

En el consultorio la comunicación verbal con Juan era complicada, las sesiones transcurrían en una creación de diálogo, donde muchas veces prestaba palabras para que él pueda armar su frase. Me preocupaba el pasaje a lo virtual y la posibilidad de entendernos. Se sumaban, además, mis dudas acerca de las dificultades que la conexión a internet pudiera ocasionar. A las dudas que ya nos generaba la continuidad de los tratamientos de niños en las pantallas, se suma, que en Juan, la comunicación estaba sostenida en gestos y señas, en lo corporal. El hecho de que el encuentro sea de manera virtual, donde el cuerpo queda excluido, era una dificultad extra.

Luego de comunicarme con los padres, me refirieron que Juan estaba bien, intentando trabajar en las tareas del colegio. Acordamos encontrarnos los mismo días y horarios que los hacíamos en el consultorio. En algunas oportunidades se olvidaban de la sesión y Juan no estaba con ellos o no estaban disponibles, pidiendo disculpas luego de unas horas. A nuestras propias resistencias, se suman las resistencias de los adultos, que muchas veces dudan de la posibilidad del trabajo eficaz a través de las pantallas. Sabemos que siempre requerimos la ayuda de los adultos en el trabajo con niños. En el consultorio necesitamos que los traigan, que abonen el tratamiento y que colaboren con el mismo. En las pantallas también los necesitamos, que ofrezcan el dispositivo que posibilite la conexión, que sostengan las situaciones de desborde o de angustia. Por eso es necesario, tomarnos un tiempo para tener entrevistas con ellos y trabajar el cambio del encuadre. Así como nosotros necesitamos un tiempos para conectarnos nuevamente con nuestra práctica, los padres también necesitan un tiempo para revincularse con el espacio que ofrecemos al niño y a ellos. No podemos olvidar que muchas actividades de los niños -la escolaridad, las actividades recreativas, deportivas, los tratamientos- se han mudado a las pantallas y los dejaron implicados a los padres en dar continuidad. A esto, se les suma sus propias actividades, que también mudan a las pantallas, generando situaciones de sobreexigencia.

En estos encuentros con los padres, a través de las videollamadas, Juan me saludaba, pero cuando le preguntaba cosas muy simples no me entendía y miraba al padre o la madre para que le digan lo que le pregunté. Tuvimos algunos encuentros de esta manera, muy cortos, redundando en lo mismo. En uno de ellos, toma el celular de la madre y recorre la casa. Me muestra su habitación, su Playstation, cuál es su cama y el patio. Se muestra muy contento al enseñarme su lugar. Juan con sus dificultades de verbalizar y de comprender se toma un tiempo para el reencuentro. Ambos, analista y paciente, tienen que encontrarse desde un lugar distinto, volver a generar un código en común. Una manera de transmitir lo que están viviendo, es mostrar donde se encuentran, no es en el consultorio, como aquel espacio compartido, ahora el espacio físico es distinto, pero el virtual es el compartido. Tiempo y espacio, quedan disociados, se encuentran juntos en un mismo tiempo, pero en espacios distintos. Quizás, el mostrar el espacio donde está el paciente y querer conocer el espacio del analista, es un intento de crear un espacio intermedio (Winnicott,

1971) que posibilite el encuentro entre ambos. Hemos observado que esta conducta se ha repetido en la mayoría de los primeros encuentros con los niños, pero también con muchos adultos. Sabemos también, que mostrar es una manera de decir algo de sí mismo que no puede ser puesto en palabras.

A través de las pantallas, muchas veces se muestran escenas que en el consultorio tenemos que deducir.

Juan en los primeros encuentros se conecta junto con los padres, hasta que toma un elemento de la madre, su celular, para poder alejarse y crear una zona compartida con su analista. Le enseña su espacio, le muestra sus lugares y va generando un espacio, ahora en común con su ella. Se aleja de la madre para conectarse con un otro externo, ajeno a la familia. Lo hace a través del celular que, en momentos de aislamiento, es la "ventana al mundo". Juan recorre su casa de su cama al patio, mostrando en escena, un movimiento desde lo más íntimo a lo más externo, quizás un viraje de lo más endogámico a la posibilidad de salida exogámica.

Me animo a abrir el juego. Le digo que podríamos recuperar algo de lo que eran nuestros encuentros en el consultorio. Juan se queda pensando... el papá propone jugar a "Piedra papel o tijera". Jugamos algunas veces, se ríe ya que oculta su mano en algunas oportunidades y me dificulta ver que elige. Oculta su mano hasta que yo muestro la mía. Le señalo que no se si la cambia, que así no sé qué hace, se ríe y dice que me ganó. Le digo que no es justo, porque yo mostré y él no... Se ríe con muchas ganas ya que yo me muestro con cara de enojada. Así como con la madre, Juan tomó un elemento -el celular- que le posibilitó alejarse de ella y armar una zona en común con su analista; ahora con el padre toma el juego que éste le ofrece para la construcción de una zona de juego compartida. En estos pequeños momentos de encuentro, también notamos la colaboración de los padres para que Juan pueda vincularse. En el consultorio los padres nos ofrecen resistencias y posibilidades, también en las pantallas sucede lo mismo. Junto a las resistencias encontramos las colaboraciones, el interjuego entre ambas es lo que posibilita o detiene el tratamiento.

Una vez que se pudo crear la zona intermedia de encuentro, se puede desplegar el juego. A partir de la propuesta, Juan recupera la escena lúdica compartida en el consultorio. Se repite a través de las pantallas las trampas que predominaban en los encuentros presenciales. Su necesidad de ganar, de reconocerse victorioso, omnipotente, lo lleva a crear una situación dramática de triunfo (Valeros, 1997).

En el encuentro siguiente le digo que tenemos que pensar a qué podemos jugar. Me dice "A Pato", le digo que no se que es pato, repite pato, el padre tampoco sabe que es lo que Juan quiere decir. Sigue diciendo Pato y hace un gesto de pico. Ahí me doy cuenta que estaba nombrando al animal y recuerdo que en algunas oportunidades jugábamos al Juego de la Oca. Entonces le pregunto si está pidiendo el Juego de la Oca. Me dice: "sí, tráelo". Le digo que no lo tengo. Y me mira sorprendido. El padre dice: "Cree que vivís en el consultorio, no sabe que vivis en otro lado". Entonces le explico que las cosas del consultorio no las tengo, que por eso no tengo su caja ni los juegos. Me mira como desilusionado. Le propongo hacer nosotros un juego de la Oca, conseguir un dado, hojas y algunas fichas. Se queda en silencio un rato y me dice que podemos jugar a Plato[2]. Le digo que me parece una buena idea, pero que no lo tengo en el celular descargado. Le saca el celular al papá y lo coloca más cerca de su cara. En este momento me habla directamente, ya no espera que el padre interven-

---

[2] **Plato** es una plataforma social en la que se puede jugar a distintos videojuegos a través de Internet con la posibilidad de conectar con otros jugadores. https://www.platoapp.com/

ga y me entiende lo que digo, inclusive es más claro al pronunciar. Me dice que tengo que bajar la aplicación, ponerme un nombre y buscarlo a él para jugar juntos. Y durante un rato me explica su nombre de usuario que me resulta bastante confuso o difícil de entender, lleva muchas letras y números, pero él se esfuerza para que pueda comprenderlo. Quedamos que la próxima sesión nos conectamos y jugamos a Plato.

En este encuentro vemos un viraje, un movimiento del saber todo al no saber algo, que posibilita la disminución de la omnipotencia. Juan habla de un juego y en un primer momento ni el padre ni la analista lo entienden. El padre parece que no entiende o no sabe todo lo que su hijo dice. En los primeros encuentros, los padres eran quienes entendían todo lo que Juan decía y oficiaban de traductores, Juan relegaba su lugar de saber. En esta sesión el padre ya no sabe todo y la analista tampoco sabe ni entiende todo. La analista apela a la experiencia compartida para poder entender el pedido. El padre entiende que Juan cree que la analista se encuentra en su consultorio. Ambos, padre y analista, no saben todo, pero saben algo. La ilusión omnipotente comienza a caer. Juan puede surgir y apropiarse de su saber. Ante las dificultades de los adultos, es Juan quien puede utilizar otros recursos para comunicarse. Para recurrir a otros recursos necesita aceptar, en cierta medida, sus dificultades para hablar y hacerse entender. Al reconocer su saber también reconoce su no saber, su dificultad. En el intento de hablar claro, deletreando su nombre de Plato, reconoce que no habla bien, su sordera, y a la vez reconoce un saber sobre la aplicación, el juego y su forma de establecer un vínculo a través esta.

El evocar un juego compartido en el consultorio trae una historia compartida que puede dar continuidad a los encuentros. A partir de la historia compartida, Juan excluye al padre y se conecta con la analista. Al conectarse con ella, la recrea omnipotentemente y le pide que traiga el juego que compartían en el consultorio. Es el padre quien señala la situación real de la analista. Cae de un lugar omnipotente e idealizado, donde podría salir de la casa, estar en el consultorio con todos los juegos y juguetes a su disposición, siendo siempre psicóloga y a disposición de los pacientes. La intervención del padre, muestra que es tan humana como otros, igualandola a ellos, a todos les rige la misma normativa de no salir de la casa. La analista ofrece una alternativa, otra posibilidad de jugar a la Oca, de creación, no queda ubicada en el lugar impotente, y propone hacer algo con lo que se cuenta. Esta intervención le permite a Juan pensar con qué cuenta él, y ofrece una alternativa de juego.

En el encuentro siguiente apenas nos encontramos me dice "¿Jugamos a Plato?". Lo saludo, le pregunto cómo está, me dice "bien" y rápidamente me propone nuevamente ir a Plato. Entonces le digo que dejemos la videollamada prendida asi nos escuchamos y cuando terminemos de jugar podemos volver. Me invita a jugar al fútbol. Tenemos que seleccionar los equipos para jugar, y recuerdo que en el consultorio era Argentina vs Brasil, dándose lo mismo aqui. Al ingresar al juego descubro que tiene la misma lógica y estrategia. Tira de los jugadores para patear la pelota, grita y alienta, son las mismas actitudes que tenía en el consultorio, inclusive, le sucede lo mismo que en el juego presencial, donde en lugar de entrar la pelota en el arco, entra el jugador. Se lo señalo. Puedo meter un gol. Lo grito como hacía en el consultorio. Juan no deja de hablar o de hacer sonidos, que van transmitiendo su estado, lo noto enojado. Logra hacer un gol y lo grita con fuerza. Tengo que sacarme los auriculares por lo fuerte de su grito. Le digo: "Me vas a dejar sorda!. Con esa fuerza se me mete el grito en el oído y me hace doler". Se ríe y sigue jugando, pidiéndome que saque rápido. Hago un tercer gol y gano. Volve-

mos a la videollamada. Hago gestos con los brazos de victoria. Me mira serio, pone cara de enojado, me saca la lengua y hace "fuck you" mostrándome directamente a la cámara. Me dice serio: "Otra vez". Volvemos a Plato y se da la misma forma del juego. Le digo que en el consultorio me ganó varias veces, asique tal vez por Plato también se anime a hacerlo. Saluda con su mano y me dice entusiasmado: "Hasta el viernes!" que es el día de nuestro próximo encuentro. Corta la llamada. A los 5 minutos me llega un mensaje de voz del padre donde comenta, muy emocionado, que bien como habíamos podido interactuar, que lo había notado a Juan muy enganchado, muy entusiasmado. Me agradeció la posibilidad de seguir trabajando en estos momentos.

En esta sesión, se puede observar muchos elementos para analizar, pero a los fines de este trabajo nos interesa pensar en el juego y en la posibilidad del juego genuino que desarrolla Juan en la sesión. Una vez recuperada la zona intermedia de juego, donde se puede dar el trabajo de análisis, surge el juego en todo su explendor, con las posibilidades que se daban en el consultorio.

Cuando se sortearon las dificultades y las resistencias frente a la nueva modalidad, se pudo establecer un nuevo encuadre que dio sostén al juego.

Juan utiliza los recursos de este nuevo modo de trabajo para desplegar su conflictiva inconsciente. Pero manteniendo aquellos elementos que en el consultorio le fueron útiles. Observamos cómo los niños logran encontrar la manera de comunicarnos su conflictiva cuando se encuentran con un otro que se ofrece. Tanto la agresión, la violencia, la creación, lo pulsional, se puede desplegar a través de un juego compartido, más allá de donde sea ese juego. Mientras que sea juego.

> *"Esa capacidad poco común...*
> *de transformar en terreno de juego*
> *el peor de los desiertos"*
>
> *Michel Leiris citado por Pontalis*
> *(Prefacio de Realidad y Juego*
> de Donald Winnicott (1971))

La difícil situación que tuvimos que atravesar, el aislamiento, la reclusión en nuestras casas y la imposibilidad de seguir trabajando tal cual lo veníamos haciendo, nos enfrentó a la necesidad de resolverlo de alguna manera. Pudimos ubicarnos desde la negación, la omnipotencia y continuar con los tratamientos como si fuese exactamente lo mismo, creyendo que nada cambiaba, o desde la impotencia y creer que no era posible, el trabajo con niños desde lo virtual no podría darse. La posibilidad de transformar la dificultad en una posibilidad fue una guía que nos ayudó a dar continuidad a los tratamientos sin caer en la omnipotencia o en la impotencia.

Para transformar el desierto en terreno de juego, creemos que es necesario sortear las dificultades, vencer las resistencias y crear allí un espacio de juego. Hacer jugar a la técnica, al encuadre y crear la posibilidad de jugar donde no existe, nos parece que es el gran desafío que nos trajo esta pandemia. Un virus que muta y que nos hace mutar a nosotros. Mutar nuestro consultorio en las pantallas para que el psicoanálisis de niños siga vivo.

Bibliografía

DONNET, J.L. (1973) *Le divan bien tempéré*.1 Nouvelle Revue de Psychanalyse, n. 8. 1973, Gallimard Paris (traducción en castellano disponible en Biblioteca de APU)

KLEIN, M. (1926) *Principios psicológicos del análisis infantil. En Amor, culpa y reparación*. Editorial Paidos, Buenos Aires.

KLEIN, M (1940) *El duelo y su relación con los estados maníacos depresivos. En Amor, culpa y reparación*. Editorial Paidos, Buenos Aires.

VALEROS, J.A. (1997) *El jugar del analista*. Fondo de Cultura Económica de Argentina

WINNICOTT, D.W. (1971) *Realidad y juego*. Editorial Gedisa. Barcelona, España

Lic. Mercedes Díaz

Licenciada en Psicología Universidad de Buenos Aires
Especialista en Niños y Adolescentes
Miembro fundadora Grupo Psicoanalítico del Oeste
Profesora de la Escuela de Especialización en Psicoanálisis del Colegio de Psicólogos de Morón.
E-mail: lic.mmercedesdiaz@gmail.com

Lic. Laura Ramos

Licenciada en Psicología. Universidad de Buenos Aires
Docente e investigadora de la Facultad de Psicología.
Universidad de Buenos Aires
Coordinadora del Servicio de Psicología Clínica de Niños. Facultad de Psicología. Universidad de Buenos Aires
Miembro fundadora Grupo Psicoanalítico del Oeste
E-mail: Lic.lauravramos@gmail.com

Pinceladas

Gustavo Finvarb

*"El hombre se comunica en
el lenguaje, no por el lenguaje".*
Walter Benjamin

Pinceladas[1]

Algunos pensadores definen la época actual, pandemia mediante, como un hecho social total (Agamben) o como una situación de arrasamiento traumático. Más allá de las distintas maneras de adjetivar la época, todas implican una cierta toma de posición y las reflexiones muestran las distintas conceptualizaciones y las posibles consecuencias de este fenómeno, en los aspectos individuales, familiares, vinculares, sociales, emocionales, psíquicos, económicos, sanitarios, etc. Como en otras epidemias a lo largo de la historia pero por la globalización y la rápida transmisión del virus, en ésta se pusieron de mayor manifiesto las falencias sociales, económicas, culturales de las sociedades donde las desigualdades se han hecho más evidentes y han desafiado a generar nuevos recursos psíquicos y de comunicación.Desde el punto sanitario, médico, infectológico o epidemiológico hasta tanto contemos con otros medios más efectivos, vacunas, tratamientos, las medidas de restricción se propugnan para salvaguardar la salud.

Las consecuencias sobre el psiquismo, la estructuración subjetiva, inter y transubjetiva son y serán las pre-

---

[1]   Pincelada : expresión condensada con la que se describe, se relata o se expone algo complejo, a menudo dando un carácter peculiar al discurso. Diccionario de la Real Academia Española.

guntas a pensar desde el psicoanálisis y las otras ciencias ya que cambiaron los paradigmas, las situaciones nuevas a las que nos enfrentamos y las nuevas tecnologías que progresan cada día y nos desafían a nuevos dilemas que se trasuntan en nuestro quehacer clínico cotidiano.

Lo que resulta paradójico es que a la incertidumbre biomédica, a lo intempestivo de la llegada de la pandemia, la gravedad y rapidez de propagación del virus se indica el aislamiento social" quédate en casa" y por otro lado el slogan que dice" que saldremos de esto todos juntos ". Quedarse en casa donde se supone que existan los recursos para la contención y las posibilidades de continuar mínimamente con algunas tareas escolares, laborales, etc. Y con recursos habitacionales, sanitarios, alimentarios entre otros; pero también en el quedarse en casa incrementó en muchos casos mayores situaciones de violencia familiar, maltrato y abuso infantil, femicidios y en muchos casos se agudizaron los conflictos individuales y familiares.

También se pusieron en evidencia no sólo circunstancias como las descriptas sino de verdadera solidaridad, responsabilidad, cuidado, amor hacia los convivientes y también hacia los otros miembros de la sociedad que se encuentran en situaciones de mayor vulnerabilidad a través de ayudas de distinto tipo y en nuestra institución como en otras se brinda la atención de consultas y ayuda profesional. La solidaridad supera las meras conductas de la supervivencia.

Esta pequeña e incompleta introducción es porque en el quehacer psicoanalítico actual o por lo menos en mi quehacer estas reflexiones están presentes a la manera de un "saber flotante" y me ayudan en el trabajo con los consultantes a contextualizar sus padeceres para poder profundizar en lo personal, individual o vincular. Teniendo presente que la situación compartida atraviesa a todos, analista-analizando, y exige buscar y encontrar maneras nuevas o distintas de comunicación. Me pregunto si esto implica solamente modalidades distintas de la técnica o como vislumbro traerá aparejada preguntas sobre la teoría y algunos de sus fundamentos que ya se estaban dando a partir de cambios sociales, culturales, en los vínculos familiares, modalidades de maternidades, paternidades, los movimientos feministas, etc. pero la dimensión actual por la pandemia es novedosa en ese sentido y afecta el terreno discursivo.

Es interesante como el diccionario de la lengua castellana define el concepto de virtual:

1.-con propiedad de producir un efecto aunque no lo produzca (per se).
2.-implícito, tácito.
3.-que tiene existencia aparente pero no real
4.-y que es lo opuesto a lo real y a la realidad.

La palabra virtual proviene del latín "virtus" que significa fuerza o virtud. El trabajo psicoanalítico, transferencia mediante, ¿no contiene algo de lo virtual, de la fuerza y de lo virtuoso también en sí?

Pinceladas clínicas de entrevistas virtuales

"Me cortaron las piernas..."
Diego Armando Maradona. 1994.[2]

Mariana paciente de 34 años, soltera, asmática, me dice muy angustiada" estoy quebrada" vive a más de 200 kilómetros de Buenos Aires en una ciudad relativamente pequeña de la provincia, ejerce como docente en escuelas primarias y algunas horas en una escuela secundaria.

Conozco a Mariana de muy jovencita por haber sido su

---

[2]   En el Mundial de Fútbol de 1994 en EEUU Maradona es expulsado por el resultado positivo de un estudio antidoping y pronuncia esta frase a la prensa.

terapeuta durante su internación hospitalaria en Capital hace muchos años atrás por un cuadro grave de implicancias psicológicas con compromiso somático e intentos de suicidio. Fue víctima de abuso sexual en su infancia. Me pide una entrevista con mucha angustia y llanto permanente que se observa por la video- llamada que ella propone hacer.

Su proyecto más reciente que había comenzado a armar consistía en trasladarse a vivir a la capital para seguir trabajando y eventualmente continuar un estudio superior. Vive con su abuela y tía maternas. Sus padres están separados desde hace años con graves conflictos que persisten en la actualidad y salvo su madre no tiene ninguna otra figura que pueda contenerla.

Mariana tuvo hace unos años una pareja con la cual convivió con muchas dificultades y maltratos de la cual se separa y esto implicó por motivos económicos vivir con su abuela nuevamente hasta poder recibirse de docente y tener sus propios ingresos.Tiene una situación familiar y económica muy difícil y presenta somatizaciones respiratorias a repetición que se agravan en la convivencia ya que su tía es una fumadora empedernida y su abuela camina por la casa quejándose todo el tiempo y se acompaña de un baldecito que cuelga de su brazo porque según dice es alérgica y eso hace" que tenga que escupir permanentemente en el recipiente que lleva "(sic).

Mariana con mucha dificultades incluso económicas comienza el armado de su proyecto de mudanza y ante la situación sanitaria se frustra el proyecto, sumándose que por distintas razones empieza a dudar de sus propias aptitudes refiriendo el esfuerzo enorme que le implica la programación y preparación de las clases on-line para sus alumnos, se angustia, no los puede realizar y llora. Dice: *"Siento que así no puedo seguir"*.

Le interpreto que sus dudas frente a sus capacidades que se le plantean con su actividad docente reflejan si sentirá capaz de afrontar el desafío de estar sola y poder sostenerse ya que nunca lo hizo, aunque con vínculos difíciles, siempre estuvo acompañada. Ahora tendrá que ver de lo que es capaz.

Resumo en realidad dos momentos de dos entrevistas realizadas semanalmente, mis intervenciones apuntaron a mostrarle su enojo y angustia no sólo por su propia historia sino por un mundo externo, y señalarle la posibilidad de otras opciones. De hecho a la semana la angustia cede en parte y tramita el alquiler de una pequeña vivienda en su ciudad hasta poder trasladarse a Buenos Aires, con ayuda de su madre y que le permitiría vivir sola y en el futuro tener alumnos particulares.

Surgió algo muy interesante en relación a estas pinceladas que llamó mi atención y es lo que denominaría" vicisitudes de y en la transferencia", una semana después de la primera sesión virtual donde me había surgido el recuerdo de la frase pronunciada por Maradona, la paciente me dice "estoy quebrada", una semana después. En la siguiente entrevista, Mariana me cuenta que pudo realizar la mudanza y se instaló sola en un departamento.

Se han hecho numerosos aportes de distintos especialistas, asociaciones, organismos gubernamentales, médicos, psicólogos, educadores, economistas, periodistas, etc. Atiborrando de información, ideas, sugerencias, indicaciones para que las niñas, niños y adolescentes tengan herramientas para paliar el aislamiento (dibujar, leer, tocar instrumentos musicales, clases de gimnasia, etc.) poco escuché darles las palabras a ellos y hablar de las implicancias emocionales y las necesidades que tienen de las cuales la mayoría no pueden satisfacerse en cuarentena como el encuentro con amigos, el deambular, concurrir a bares o lugares bailables,"boliches" donde se posibilitan los contactos afectivos, físicos y surgen posibilidades de contactos sexuales ; vedadas estas actividades por estar en aislamiento y sin posibilidades de encuentros y parejas. Por otro los de edades menores quieren también encontrarse con sus amigos, ir a plazas o parques, continuar con sus actividades deportivas, juegos, etc. Y los cortos paseos no los satisfacen plenamente.Por supuesto las vivencias y posibilidades resolutivas dependerán en gran medida en relación del entorno socio-económico al cual pertenezcan dadas las distintas poblaciones y complejos habitacionales.

Habría que hacer hincapié en que las medidas de cuidado y aislamiento generan algunas de las inquietudes que se describen pero prima el cuidar la salud y la vida. Pero la angustia, el temor a enfermarse o que se enfermen los referentes afectivos, la apatía, el aburrimiento y el desgano dentro de un amplio espectro que no necesariamente en todos los casos se podrían adjetivar como síntomas, se fueron acrecentando a medida que las medidas sanitarias se fueron extendiendo.

Ana, joven mamá de mellizos, Lucía y Theo de 5 años y medio que comenzaron 1 ° grado de escolaridad primaria, viven en una casa de barrio disponiendo de una terraza relativamente amplia donde juegan mientras el padre prepara en algunas oportunidades asados y pasan la tarde, según relata Ana en una entrevista. Ana me cuenta por teléfono que Theo le dice "que no extraña la escuela" y sigue jugando a patear la pelota contra la pared como arco pero Lucía pregunta a los padres "¿ si los papás se enferman quién cuida a los chicos ?".

Interpreto a Ana que sus hijos expresan de alguna manera sus propios temores de quién se haría cargo de ellos si ella o su esposo se enfermasen, reactivando recuerdos de su propia infancia donde muchas veces tenía que acompañar a su madre enferma a distintos hospitales y no había quién se hiciera cargo de ella y su hermano menor. Y ahora, ¿Quién lo haría si incluso su terapeuta se enferma?

Estos comentarios los escucho en varios pacientes

luego de preguntarles, si no lo hacen espontáneamente, cómo están, si tuvieron miedo de enfermarse ellos o los adultos que los acompañan o los abuelos. En general toman las preguntas y surgen a veces comentarios muy simples o respuestas más elaboradas, pero lo más escuchado fue que al principio tenían miedo por los "viejitos ", pero saben que los padres cuidan de sus propios padres y también cuidan de ellos. Y a partir de estas preguntas surge de los pacientes que me pregunten cómo estoy yo y si me cuido.

Martina tiene 9 años, presenta conductas que podríamos definirlas como de sobre adaptación, muy activa, creativa y con una capacidad de reflexión muy presente. Pide como en otras oportunidades comunicarse conmigo esta vez no de forma presencial y que sea sin video a lo cual accedo.

Se dice que está algo triste y preocupada porque las compañeras del colegio le han dicho cosas que no le gustan cree que en relación a su capacidad de liderazgo; en estos días tiene que comunicarse con ellas y con su maestra por las tareas y se hará con el sistema de video zoom. Se angustia mucho y no sabe cómo proceder sabiendo que tendría que hacerlo y no quiere hacerlo.

Martina presenta nuevamente el síntoma de la tricotilomanía (conducta compulsiva de arrancarse los cabellos o pelos de distintas partes del cuerpo) que le dejan zonas de alopecia en la cabeza y cejas y se siente exigida al uso de video desde la escuela. A la semana siguiente, me relata que pudo participar de la clase con vídeo y que siempre quiso tener una mascota. Ante la imposibilidad de parte de sus padres de que sea un perro, le regalan una tortuga (sic).

Francisco, joven de 14 años, terminó 7 ° grado a fines del año pasado, en el viaje de egresados "tiró onda "con una compañera pero no prosperó la situación. Ingresa este año a un colegio secundario distinto ya que su escuela carece de este nivel y donde no tiene ningún amigo ni conocido. Concurre a clases pocos días ya que a poco del inicio lectivo se decreta la cuarentena y las medidas de aislamiento.

Francisco, me llaman los padres, está enojado, irritable, poco tolerante y le cuesta concentrarse para estudiar: expresa que "cómo pretenden que hable con amigos si los primeros días tuvimos clases de nivelación en vez de tener actividades de integración...Dice: *"¡A los viejos amigos no los veo y a los de ahora tampoco...!.".*..*Yo tenía una novia pero como no podemos vernos corté..."*

Lautaro tiene 15 años, desde muy chico presentó situaciones conflictivas en el ámbito familiar y escolar que determinaron frecuentes cambios de escuela. Sus conductas eran violentas y agresivas concurriendo a diferentes tratamientos psicoterapéuticos. Al consultarme sugiero entrevistas familiares, mientras tanto Lautaro concurría en forma interrumpida a una psicoterapia individual con otro colega. Concurrían la madre de alrededor de 45 años profesional del campo de la salud que le implica dos guardias semanales donde no pernocta en su casa, una hermana de 20 años y Lautaro de 15 años, en su momento a mi consultorio.

El padre, de menor nivel socio-cultural que la madre, los abandonó cuando eran muy chicos con Lautaro de alrededor de un año y no volvieron a tener contacto con él, formó otra pareja con la cual tiene dos hijos pequeños. Lo describen como alguien muy violento, agresivo y con características psicopáticas.

Lautaro me cuenta que en esta época de aislamiento se siente solo,por momentos vacío, que con una amiga de las redes que vive en otro país no puede comunicarse ya que los padres de ella se lo impiden, situación que lo entristece y no tiene ninguna razón del porqué de esta restricción. Por otro lado está asustado que su madre se contagie y enferme ya que realiza su trabajo en una institución hospitalaria.Dice estar angustiado, no deprimido, le cuestan las tareas escolares y algunas veces conciliar el sueño.Es la primera vez que Lautaro expresa estos sentimientos y presentando incluso mayor capacidad de insight,; surge hablar de su padre, de su parecido en algunas actitudes que la madre y la hermana se lo destacan reiteradamente. Me pide ayuda y un nuevo encuentro.

Por último al volver a hablar de las redes sociales me cuenta que el seudónimo que él utiliza en las mismas es" clonazepam", le sugiero hablar con la madre y tomo en cuenta esto como pedido. En la semana se comunica la madre conmigo para informarme que se encuentra internada por sospecha de estar infectada de COVID-19; Me dice que Lautaro se angustió mucho, lloró, y le dijo que la quería mucho y estaba muy asustado. Al día siguiente, día de su consulta virtual, Lautaro me informa que su madre regresó a la casa y que el estudio le dio negativo, que él ahora está tranquilo, no se pelea con su hermana y que está muy cansado porque se quedó despierto hasta muy tarde haciendo las tareas encomendadas desde el colegio.

Todas estas consultas son pequeños acontecimientos con pacientes que en general conozco hace tiempo, todas se realizaron por vía virtual y la mayoría sin el uso de video-cámara.

Al principio se me presentaron ciertas resistencias al uso de este recurso tecnológico, me resultaba más cómodo no tener imagen ya que en pantalla aparece la imagen del otro y también la mía en simultáneo y estas imágenes virtuales no especulares me generaban cierta incomodidad; al poco tiempo me empecé a dar cuenta que sin video" escuchaba mejor", estaba más concentrado e incluso a veces más que en mi consultorio con pacientes que no utilizaban el diván, parecía por momentos contar con un "diván virtual", de hecho algunos pacientes adultos me comentaban que mantenían la entrevista conmigo acostados. Me animo a decir también que mis interpretaciones eran más adecuadas y pertinentes. También comunicarme sin pantalla de video me permitió tomar notas de las sesiones más extensas y completas, incluso más que en la manera presencial que habitualmente utilizo escasamente.

Hay que considerar que los alumnos de escuelas y colegios primarios y secundarios llevan a la fecha sesenta días sin concurrencia a los establecimientos educativos por las medidas restrictivas decretadas por las autoridades gubernamentales, pero en realidad habiendo comenzado esto los primeros días del ciclo lectivo, es desde diciembre del 2019 que no hay concurrencia ni presencia en las escuelas y colegios, alrededor de seis meses sin contacto ni socialización; situación que los menores y adolescentes toleran muy poco al no poder tener cercanía física a pesar del contacto virtual con sus pares y las clases online que reciben.

Después de un corto tiempo donde cada vez me era más cómodo el uso de éstas para mí nuevas modalidades, ya que hay colegas que la vienen utilizando hace muchos años en general con pacientes que viven en el exterior, recordaba algunas experiencias de haber sido invitado a participar en diferentes programas radiofónicos para conversar sobre salud mental, niñez o adolescencia, con mi presencia a través de la voz en el "éter". Recordaba las experiencias como sumamente gratificantes y placenteras, al vivenciarlas nuevamente y" salvando las distancias" (me resultan algo cómicas estas palabras) pude transformar mis primeras impresiones y reticencias a lo virtual y comencé a tener más pedidos de consultas. A partir del comentario de una colega recuerdo que los pacientes adultos o los padres me dicen que me van a hacer la transferencia...de los honorarios...y me piden que yo les confirme si la recibí y les envíe la factura...(sic)...En estas pinceladas traté de reflejar algunas percepciones y vivencias en esta época de pandemia, donde se necesitará un tiempo para mayores reflexiones.

Dr. Gustavo Mario Finvarb

Médico. Facultad de Medicina. UBA.
Médico Pediatra y Neonatologo.
Especialista en Psiquiatría Infanto-juvenil. Facultad de Medicina. UBA.
Psicoanalista Infantil. Asociación Psicoanalítica Argentina. IPA.
Miembro Adherente Asociación Psicoanalítica Argentina.
Ex – Jefe de la Unidad de Psicopatología y Salud Mental del Hospital de Niños Ricardo Gutierrez.
Consultor en Salud Mental. Hospital de Niños Ricardo Gutierrez. Designación del Ministerio de Salud de la Ciudad Autónoma de Buenos Aires.
Sub-Director de la Carrera de Especialista de Psiquiatría Infantil. Facultad de Medicina. UBA Sede: Hospital de Niños Ricardo Gutierrez.
Miembro de Comités Científicos de revistas de la especialidad. Revista del Hospital de Niños Ricardo Gutierrez. Revista de Psicofarmacología.Prof. Dr. Luis M. Zieher. Editorial Sciens.
Representante por APA ante el Foro de Instituciones de Salud Mental de CABA.
Representante por APA del Consejo Consultivo Honorario de Salud Mental y Adiciones del Ministerio de Salud de Nación.
Miembro Capítulo Psicoanálisis y Derechos Humanos. APA.
E-mail: gustavofinvarb@hotmail.com

Coronavirus: Reflexiones

Leopoldo Mario Galak

Habría dos maneras clásicas para acercarnos a la Historia: una forma, donde la sucesión de hechos es concebida como una concatenación causal de los mismos; y otra, donde aparecen verdaderos quiebres, que, en realidad, no guardan relación con lo anterior.

Tiendo a creer que la situación que estamos viviendo no se trata de un encadenamiento sucesivo de cosas, sino de un quiebre, donde el paradigma anterior es inservible para entender lo que pasa en el mundo.

Ha habido varias pestes. Todas han dejado una secuela desgraciada.

Esta pandemia, que parece querer eliminar a los viejos del mundo, echarlos, como una especie de ensañamiento con lo anterior, tradicional, y al decir popular: sabio (la sabiduría de la vejez); conminar al encierro profiláctico, como si no hubiera una solidaridad voluntaria y hubiera que transformarla en obligatoria, haciendo del vacío un escenario compatible con una pesadilla o con una película distópica de ciencia ficción.

Remite a que un virus, que tiene la forma de un artefacto extraterrestre, viniera a avisarnos que la tierra debería cambiar.

Los hombres tendrían que variar sus metas, porque todo autoritarismo queda debilitado ante la fuerza imponente de la mortífera pandemia.

¿Por qué aparece ahora?

¿Por qué nos paraliza virtualmente, a la manera que la parálisis infantil nos inhibió motrizmente?

Tal vez, como en toda crisis, haya un mensaje: "Así la cosa no va más".

Quizás éste fuera el llamado bañado con sangre de una carcajada que lo social y cultural le hace, por ahora, a lo biológico.

Por eso se piensa en el pasado inmediato como mucho más placentero, porque algo irrumpió con la característica de lo siniestro, rebasando nuestro psiquismo y haciendo de la disociación, negación y escisión mental la forma de defensa, que, a su vez, en esta situación nos acerca más al abismo.

En la lucha tradicional entre natura y nurtura, ambas se han confabulado burlándose entre sí para poner nuevamente en cuestión al ser humano y sus valores.

Para poner en cuestión también cómo se debe vivir y cómo se debe morir.

Nada menos que la muerte comanda está batalla, diezmando poblaciones, instándonos a segregarnos, impidiendo hasta ahora el encuentro de obstáculos en su camino fantasmal.

"Escuchad, -decía Pessoa-, no luché, nadie lo mereció".

Hagamos mérito para que el próximo paradigma nos permita vivir más de acuerdo con nosotros mismos.

II

Cuando los hombres no se unen frente a la muerte es porque quieren morir o matar. La invisibilidad del virus que ultima a los viejos (y a algunos jóvenes o adultos), hace que las alegorías y la repetición sobreabundante de información intenten vanamente disfrazar el fondo de la cuestión: obviamente, la muerte.

A pesar de la importancia de las publicaciones consagradas al anciano, en realidad, poco nos dicen de sus reacciones frente al fin de la vida, que, en determinadas ocasiones, se hace más evidente y cercano.

La muerte social del viejo, "de la jubilación al hospicio – asilo – geriátrico" , encuentra hoy otro terrible destino, que anula la poca autonomía que le quedaba. Y el miedo incorpóreo se organiza en esas figuras fantasmagóricas que cubren su rostro con barbijos y máscaras haciendo recordar a los verdugos al lado de la guillotina, marca COVID 19.

Así vemos que la muerte se puede imponer con brutalidad impiadosa; generando reacciones de dos tipos: una necesidad radical de vivir, -en una especie de negación que cabalga sobre la fantasía inconsciente de inmortalidad-; y, por otro lado, el de vivir mejor o de otro modo en una unción imposible. De ahí, aquéllos que se ciñen estrictamente a las reglas de la cuarentena, y los otros, que las desobedecen.

Los médicos y el personal sanitario, aquéllos que están curando (cuidando) al enfermo, acentúan sus vivencias tanáticas actualmente. El médico tiene un contacto permanente y siempre no hablado con la muerte, especialmente el cirujano. El psicoterapeuta, en cambio, se enfrenta sobre todo con la angustia de sus pacientes, (especialmente si es psicoanalista). Esta angustia representa seguramente un desplazamiento o también una actualización de la angustia de muerte.

En ambos casos se producirán, tarde o temprano, imágenes latentes o fantasías inconscientes relacionadas con tánatos.

Ya sea por una circunstancia externa, donde se van produciendo sucesivos duelos, o una circunstancia interna, que acelera la conciencia de su propia mortalidad.

Todo esto hace que sea necesaria una nueva aproximación actitudinal frente al tema.

Los pacientes ancianos, que mueren en un 80% por la pandemia, empiezan a conocer lo que significa morir en soledad, sin nadie alrededor que les hable, los acaricie, los mire o los escuche. Morir solo es difícil, aún más siendo conciente de ello.

Los ejes, que básicamente se cruzan en esta gran hecatombe, son dos, especialmente exacerbados: la expectativa y la soledad. Como aquella frase atribuida a Camus en "La Peste" que decía que lo peor de la peste no es que mata a los cuerpos, sino que desnuda a las almas, y ese espectáculo suele ser horroroso.

¿Y qué espectáculo toma más la escena en estos momentos? Los gerontes enfermos y desplazados, derrotados y amargados, rechazados y solitarios, como habitualmente, pero ahora esto se torna mucho más dramático.

Solos, aferrados a un afecto que no llega, despojados y olvidados. Amos del ayer y parias del hoy, presos de una encerrona sanitaria.

Lo que debemos a los viejos es respeto, sin embargo, todo lo que ellos piden es consideración, atención, no ser descartados y regimentados como rebaño. Lo que merecen es preferencia, y a veces, ni siquiera les ofrecemos igualdad. Es así que el cuidado de los ancianos es considerado como un acto de caridad y no como un privilegio supremo.

La ciencia médica puede pensar que al permitirnos llegar a la vejez nos dio una bendición; sin embargo, nos tratan como si la senectud fuera una enfermedad.

Debiéramos hacer que la cultura sea un estilo de vida compatible con la grandiosidad de ser humanos. Es así que la prueba de un pueblo es ver cómo se comporta con respecto a los ancianos.

Todos tenemos mucho miedo al tiempo. El miedo puede tornar en terror y éste en pánico, y el pánico nos paraliza.

En cierta oportunidad me relataron la siguiente anécdota: En una aldea del medioevo apareció una peste que fue paulatinamente diezmando la población. Preocupado el sacerdote de la comarca, convoca al diálogo a la Muerte. Le dice: -Prométeme que cesarás con la peste, que está matando a casi toda nuestra gente. La Muerte, tras cavilar un poco, le contestó: -Sea! Te lo prometo.

Pasó un mes y murieron cien personas más.

Nuevamente el sacerdote habló con la Muerte y la increpó: -Me has mentido y traicionado! Han muerto cien personas más desde nuestro último diálogo.

La muerte lo miró fijamente y le dijo: -No te he traicionado! De las cien personas muertas sólo dos perecieron de peste, las otras noventa y ocho se murieron de miedo.

Este temor, consciente o inconsciente, sumerge a la población azotada por la virosis pandémica en un estrés, mejor dicho disestrés, que actúa como un permanente ruido de fondo.

Los síntomas pueden ser variados, y no necesariamente conjuntos. Desde la ansiedad (la percepción de un estímulo experimentado como una amenaza), la falta de control sobre los acontecimientos, las irregularidades horarias, ciertas enfermedades calificadas como comorbilidades, las variaciones del sistema inmunológico, el insomnio, etc. Probablemente sea el estrés una de las causas del 57% de aumento del consumo de alcohol en el mundo, no precisamente con fines "antisépticos". También aumentó significativamente la venta de psicofármacos y el consumo de drogas pesadas.

Es decir, estamos sumergidos en el baile macabro de las cuatro efes de Laborit que caracterizan al disestrés: flight (huir y no poder), fight (luchar contra quien no se puede), faint (desfallecer en el intento) y freezer (quedar congelado). A estas cuatro efes, yo agregaría otras dos: fantasía de fallecer a corto plazo e intenso anhelo de finalizar con la pandemia.

Dr. Leopoldo Mario Galak

Médico Psicoanalista Titular Didacta de la Asociación Psicoanalítica Argentina
Médico especialista jerarquizado y consultor en Psicología Médica y Psiquiatría.
Ex docente de la Facultad de Ciencias Médicas de la Universidad Nacional de La Plata.
Ex docente de la Facultad de Psicología de la Universidad de Buenos Aires.
Coautor de los libros: "Los enigmas de la sexualidad" y "Las máscaras del Super-yo".
Autor de trabajos y publicaciones varias.

Avatares del análisis remoto de un niño preescolar

Lila Fabiana Gómez

*"Esa capacidad poco común... de transformar
en terreno de juego el peor de los desiertos"*
Michel Leiris (Winnicott 2002: 1)

El objetivo de este trabajo gira en torno a reflexionar sobre el diseño del dispositivo remoto para el análisis de un niño preescolar. Para pensar sobre esto, presentaré viñetas de un paciente, al que llamaré ficticiamente Tomás. El niño se encuentra en tratamiento psicológico una vez por semana desde hace nueve meses aproximadamente.

Fue derivado por la escuela durante su cursado de sala de 3 años porque no seguía la actividad dictada por la docente y se escapaba a jugar con otros compañeritos. Le gustaba jugar libremente con los juguetes de la sala o salir a correr al patio.

Los padres se separaron cuando Tomás tenía 3 años. Al principio con mucha agresión entre ellos, pero han podido ir organizándose. El niño tiene en la actualidad, muy buena relación con ambos.

Armar el dispositivo de trabajo fue un gran desafío debido a que, en las primeras entrevistas los padres estaban recientemente separados y se producían peleas que precipitaban la salida de alguno antes de concluir la entrevista. Como les costaba ponerse de acuerdo, desaparecieron durante seis meses y luego comenzamos el tratamiento con el niño, acordando trabajar en entrevistas por separado con cada progenitor.

La repentina aparición del Covid 19 y el decreto presidencial de aislamiento obligatorio, generaba ahora un nuevo desafío. La primera reacción de la madre fue despedirse hasta que pudiesen retomar las sesiones presenciales, pero no me pareció prudente dejarlo sin su espacio terapéutico y ofrecí trabajar en forma remota. Nos propusimos probar esta nueva modalidad de trabajo que yo no conocía con niños, menos aún tan pequeños. Lo consulté con colegas, pero tampoco pudieron compartirme sus experiencias con niños de esta edad.

Sesión a tres semanas del decreto de cuarentena obligatoria

La madre se comunica por video llamada de whatsapp.

Observo que se encuentran alrededor de una mesa con su hermana menor y su madre que está filmando.

Entiendo que la madre ha intentado reproducir un espacio similar al del consultorio, ya que están en una mesa baja donde hay bloques, rompecabezas y juguetes.

Tomás: "Hola Lila, no podemos ir a tu consultorio porque hay un bichito en la calle y nos podemos enfermar". Mirá qué me puse.

El niño comienza mostrándome el dibujo de su remera. Su madre me explica que se ha vestido especialmente para el encuentro virtual.

Analista: ¡Que linda tu remera Tomás! Intento verla a través de la cámara, observo que tiene el dibujo de un tiburón.

Tomás: ¡Sí! Está mansa.

Analista: Me decías que no podés venir a mi consultorio porque hay un bichito. Es así, no podemos salir a la calle, nadie puede venir a mi consultorio. Aquí estoy ¿querés que te lo muestre a través de la cámara?

Tomás: A ver ¿cómo se ve?... ¿Y mi caja?

Analista: (Le muestro el ambiente a través de la cámara, donde hay juguetes que se comparten como así también su caja que es personal) "Aquí está tu caja con los juguetes guardados esperando a que podamos volver a reunirnos".

Tomás: ¡Mirá lo que hice! Me muestra un muñequito que han hecho con su madre para cumplir con una actividad escolar y dice "monky". La madre agrega que están poniéndose al día con las tareas de la escuela.

Analista: ¡Qué lindo Tomás! ¡Cómo ayuda la mamá con la escuela, con la sesión, con muchas cosas!... ¿Cómo hicieron el monito?

Tomás: Con un rollito de papel higiénico.

Arma un dinosaurio y los nombra: tiranosaurio rex, pterodáctilo, etc.

Me cuenta que algunos comen plantas y otros, carne. "Los carnívoros comen carne y cazan animales. El velocirraptor molesta a la gente y hace un desastre. Mirá (acercándolo a la cámara) tiene los ojos muy azules y también hace así grrr (ruido de gruñido)

Analista: Que lindos tus dinosaurios, son parecidos a los que tenés aquí en tu caja. ¿Querés verlos?

Tomás: Sí, dale...

Analista: Los saco y se los muestro (intentando conectar ambos espacios)

Tomás: el ticerraptor es bueno, pero se enojará mucho con el velocirraptor que vive en la basura. Los patos saurios son peligrosos, comen plantas. Acá era el planeta Tierra, un día cayó un meteorito y los mató. Acá vivimos nosotros.

Analista: (Me siento abrumada con todo lo que ha dicho, lo percibo ansioso y algo angustiado, me pregunto cómo intervenir con la madre y la hermana presentes, pues considero que posiblemente esté refiriéndose a problemas familiares, diferencias entre los padres o entre los hermanos) Sí, los dinosaurios vivieron hacen muchos años aquí en la Tierra... (Pienso que, en otro nivel, está refiriéndose también a lo perdido por la cuarentena)

Tomás: (Interrumpe) Hay un monstruo, no tenía patas

solo manos (lo arma con bloques) Es un monstruo de cuatro cabezas. Lo estoy inventando.

Quiero irme de vacaciones en un avión.

Analista: Ahora no andan los aviones por el Corona virus, pero después van a volver a andar y te vas a poder ir de vacaciones.

Tomás: (Hace mímica con unos bloques) Salta para destruirlo a Maui

Analista: ¿Quién es Maui?

Tomás: Un hombre muy poderoso, tiene espada, así para romper al monstruo del coso.

Necesito hacer un monstruo de rocas.

La hermanita pone su cara en la cámara mostrando lo que está haciendo con los bloques. Tomás deja lo que está haciendo y se va al lado de su hermana. Se ponen a bailar ambos mientras cantan una canción.

La madre traduce que es de la película "Mohana" donde hay un personaje tribal y un hombre de lava.

Tomás arma un auto con bloques y dice "vivo acá abajo yo". Se acelera, corre por la habitación, su hermana lo sigue. Dice "hay que lavarse los dientes porque hay bichitos".

Analista: ¿Qué bichitos hay en la boca?

Tomás: Esos que hacen agujeritos.

Analista: Esos bichitos de los dientes se llaman caries (tratando de diferenciarlo del Covid 19)

Se va desplazando por los espacios de la casa, la madre lo sigue, lo noto ansioso.

Levanta la tapa de un baúl y se mete dentro.

Analista: Ah ¿Dónde está Tomás? No puedo verlo. (Intervengo con tono de voz de juego de escondidas)

La hermana quiere hacer lo mismo. Se arma lío, la madre intenta filmar y ordenarlos para que no se golpeen entrando y saliendo del baúl.

Tomás: ¡Quiero ir a la casa de la Lila! ¿Por qué no podemos ir?

Madre: Por el bichito, ya te he explicado Tomás que hay un virus que es peligroso por eso nos tenemos que quedar adentro de la casa.

Analista: Me parece Tomás que hoy has estado intentando descubrir qué es el coronavirus... ¿Será un monstruo con cuatro cabezas y sin patas? como el monstruo que construiste con bloques, ¿o un bichito como los que forman las caries de los dientes? Además, no lo podemos ver, porque es muy chiquitito, como cuando vos desapareciste porque te escondiste en el baúl.

Hago la interpretación mientras Tomas corre y sale al patio, la madre se la traduce. Termino hablando con la madre y mostrándole que pienso que Tomás está intentando comprender ¿qué es lo que está pasando? ¿cómo es esto del coronavirus? ya que no lo puede ver, pero nos ha modificado la vida.

La madre dice que buscará una imagen del virus para mostrarle cómo es, porque el niño le ha pedido salir a la calle para verlo.

Avatares contratransferenciales post sesión

La definición de avatares se refiere a las vicisitudes o acontecimientos contrarios a la buena marcha de algo" (Diccionario Avatar 2020) que creo refleja mucho de lo ocurrido en el desarrollo de la sesión anteriormente descripta. Pero también avatar se refiere a "la identidad virtual que escoge el usuario de una computadora o de un videojuego para que lo represente en una aplicación o sitio web" (Diccionario Avatar 2020) pienso que es un buen símbolo que representa cómo sentí el cambio de la función analítica con niños pequeños, a través de los dispositivos virtuales, algo desvitalizada y superficial.

Al finalizar la sesión de 50 minutos, me sentí muy cansada y pude registrarme abrumada durante gran parte de la misma. Además, percibí la diferencia de la visión recortada por la cámara que monitoreaba su madre y me quedé con la sensación de que quizás había algo oculto, no dicho, dramatizado por Tomás en el juego de meterse en el baúl.

Conocí gran parte de la casa de la familia preguntándome qué significaría esto para ellos y si debía hacer alguna referencia a la madre.

Me sentí poco fluida en mis intervenciones debido a que antes de hacer algún comentario, pensaba en los efectos que podría generar en Tomás, por la distancia física, la falta de registro del lenguaje no verbal y el clima emocional, pero además estaban la madre y la hermana participando de algún modo de la sesión. Observé que el diálogo analítico se había modificado como también la intimidad de nuestra díada analista – analizando, quizás por eso Tomás solicitó al final de la sesión ir al consultorio.

Pensé que el encuadre había cambiado mucho y que nos encontrábamos ahora en sesiones familiares. Había desaparecido el consultorio y los juguetes de los que el niño disfrutaba tanto durante las sesiones.

Me pregunté si abrir su caja de juego, semblante de los objetos internos de su mente, podía haber resultado un descuido a la intimidad de Tomás, aunque mi intención era conectar ambos espacios, el consultorio y su casa ¿resultaba esto posible? ¿Era una necesidad del niño o mía?

Luego de trabajar varias sesiones remotas, pude captar que el tiempo posible en que Tomás sostenía la sesión era aproximadamente media hora. En ese momento el niño se despedía y se iba a jugar al patio. Entonces la madre solía llamarme por teléfono y completaba el tiempo de sesión. Noté que la madre necesitaba hablar, pedirme asesoramiento respecto a las tareas escolares y participarme de situaciones familiares que estaban atravesando.

Fue así como en una sesión, la madre comentó muy espantada, que el padre iba a tener un hijo en quince días.

Los niños no sabían esto, ni conocían a la madre del bebé, porque paradójicamente el padre se había acercado más a ellos, visitándolos todas las tardes debido a que no trabajaba por las medidas sanitarias y facilitando las fantasías de regresar a la casa ¿Habrán sido estas las peleas entre el ticerraptor, el velocirraptor y los patos saurios)

Frente a esta situación sorpresiva, la madre le pidió que se comunicara conmigo para tratar cómo informar a los niños del próximo nacimiento del hermano paterno. El padre accedió y esto facilitó trabajar la necesidad de que Tomás supiera la noticia y que se generara un momento de diálogo con el niño. Sin embargo, las dificultades entre los progenitores propiciaron desaparición del padre durante tres semanas, sin que el niño hablara del tema, pero aumentando su actividad hasta romper objetos por torpeza. Yo me pregunté qué impacto podría haber tenido en él si hubiésemos interrumpido el tratamiento durante la cuarentena. En una sesión dijo "Lila no te quiero más" y salió corriendo hacia el patio, imposibilitando la interpretación de la transferencia negativa que, sin duda, era reticente a escuchar.

La noticia del bebé me permitió releer mis notas de la sesión y resignificarla, comprendiendo que quizás era eso lo que Tomás percibía y me mostraba a través del juego de ocultarse en el baúl que estuvo seguido de corridas por la casa, al modelo del lenguaje paterno, con el cual se identificaba muchas veces, donde predominaba la acción.

Durante la ausencia del padre, observé al niño irritable, saltando de una actividad a otra y eligiendo preferentemente rompecabezas para ensamblar. Yo pensaba que él intentaba armar y comprender las diferentes partes que se sumaban a su realidad familiar, pero me abstenía de interpretarlo porque en ese momento era portadora del secreto de sus padres, que no había sido develado aún a Tomás. Mis intervenciones apuntaron a contenerlo y acompañarlo en el proceso familiar de elaboración.

Luego de algunas semanas la madre le pidió al padre que fuese a contarles a los niños del nacimiento del bebé. El padre accedió y Tomás pudo conocer a su hermanito, verbalizando que "a los bebés no se le pegaba, que había que cuidarlos". Refieren que durante la visita exclamó "que necesitaba aire fresco" lo que implicó la retirada, seguida de una alta fiebre que se precipitó sorpresivamente a las 24 horas, expresión quizás del alto impacto emocional.

La sesión siguiente realizó un dibujo. En el mismo, estamos esbozados, en orden de izquierda a derecha su madre, su padre, yo y Tomás. Me llama la atención que su madre y yo tenemos ojos y boca, a diferencia de él y su padre que tienen la cabeza toda tapada. A mí me ha ubicado entre él y sus padres, con un tamaño de cabeza y boca abierta significativamente mayor, lo que podría interpretarse como una función de mediadora y metabolizadora de algunas situaciones. Sin embargo, los tres adultos estamos unidos y él se encuentra a un costado, más pequeño, pero sin unirse a ninguno ¿Da cuenta del trabajo realizado a partir del cambio al dispositivo remoto, en el que intervinieron más sus padres?

Pienso que este dibujo escenifica algo de la transferencia, lo que he representado para Tomás durante el tiempo de trabajo a distancia. (Ver dibujo en siguiente página)

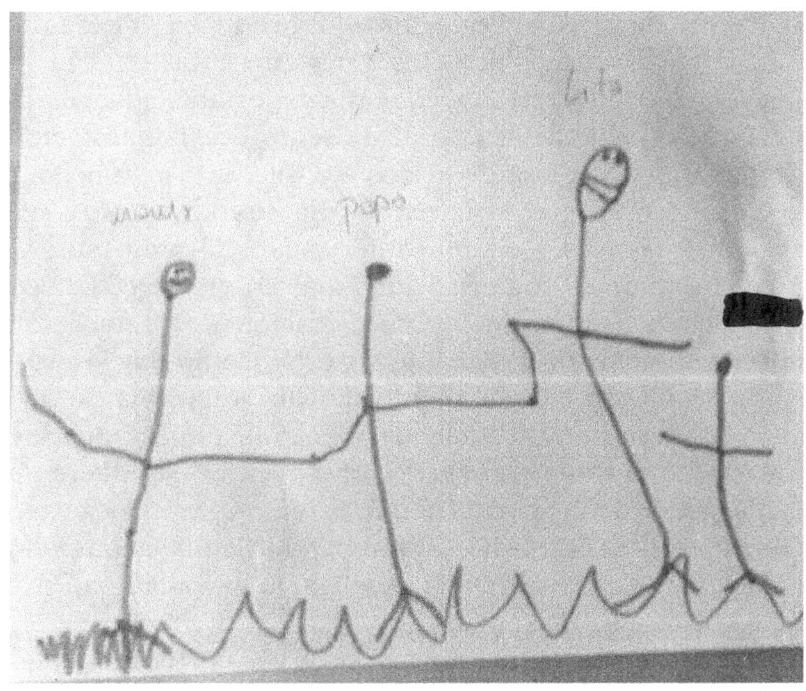

Algunas reflexiones sobre el diseño del dispositivo remoto

Remontándonos a la historia de la técnica del tratamiento infantil, Melanie Klein conoció personalmente a Freud en 1918 en el Congreso Internacional de Budapest, donde él leyó "Nuevos caminos de la terapia psicoanalítica". Considera Hinshelwood que esto debe haberla inspirado y alentado a contribuir a nuevas elaboraciones. Klein inició la práctica del psicoanálisis de niños por sugerencia de su psicoanalista Ferenczi en 1917. Su primer paciente fue uno de sus hijos, si bien esto hoy sería inadmisible, en esa época estaba en línea con el análisis del pequeño Hans por su padre, con el análisis de una de sus hijas (Anna Freud) por Freud y el análisis de su hija por Abraham.

Al comienzo Klein realizaba el abordaje en la casa del niño con sus propios juguetes. Luego descubrió que la situación de transferencia solo podía ser establecida y mantenida si el paciente era capaz de sentir que la habitación de consulta o la pieza de juegos era diferente a su hogar.

Ella observó que Fritz expresaba sus fantasías y ansiedades jugando y cuando intervenía aclarando su significado aparecía material adicional en el juego. Utilizó entonces la técnica de la interpretación y la asociación libre, principios del psicoanálisis establecido por Freud.

En 1923 con el tratamiento de Rita, una niña de dos años y nueve meses, Klein descubrió la importancia de interpretar la transferencia negativa, siendo esto diferente a la práctica de la época. Un día, Rita estaba ansiosa y callada en la sesión y pidió salir al patio, Klein la acompañó e interpretó la transferencia negativa, lo que facilitó que la niña volviera a entrar y jugara.

La idea de la caja de juego surgió a partir del tratamiento de una niña de siete años en 1923. Al lograr poco contacto con ella, Klein fue a la habitación de sus hijos y recogió unos pocos juguetes como autos, pequeñas figuras, algunos ladrillos y un tren que puso en una caja para acercárselos a la paciente. Esto motivó a la niña a jugar, permitió que expresara su conflicto y se interpretara la transferencia progresando en su análisis. Los juguetes eran guardados en cajones individuales, cuidando la relación privada e íntima entre el analista y el paciente, similar a la asociación libre en el adulto.

El juguete representa objetos del mundo interno del niño. Así, podemos observar que la actitud del niño hacia el juguete que ha dañado suele ser muy reveladora respecto a lo que este represente. A menudo lo pone aparte y lo ignora por un tiempo, indicando cierto desagrado del objeto dañado por el temor persecutorio de que la persona atacada se vuelva contra él. En una etapa posterior del análisis, la culpa y el deseo de reparación suelen sobrevenir muy poco después del acto de agresión y se hace aparente la ternura hacia la persona que fue dañada en su fantasía.

Se halla en el juego del niño la repetición de experiencias reales y detalles de la vida cotidiana, frecuentemente entretejidos con sus fantasías.

La variedad de situaciones emocionales que pueden ser expresadas a través del juego son ilimitadas: sentimientos de frustración y de ser rechazado, celos hacia los padres y/o hermanos, agresividad, placer por tener un compañero y aliado contra los padres, sentimientos de amor y odio hacia un bebé recién nacido o uno que está por nacer, así como la ansiedad resultante, sentimientos de culpa y la urgencia de reparación.

Años después Donald Winnicott describió el análisis como un trabajo interpretativo y como ambiente sostenedor (holding environment) análogo al cuidado materno, considerando a la psicoterapia como una forma de juego en dos áreas: la del paciente y la del analista. El encuadre tiene que ser suficientemente bueno y seguro para brindarle al paciente el sentimiento de que puede tomar riesgos en su experiencia de vivir y permitir el surgimiento del verdadero self. Respecto a la función analítica, considera que el terapeuta debe tener la capacidad de contener los conflictos de los pacientes y esperar a su resolución en el paciente, en lugar de buscar ansiosamente su cura.

Estos era algunos conceptos del bagaje teórico – técnico con los que me encontraba trabajando, pero ahora la realidad había cambiado y surgía la necesidad de realizar innovaciones, mutar creencias y replantear modalidades de abordaje. Recordé el koan o relato zen que consiste en un problema que el maestro plantea al alumno, titulado "La taza de té" (Pérez Aguilar 1994:12)

> *"Cierta vez, el sabio Nan-in recibió a un vanidoso profesor universitario que lo visitaba para conocer sus enseñanzas.*

Nan-in le sirvió té. Llenó la taza de su visitante y cuando la misma rebosó, siguió vertiendo la infusión.

El profesor se quedó mirando cómo el líquido se derramaba y pensando que el sabio era un tonto. Finalmente no pudo contenerse.

-Está colmada-exclamó-. ¡Ya no cabe más!

- Como esta taza-dijo Nan-in-, usted está lleno de sus propias opiniones y prejuicios. ¿Cómo puedo mostrarle la verdadera sabiduría sin que vacíe su taza antes?"

Realizar un análisis remoto a un niño pequeño, me implicaba ir hacia realidades desconocidas con una actitud humilde y abierta tolerando no saber, pero sosteniendo la escucha y el juego analítico, a pesar de estar inmersa en la misma realidad o "mundos superpuestos" (Puget y Wender 1882: 503)

Intentando vaciar "mi taza de té" rescaté de nuestros pioneros, Freud y Klein una actitud curiosa de investigación, la utilización del método de ensayo y error y la prueba de diferentes técnicas que darían cuenta del método hipotético deductivo en el camino de sus descubrimientos. Recordando la historia pude contactarme con el espíritu creativo y aventurero que se necesita para transitar nuevos caminos.

Pensé también que, si bien cada teoría psicoanalítica sobre el niño tiene su particularidad, existen algunos denominadores comunes:

• La importancia de las experiencias tempranas del infante en sus primeros años de vida.

• La necesidad física y emocional de la calidad de la díada madre-bebé.

• La participación del padre desde el comienzo de la vida del bebé.

• La función de la relación entre el medio ambiente social y el desarrollo de la personalidad.

• La constancia física y emocional esencial en el cuidado del infante a lo largo del período del desarrollo temprano para abonar una personalidad saludable en el niño, futuro adolescente y adulto.

Así, puedo comprender que las diferentes teorías remiten a distintos esquemas conceptuales sobre la noción de niño, diversidad que se manifiesta en los variados recursos técnicos que se van entrecruzando con los diferentes diagnósticos y juntos van tejiendo un entramado artesanal y único entre cada paciente y su analista. Pero, apuntando a buscar la esencia del tratamiento psicoanalítico, podría sintetizarse en hacer consciente lo inconciente, en modular la severidad del superyó y en apoyar la solución de los conflictos, con todos los elementos que nos llevan a la resolución de los síntomas. (Markman Reubins, B. 2014:240)

A partir de mi experiencia de trabajo remoto con este caso y con otros niños prescolares, he podido deducir que:

Cuando no se pueden generar las condiciones técnicas para que el niño permanezca solo en una habitación para la sesión, es fundamental la participación de alguno de los padres o de ambos para sostener el dispositivo. Ellos suelen organizar el espacio, el tiempo, realizar la comunicación a través del manejo técnico y cumplir cierta función de "nexo" o traductor entre el niño y el analista. Durante la sesión remota, es el familiar el que pone el cuerpo (al estilo de lo que el analista hace en sesión) para seguir los movimientos del niño, interactuar con él, contemplar acciones riesgosas, limitar peligros, etc.

En relación a esto, pienso que los padres de niños pequeños, realizan una función de "complemento terapéutico". Pienso en la palabra "complemento" en tanto "cosa, cualidad o circunstancia que se añade a otra para hacerla íntegra o perfecta" (RAE 2001). Así, considero que se forma un equipo de trabajo entre el analista y el familiar que ejerce la "función de complemento", que además pone en ejercicio y desenvolvimiento la función reverie. (Bion 1966: 160)

Pienso que el analista abona esta función al traducir el significado del juego y las acciones del niño durante la sesión, brindando información para que la madre o el padre puedan comprender lo que está ocurriendo durante la sesión, más allá de lo que observen de la conducta del hijo, ya que los preescolares necesitan "contar con padres con los que puedan identificarse" (Winnicott 1954: 14)

La sesión a través de video llamada, suele generar un desgaste psíquico mayor que la sesión presencial, porque priva de la información que surge de la percepción y del lenguaje no verbal, además que exige sostener la atención de una manera diferente, razón por la cual, creo pertinente ser sensibles al tiempo que cada niño pueda sostener la sesión.

Cuando son pequeños, dado el predomino del pensamiento concreto, puede ser útil conectarse a través de la computadora o tablet, que brinda una imagen mayor del analista, aunque esto implica cierta dificultad para acompañar el movimiento que realiza el niño que, al estar en su casa, suele transitar por los distintos ambientes. Así el analista muchas veces es introducido en la intimidad del hogar, ya que es sabido que, durante la pandemia los hogares se convirtieron en continentes multifuncionales (oficina, escuela, guardería, lugares de recreación, gimnasio, etc.)

Las funciones parentales se han diversificado y se han sumado la necesidad del ejercicio de otros roles como es el de docente, encargado de la recreación y uso del tiempo libre, profesor de lenguas extranjeras, etc. También se les suma la incertidumbre por la economía, riesgo de desocupación, reducción de los ingresos, acompañamiento y cuidado de los ancianos de la familia, etc. Respecto a lo emocional, se solicita que los padres puedan generar lazos de amor, contener ansiedades, tolerar la incertidumbre, sostener la esperanza y adaptarse al cambio... ¿Quién sostiene a los cuidadores?

¿Cuál sería nuestra función analítica? Sabemos que nuestra función príceps es brindar escucha analítica, pero considero que atravesar este momento exige una especial flexibilidad y creatividad para el diseño del dispositivo remoto que desafía la díada analista-analizando. Esto se debe al agregado de familiares a la sesión como también a la presencia e interacción con sus mascotas.

El atravesamiento de la pandemia como situación disruptiva nos invita a empatizar con el sufrimiento del niño y sus familias, nos interpela a contemplar reducción o anulación de honorarios, nos convoca a una actitud abierta y creativa para ayudar a verbalizar y comprender las vivencias, intentando así prevenir la instalación de situaciones traumáticas.

"Y qué es lo que vas a decir
voy a decir solamente algo
y qué es lo que vas a hacer
voy a ocultarme en el lenguaje
y por qué tengo miedo"
Pizarnik, A. (1971: 263)

Bibliografía

Benyakar, Moty (2007) *"El psicoanálisis frente al trauma"*. Recuperado el 7 de diciembre de 2017 en: http://www.imagoagenda.com/articulo.asp?idarticulo=1716.

Bion, Wilfred (1966) *"Volviendo a pensar"*. Buenos Aires, 6° ed.: Hormé. 2006

Diccionario Avatar. Recuperado el 9 de junio de 2020 https://www.google.com/search?sxsrf=ALeKk00uFh_1YnOehrUa-XpDJnC no0sSjA%3A1591746949003&ei=hCHgXpDWPMbC5OUPs-GkgA4&q=avatares+definicion&oq.

Hinshelwood (1989) *"Diccionario del pensamiento kleiniano"*. Buenos Aires: Amorrortu editores.

Klein, Melanie (1926) *"Los orígenes de la transferencia"*. "Obras completas", Tomo II. Buenos Aires: Ed. Paidos, 1991.

Klein, Melanie (1926) *"La técnica del análisis temprano"*. "Obras completas", Tomo III. Buenos Aires: Ed. Paidos, 1991.

Klein, Melanie (1955) *"La técnica psicoanalítica del juego: su historia y su significado"*. "Obras completas", Tomo III. Buenos Aires: Ed. Paidos, 1991.

Klein, Melanie (1929) *"La personificación en el juego de los niños"*. "Obras completas". Tomo III. Buenos Aires: Ed. Paidos, 1991.

Markman Reubins, Beatriz (2014) *"Los pioneros del psicoanálisis de niños"*. Londres: Ed. Karnac.

Pérez Aguilar, G. (1994) Los dragones y otros cuentos. Buenos Aires. 7° ed.: Sudamericana 2015.

Pizarnik, Alejandra (2000) *"Poesía completa"*. Buenos Aires, 6° ed: Lumen 2016.

Puget, Janine; Weden, Leonardo (1982) *"Analista y paciente en mundos superpuestos"*, Revista de Psicoanálisis, Vol. IX, N°3.

Winnicott, Donald (1954) *El niño y el mundo externo*. Buenos Aires, 7° ed.: Ediciones Hormé 2007.

Winnicott, Donald (1971) *Realidad y juego*. Barcelona, 9° ed. Editorial Gedisa. 2002.

Wikipedia. Definición de koan, recuperado el 8 de junio de 2020. https://es.wikipedia.org/wiki/K%C5%8Dan#:~:text=Un%20 k%C5%8Dan%20(%E5%85%AC%E6%A1%88%3B%20 japon%C3%A9s%3A,apor%C3%ADa)%2C%20il%C3%B3gico%20 o%20banal.

Lic. Lila Fabiana Gómez

Licenciada en Psicología
Especialidad: Psicología clínica.
Sub – especialidad: Psicología clínica Infanto Juvenil.
Psicóloga del Centro Infanto Juvenil N°1 y N°2 de Mendoza (desde 2005)
Residente en Residencias Médicas Provinciales en Infanto Juvenil, Hospital "Dr. Pereyra" (2000- 2004)
Miembro Adherente de la Sociedad Psicoanalítica de Mendoza, filial IPA (2017)
Secretaria científica y Vicepresidenta OCAL (2014 – 2016)
Representante del IPA- IPSO Relation Committe (2018 - 2021)
Primer premio del 5th IPSO Writing Award for Latin America: "Edipo: intimidad de un asesinato", IPSO (2017)
Publicación de artículos en: Revistas de APdeBA, APA, Transformación (OCAL) Revista Uruguaya de Psicoanálisis, Revista Peruana de Psicoanálisis y Calibán (FEPAL)
Investigación (colaboradora) "Teorías cognitivas en el análisis", Dr. Rotenberg y Lic. Bordone, APdeBA (2018 - 2019)
Investigación (colaboradora) "Teorías implícitas del analista", Dr. Zysman, APdeBA (2015-2017)
Doctoranda de "Psicología y Lo disruptivo" de la UNSAL, Buenos Aires (desde 2020)
E-mail: lilagza@gmail.com

De un Mundo sin límites a los límites de la Cuarentena. ¿Cómo poner límites en un mundo sin límites?

Maria Pía Isely

Un mundo donde vale todo y todo no vale nada

La vida ha perdido valor y son tantos los agentes externos que nos bombardean que provocan un efecto acumulativo que insensibiliza: Allí se pierde la conexión entre el sentir y el pensar y nos enfrentamos con: Crisis en la salud, Crisis económica, Inseguridad, Crisis de las instituciones, Crisis Familiar.

Los límites desde la mirada del psicoanálisis para mi criterio parten de la primer vivencia de satisfacción, esa madre que responde con ese plus de ternura y caricias al llanto del bebe, un llanto que está expresando algo. Si la madre puede decodificar el mensaje del niño con su amor y empatía. Está poniendo un límite a ese desborde de dolor (hambre) que sin la asistencia ajena quedará en total desamparo. Y desde allí ya comienzan los primeros hábitos, ritmos que establece la madre; esa violencia primaria dirá Piera Aulagnier(1975), que es fundamental para la construcción de su psiquismo. Los niños necesitan cuidados pero demasiados cuidados pueden ser un peligro. De la misma manera el afecto la sexualidad el amor, el exceso o la carencia son dos caras de una misma moneda. Podríamos pensar en los límites como barrera protectora ante los peligros, ya Freud es quien desarrolla la barrera protectora frente al desborde pulsional pero también frente al impacto externo. El aprendizaje de los límites incluye avances y retrocesos, los niños van haciendo propios los cuidados de sus padres en la medida que logran comprender cuál es el riesgo de cada uno de ellos.

El niño a partir de esos primeros vínculos, aprende lo que es el amor y el odio, la ternura, la agresión, la frustración y como superarla, como defenderse. Desde su nacimiento hasta los tres años es considerado para la psicología un periodo de vital importancia en el desarrollo y construcción de la personalidad del niño, en especial en el sistema familiar y sus vínculos primarios.

Esta etapa vivida con limites adecuados con continuidad a partir de las personas que lo rodearon suministrándole afecto, comida, calor, protección, y de haber probado sus propias capacidades es lo que lo llevará a tener la confianza básica que le permitirá más adelante convertirse en un individuo independiente.

Los primeros límites son el destete, dejar los pañales, el chupete, la mamadera, la cama de los padres, estos límites educándolos con ternura y firmeza, los fortalecerá para enfrentar este o cualquier mundo que les toque vivir. Y ahora el Padre….fundamental en su función paterna para el establecimiento de los límites y el sostén de la Ley….Ley que le permitirá a ese niño la entrada en la cultura. En especial entrando como corte de este vínculo simbiótico madre-hijo.

Como hacer entonces un equilibrio entre nuestra realidad actual y la demanda y necesidad de nuestros niños en esta nueva realidad socio-cultural, producto de su tiempo, donde nos encontramos con: un pensamiento débil, pocas convicciones, indiferencia, escepticismo, vínculos débiles e individualismo extremo e algunos casos. Medios visuales que impactan con una masiva descarga de imágenes, cultura donde el tener es sinónimo de poder, el avance de la tecno ciencia destacando la ultra velocidad de la computadora, el discurso mediático como formador de la subjetividad, la sobre oferta cultural donde consumir e incorporar se constituyen casi en una obligación. Sumado a esto hoy nos encontramos con una realidad en cuarentena que pareciera ser sin tiempo, arrasados no sólo por lo disruptivo de la pandemia, sino por el sin tiempo de las exigencias cibernéticas donde pareciera que se puede o se debe responder con inmediatez a las exigencias o sobre exigencias, hoy laborales, educaciones hasta sociales y familiares.

Sin embargo aparece otro factor igualmente importante para el destino del sujeto: *los riesgos del exceso.* Hoy la clínica nos convoca un desamparo mundial donde los desbordes en la clínica van a necesitar de cierto tacto y empatía para delimitar el diagnóstico y ser prudentes en nuestras intervenciones, así como para no re-traumatizar al paciente en su propio Desamparo.

Ahora bien en muchas ocasiones frente al impacto de lo disruptivo de la Pandemia, tendemos a los excesos entre la distancia a modo de desmentida o desestimación del afecto o a la sobreprotección tanto en la relación madre hijo como en el vínculo terapéutico donde los límites comienzan a ser difusos.

Es por eso que en el capítulo que hablo sobre "El Psicoanálisis arropando el Desamparo" en el libro de Catz, H. y colaboradores (2020) señalo la posibilidad de permitir el despliegue de las emociones en los niños dando el permiso para llorar y sostener desde la función de sostenimiento de la que habla Winnicott: el analista está sosteniendo al paciente y a menudo esto se manifiesta mediante la comunicación por medio de palabras y en el momento apropiado que viene a demostrar que el analista conoce y comprende cual es la angustia más profunda que se está experimentando y de vez en cuando el sostenimiento debe adquirir una forma física.

Nuestra escucha atenta y nuestra mirada contenedora aun por skipe o video llamada, hoy en día servirá de sostén. Porque como dice Winnicott: *"De nada sirven las palabras de consuelo cuando nuestros hijos sufren de dolor de oídos."*

¿Por qué traigo este tema hoy? Porque pareciera que desestimamos la sensibilidad de los niños, ellos no solo sienten la pandemia, el aislamiento, el miedo, sino que también perciben las sensaciones y emociones perturbadoras del entorno y de sus padres. Ahora bien como discernir entre nuestras emociones y las de nuestros niños, entre sus necesidades y las de la madre, desde estas inquietudes quisiera compartir una experiencia qque hice con con 30 padres que asistieron a una charla que doy en mi Centro Hope, *"Como poner Límites en un Mundo sin Límites"*.

Es una charla abierta a Padres y Docentes con un enfoque psicoanalítico. Un espacio de reflexión para trabajar lo normal y lo patológico en cada etapa evolutiva y resaltar la Importancia de la Función Materna y la Función Paterna en la construcción del Psiquismo sano fortaleciendo la pantalla protectora anti estímulos para no quedar arrasados por efecto de una magnitud en un total desamparo. Desamparo de la cría humana que necesita de los cuidados maternos y desamparo, prototipo de la angustia en el adulto.

Experiencia Realizada

La encuesta se realizó al comienzo de una charla a padres sobre límites.

Y obtuvimos muestra fue de 30 padres que asistieron a la charla.

El objetivo fue evaluar que entendían sobre la función materna lo suficientemente buena y qué importancia le daban a la misma así como a la función paterna.

Se pudo observar que frente al impacto de lo disruptivo en el niño el adulto responde con exceso de sobreprotección o con indiferencia o desmentida. Considero que si hubo un buen desarrollo de su aparato psíquico en sus primeros años de vida, tendrá más recursos yoicos para defenderse del impacto de lo disruptivo con su capacidad de simbolizar y su natural refugio en la omnipotencia infantil y en la fantasía.

Desde allí se elaboró la encuesta con el objetivo de evaluar hasta qué punto los padres podían discriminar entre el impacto de lo disruptivo en ellos a diferencia del impacto de lo disruptivo en sus niños y su capacidad resiliente.

Como conclusión general puede decirse que la experiencia fue muy rica tanto en lo que hace al registro de sus propios límites como al registro de sus propias funciones materno y paterna, que los pudo llevar a recordar su propia infancia y a partir de allí, construir una historia elaborada y enriquecida.

Para ir concluyendo y retomando el comienzo de nuestras reflexiones, la infancia desde el nacimiento hasta los tres años para la psicología es un periodo de vital importancia en el desarrollo y construcción de la personalidad, en especial en lo que constituye el sistema familiar y sus vínculos primarios.

Ahora bien: ¿Cuál es la realidad que nos enfrentamos hoy? ¿Y cómo trasladarlo a los límites de la Cuarentena? ¿Cuál es la sociedad a la que nos enfrentamos hoy? Acaso una sociedad de la "hiper-estimulacion, hiper-excitación e hiper-actividad, Quizás como en la Naturaleza de Narciso de Nason: *"Desmentido lo siniestro la aparente mansedumbre de la realidad nos tienta, al igual que Narciso, como el lugar concreto del objeto imposible"*. ¿Es esta la realidad a la que nos enfrentamos hoy?, tal vez se halla entre el exceso y la carencia ¿más cercana a Hamlet que a Edipo? *¿Entonces cuál será la función del analista frente al Desamparo Actual?*

Podemos pensar en un analista con una mirada empática que pueda decodificar y codificar el discurso del paciente en desamparo; jugando a través de la transferencia y contra-transferencia la presencia- ausencia materna. Logrando así la constancia objetal, regresando a través del análisis a aquellas etapas del desarrollo que no fueron desarrolladas sanamente. Y de esa forma, tratar de pasar del mito de Narciso al mito de Edipo, de aquella relación especular, diádica de madre hijo, sana, para que esa madre pueda virar su mirada a un tercero, introduciendo la función paterna, la ley del padre, que pueda poner orden a tanto desborde pulsional.

¿Cuánto influye la Desmentida en la realidad actual, los desbordes, los excesos? Desmentida de la sexualidad infantil, desmentida de la castración, desmentida de las diferencias, la desestimación del afecto. Entonces ¿Cómo poner límites en un mundo sin límites? Tanto en lo Individual como en lo Social, poder atravesar ese camino sinuoso de Narciso a Edipo y de esta manera habilitar y recuperar la pulsión de auto conservación y el Instinto de Supervivencia para favorecer el sistema inmunológico y nuestra inmunidad psíquica necesaria para cualquier tormenta a la intemperie que nos toque vivir.

Para concluir quisiera destacar cuando Freud(1925-26) nos dice en Inhibición Síntoma y Angustia: *"Malcriar' al niño pequeño tiene la indeseada consecuencia de acrecentar por encima de todos los demás, el peligro de la pérdida de objeto- siendo este la protección frente a todas las situaciones de desvalimiento-. Favorece entonces que el individuo se quede en la infancia, de la que son característicos, el desvalimiento motor y el psíquico"*. Como podemos constatar tanto el exceso como la carencia son dos caras de una misma moneda.

En 1939 fallece Freud a sus 83 años siendo un hombre noble creativo y austero. Un ejemplo a seguir en estos tiempos de incertidumbre y desamparo de ayer de hoy y de siempre, pero un maestro que sostuvo que la importancia de la actitud esperanzada que desde mi punto de vista estaría depositada en la capacidad ilimitada del Ser Humano de ir en camino de su Evolución.

Bibliografía

Benyakar M (2003): *Lo Disruptivo*- Buenos Aires- Editorial Biblos-
Castoriadis-Aulagnier Piera (1975)- *La violencia de la Interpreta-
ción*- Amorrortu Editores- Buenos Aires 1993
Catz Hilda y colaboradores. (2020): *Psicoanálisis de Niños y Ado-
lescentes. Trabajando en Cuarentena en tiempos de la Pandemia*-
Ediciones Ricardo Vergara-Buenos Aires Argentina
Ferenczi Sandor (1926) *Problemas y Métodos del psicoanálisis*- Edi-
ciones Horme- Bs As- Argentina-2009
Freud, S (1893-1920) : *"Cartas a sus Hijos"*. Tomo II, Editorial Pai-
dos, Buenos Aires, 2016.
Freud, S. (1914): *Introducción del Narcisismo* – Obras Completas –
Tomo XIV – Buenos Aires – Amorrortu editores-1979
_ _ _ _ _ _ (1920): *Más allá del Principio de Placer* – Obras Completas
Tomo XIV – Buenos Aires – Amorrortu Editores – 1979
_ _ _ _ _ _ (1926a): *Inhibición, síntoma y angustia* – Obras Completas
Tomo XX – Buenos Aires – Amorrortu Editores -1979
_ _ _ _ _ _ (1950 [1895]): Proyecto de Psicología – Obras Completas –
Tomo I
Buenos Aires – Amorrortu Editores - 1986
Green, A (1986): *De Locuras Privadas* – Bs. As. – Amorrortu editores
– 2001
Lacan J. (1949) *"El Estadío del Espejo como formador de la forma-
ción del yo tal como se nos revela en la experiencia psicoanalítica" en Escritos I* - Editorial Siglo XXI-Buenos Aires-1993.
McDougall, J. (1978) *Alegato por una cierta anormalidad*- Edit.
Paidos-1996- Buenos Aires
Margaret Mahler (1975) *"El nacimiento psicológico del infante hu-
mano"*- Editorial Marymar – 1975 – Buenos Aires
Winnicott, D. (1954c): *Aspectos metapsicológicos y clínicos de la regresión dentro del marco psicoanalítico en Escritos de Pediatría
y Psicoanálisis* – Barcelona – Editorial Laia – 1979
(1954-1971): *La Naturaleza Humana-*.Editorial Paidós de Psicología
Profunda.-1993
_ _ _ _ _ _ (1956) *Preocupación maternal primaria en Escritos de
Pediatría y Psicoanálisis* – Barcelona – Editorial Laia – 1979
_ _ _ _ _ _ (1967b): *Papel de espejo de la madre y la familia en el
desarrollo del niño; en Realidad y Juego* – Gedisa editorial –
Barcelona 1979
_ _ _ _ _ _ (1969b) *La experiencia de mutualidad entre la madre y
el bebé en Exploraciones Psicoanalíticas I* – Buenos Aires – Editorial Paidós 1991
_ _ _ _ _ _ (1971): *Realidad y juego*-Gedisa editorial-Barcelona-
1979

Lic. Maria Pía Isely

Licenciada en Psicología, Universidad del Salvador.
Psicodramatista, de Psicodrama Psicoanalítico Grupal de Eduardo Pavlovsky.
1993   Premio Emilio Rodrigué otorgado por la Fundación Ciap al Trabajo: "Más allá del principio de placer.. ¿la muerte o...el temor a la vida?"
1998: Fundación CIAP, Especialista en Clínica Psicoanalítica de Niños y Adultos. Concurrente invitada de APA
Maestranda en Psicoanálisis USAL-APA. Doctoranda en Pgía.
USAL- APA. Lo Disruptivo
Consultorio Privado del 93 a la fecha. Atención de Niños Adolescentes y Adultos
2012- a la fecha Coordinadora de Centro Hope: Centro Psicoanalítico en la atención de niños y adultos. Admisora y Supervisora. Adrogué, Bs. As.
Numerosas Publicaciones y Disertaciones en diferentes Congresos Nacionales e Internacionales.

«El Juego, antes y después de la Pandemia»

Mirta Iwan

> *«...Todo niño que juega se comporta como un poeta, pues se crea un mundo propio o mejor dicho, inserta las cosas en su mundo en un nuevo orden que le agrada...»*
> Freud, S. El Creador Literario y el fantaseo (1932-1936)

Melina tiene dificultades para realizar las operaciones matemáticas. Mira las cuentas en su cuaderno y ya dice que «no puede» comenta su madre, en la primer entrevista. En cuarentena su padre que solía trabajar muchas horas, y volvía a la noche a su casa tuvo que quedarse puertas adentro cumpliendo el aislamiento preventivo. En la pausa, se dió cuenta que sus hijxs ya no jugaban ni siquiera entre ellxs. Sólo miraban TV durante muchas horas al día. Recordó su niñez y sus juegos con sus hermanxs en su provincia natal. Se decidió, y compró un mazo de cartas para jugar con Meli y su hermano de 7 años. Les enseñó a jugar a «la escoba de 15». Este «jugar» de la mano de su padre y que implica poder sumar y repartir para armar juego, fue muy útil para que la niña venciera sus miedos y capacidades inteligentes atrapadas.

Vitto, vive en una ciudad muy grande del interior del país, tiene 7 años y antes de la pandemia cumplía horarios de agenda completa con actividades escolares y extraescolares pautadas, de 8 a 19 horas, antes de volver a casa, al igual que sus padres. Ellxs sospechaban que fuese hipertinetico, ya que se movía mucho y no aguantaba quedarse sentado en clase, en su escuela de jornada completa. Hoy, lxs padres sorprendidos, observan que desde la cuarentena, duerme mucho más y ya no está tan inquieto como antes. Se entretiene mucho tiempo jugando en su cuarto con sus juguetes, y convoca a su padre para jugar con un pizarrón que tiene en su cuarto.

Maitena de 10 años, cursa 5to grado y se siente aburrida con la cuarentena y su aislamiento. Extraña mucho ese recreo que disfruta al encontrarse a jugar con sus amigas, los días viernes después del colegio y por varias horas. Para ella, todo un «tesoro» que siente que ha perdido y del que podía gozar, una vez por semana, cuando todo transcurría en la «supuesta» normalidad sin la amenaza del covid-19.

Su madre, para entretenerla, organizó reuniones a través de las pantallas, con algunas de sus compañeras de escuela. Sin embargo la niña dice que no es lo mismo, que le da «desesperación» cuando no la escuchan o cuando no puede acercarse y hablar directamente y jugar como antes «de verdad». - *No quiero más el juego pantalla, expresa enojada.*

Estás viñetas nos dan testimonio de los efectos del aislamiento social en les niñxs y sus padres. Nos llevan al mismo tiempo, a plantearnos un montón de cuestiones como por ejemplo, repensar el valor del juego en las infancias.

«...Pero nos puede ser útil pensar en que una gran pandemia no aparece de la nada, sino de un proceso de Pandemia Previa. Es posible pensar que venimos viviendo en los últimos 50 años aproximadamente, un proceso de Pandemia Indiferencia Parental y que fue generando vacíos y disrrupción en la crianza de nuestros hijos, violentando sus tiempos y procesos evolutivos (tal como son pensados desde el psicoanálisis de niños). Dejándolos expuestos a las diversas formas de desamparo

primario y secundario. Vacíos propicios para la génesis de defensas autísticas, emergencias de fenómenos psicosomática y otras patologías...» (Carlos Federico Bianchi. Psicoanálisis de niños y adolescentes. Hilda Catz y colaboradores. Página 170)

En algún momento, esta cuarentena del covid-19, forzada e inevitable, oportunidad para cuidarnos y cuidar, para no contagiarnos y no perder la vida, terminará.

¿El mundo será otro después de la pandemia?

Esperemos que si, que sea un momento de repensar nuestras prácticas de vida en sociedad. Y para mostrar que somos capaces de aprender la lección que la Naturaleza nos enseña, será el momento de poner en juego los Derechos Humanos y como nos marca nuestra cultura en la cual hemos crecido, primero están lxs niñxs. Y su necesidad vital: el juego y el jugar.

Lxs niñxs son los más vulnerables, lxs que necesitan protección, lxs que deberían «ser escuchados» en sus necesidades y deseos. Lxs que deberán ser acompañados y respetados en sus derechos. Queremos ocuparnos del valor del juego para posibilitar las infancias. Con el fin de repensarlo y poder encontrar de alguna manera el tiempo y el espacio para que lxs niñxs gocen de este derecho.

Hoy en el marco covid-19 y en pausa con nuestros acelerados ritmos de vida cotidiana, en las grandes ciudades, podemos reflexionar más que nunca, sobre todos los errores que hemos cometido en el trato con nuestras infancias. Nos parece pertinente incluir en esta reflexión el análisis del juego como un Derecho:

El derecho al juego se define en el artículo 31 de la Convención sobre los Derechos del Niño del siguiente modo: "Los estados partes reconocen el derecho del niño y la niña al descanso y al esparcimiento, al juego y a las actividades recreativas propias de su edad y a participar libremente en la vida cultural y en las artes." Sin embargo, debemos observar y visibilizar que este Derecho está siendo vulnerado. Podríamos afirmar que se trata de una Contravención al artículo 31 de la Convención Internacional de los Derechos del Niño. Al mismo tiempo, los profesionales de la Salud Mental Infantil abogan por facilitar el juego para posibilitar las Infancias.

Los investigadores constatan que "al jugar, el niño desplaza al exterior sus miedos, angustias y problemas internos, dominándolos mediante la acción. El niño repite en el juego todas las situaciones excesivas para su yo débil y esto le permite, por su dominio sobre objetos externos y a su alcance, hacer activo lo que sufrió pasivamente, cambiar un final que le fue penoso. También, tolerar papeles y situaciones que en la vida real le serian prohibidos desde dentro y desde fuera y repetir a voluntad situaciones placenteras". (Aberastury, A. (1971). *El niño y sus juegos.* Buenos Aires: Paidós)

Sin embargo, hay unos pocos países como Alemania, Austria, Bélgica, Canadá, Irlanda, Países Bajos, Suecia o Reino Unido con buenas prácticas sobre el juego infantil. La gran mayoría, lamentablemente, carece de Políticas Públicas que promocionen el juego en las infancias.

Para garantizar el juego infantil tenemos que proporcionar a los niños y niñas un espacio, un tiempo y compañeros con quiénes jugar. Muchos niños, sobre todo en las grandes ciudades, están rodeados de juguetes pero no disponen de tiempo para jugar. Las agendas cargadas de actividades programadas y las jornadas de escolarización de 8 o 9 horas, a las que se le suman actividades de los padres que los chicos tienen que acompañar (trámites, compras), suelen finalizar a la hora de la cena. (Generalmente, esto se debe a que se trata de compatibilizar el horario de los chicos con el de los grandes, que tienen jornadas laborales extensas) Del mismo modo, podemos observar que en esos casos, es común que los adultos les entreguen a los niños el celular o la tablet, para que les infantes permanezcan quietos y callados, sin molestar.

Es importante que los padres y docentes visibilicen que los niños necesitan más juego espontáneo, es decir, un espacio lúdico creado por ellos mismos. Esta necesidad debe ser atendida y no pasada por alto, ya que la falta de tiempo y espacio para el juego afecta la salud física y mental, con consecuencias negativas para el desarrollo de la personalidad de los niños y de las niñas. Desatender esta necesidad puede impactar no sólo en el presente, sino también en la adolescencia y juventud. Para socializar, para aprender a estar con otros e intercambiar opiniones e ideas a través del lenguaje oral, es primordial que el niño o niña tenga la posibilidad de jugar con otros pares. Otro fenómeno alarmante que se da en las grandes urbes, sumado a la falta de tiempo y espacio libre para jugar, es el aislamiento. Los niños y niñas de hoy están creciendo en ciudades enormes de cemento, deshumanizadas, alejados de los compañeros de escuela y de sus vecinos a quienes en la mayoría de los casos ni conocen. Escasas oportunidades tienen los infantes de encontrar compañeres de juego y poder comunicarse entre pares haciendo vínculos necesarios para la construcción de la subjetividad. Afirma Huizinga*, en su libro sobre el juego, que "este se halla en la base de la cultura". Asimismo, Arminda Aberastury agrega que "el juego del primer año de vida da las bases del juego y las sublevaciones de la infancia y no solo eso, sino que conduce al juego de amor tal como lo practican los adultos". Según esta autora, psicoanalista y pionera en nuestro país en reparar acerca de la importancia de esta actividad, "los deseos genitales adquieren pujanza entre los 3 y 5 años y se expresan en todo tipo de actividades. Los juegos sexuales entre niños son la norma, y no solo no son negativos sino que contribuyen al buen desarrollo. Los deseos genitales pueden canalizarse en el juego de" jugar a la mama y al papa´", "al doctor", "a la enfermera", "a los novios", "a los casados", "a la mucama" y en ellos satisfacen sus necesidades de tocar, de mostrarse, de ser vistos y ver". El juego es en la infancia el medio para la afirmación del yo, la más clara manifestación de la autonomía del sujeto sobre el medio y, en este sentido, factor de salud. El juego, a la vez que permite afianzar nuevas conquistas, facilita la comunicación con los otros adultos y pares. Por otra parte, el juego- al igual que el lenguaje- es el instrumento básico para desarrollar los procesos de socialización, entendida esta última en un sentido amplio, es decir, como forma de participar activamente en la cultura. Respecto de este tema, en el Diseño Curricular para la Educación Inicial del año 2000, una cita de Larner y Pizani explica que "si sostenemos que el deseo de jugar- y de producir diferentes escenarios- es de naturaleza afectiva, emocional y cognitiva, la consideración de los temas y contenidos del juego está íntimamente relacionada con el deseo que los niños y niñas tienen por saber y saber hacer, de controlar a través del espacio lúdico parcelas de la realidad a las cuales habitualmente no se tiene acceso".

Pero... ¿Por qué decimos más juego libre y menos pantallas?

¿Por qué el juego con pantallas no es un verdadero juego? Porque el niño que juega libremente investiga y necesita cumplir una experiencia total que debe respetarse. Su mundo es rico, cambiante, incluye interjuegos permanentes de fantasía y realidad. Si el adulto interfiere e irrumpe en su actived lúdica, puede perturbar el desarrollo de la experiencia decisiva que el niño o niña realiza al jugar. No son muchos los juguetes que necesita para esta actividad; por el contrario, si son demasiados pueden trabarlo y confundirlo en sus experiencias. En cambio, sí podemos afirmar que necesita un espacio propio del que se sienta dueño. Es por eso que no es lo mismo jugar con pantallas. Allí los juegos están preformados y él debe seguirlos pasivamente sin poder modificarlos ni crearlos a su antojo. Fueron pensados y creados por otros. Generalmente adultos. Los juguetes- a diferencias de las pantallas- simbolizan distintos objetos del mundo externo y, a su vez, son un medio de comunicación, como así también un objeto para la descarga de sus tendencias agresivas. Con las pantallas el niño recibe estímulos de luz y sonidos muy potentes y no encuentra forma de descarga motriz a sus tendencias destructivas. Ese es el motivo por el cual, generalmente, un niño expuesto a pantallas por un largo tiempo, sentado sin moverse y solo recibiendo fuertes estímulos, termina sintiéndose sobreexcitado. En cambio, jugar a las escondidas, un juego muy valioso ya que a través de este los niños elaboran la angustia del desprendimiento, es decir, el duelo por un objeto que debe perder, ya no se usa. Jugar a las escondidas implica tener un compañero de juego, ya sea otro niño o un adulto con tiempo para jugar. Actualmente, esto se ha vuelto una práctica muy esporádica...En torno a ello, puedo recordar una frase de un niño cuyo padre, como muchos, no tenía tiempo en toda la semana de jugar con él, debido a la extensa jornada laboral que debía cumplir. Entonces en una oportunidad, el nene le preguntó:

- ¿Cuánto me cobrás la hora por jugar conmigo?

No obstante, así como observamos que si un niño no juega a determinada edad esto puede arrastrar un índice de problemas de desarrollo, por el contrario, el hecho de implementar juegos libres y creativos suscita la desaparición de los síntomas. Inclusive, puede producir una modificación en la conducta del niño, permitiéndole una mayor comunicación con el mundo que lo rodea. De allí podemos decir, como bien afirma Winnicott, que "el juego de los niños es auto curativo". Asimismo, Freud sostuvo que un niño juega no solo para repetir situaciones placenteras sino también para elaborar las que le resultaron dolorosas o traumáticas. Es decir que un niño al que se lo impulsa a jugar un juego determinado, o más bien al que se le crean las condiciones necesarias para que pueda jugar libremente, mejora notablemente su estado anímico.

En lo personal, tuve la oportunidad de visitar una de las dos Juegotecas organizadas por la Cátedra de Psicología Social Comunitaria de la UBA, a cargo del Lic. Eduardo Tissera, en el barrio de San Telmo. En diálogo con una de las coordinadoras de las actividades, la profesional manifestó que la mayoría de les niñes que asisten, al cabo de unos meses de asistencia dos tardes por semana, mejoran la interacción social, beneficiándose el rendimiento escolar.

Tiempo y espacio

El tiempo es una variable fundamental a tener en cuenta si queremos facilitar el juego, ya que es necesario para que éste se organice. El autor de "La sociedad del cansancio",el filósofo coreano Byung-Chul Hang ,señala que "todos nosotros deberíamos jugar más y trabajar menos,entonces produciríamos màs". Sin embargo,esto no deja de ser para el autor una utopía inalcanzable para una sociedad en la que todos,incluso el ejecutivo mejor pagado,trabajamos como esclavos aplazando indefinidamente el ocio.Es nuestro deber como adultos,rescatar a los chicos de este designio.Empecemos por otorgarles el tiempo de juego,el tiempo de ocio y el tiempo de descanso que sus cuerpos y sus mentes requieren.Cuidemos su salud mental y física.

Con relación al espacio, al modo como se lo utiliza, los lugares en los cuales se ubican los chicos y los juguetes pueden constituirse en un obstáculo o en un incentivo para la acción. Un obstáculo viene a darse en la actualidad, cuando las familias viven en espacios muy pequeños- tales como un monoambiente- donde es imposible desplazarse, correr o saltar. En muchas ocasiones, es difícil contar con patios y veredas para encontrarse con otros niños que puedan jugar libremente en la urbe.

Por todo lo expuesto anteriormente, debemos solicitar "políticas de infancias" que protejan el juego infantil. Las ciudades deben diseñar más plazas con juegos infantiles y, por otro lado, en cada escuela, como así también en cada sala de espera hospitalaria, debería funcionar una "juegoteca" con tiempo asignado para el juego, y descartarse los recreos de 5 minutos. En otras palabras, se deberían programar recreos que facilitaran el juego, para lo cual los niños deberían disponer de tiempo de 30 a 45 minutos, entre un módulo y otro de estudio y aprendizaje. Esta disposición se torna sumamente necesaria en las Jornadas Completas de 8 y 9 horas. Beneficiaria el rendimiento escolar, ya que en los niños de hoy se puede observar una fatiga mental y un estrés, propios de un adulto. Los recreos de 5 minutos no son suficientes para la distensión, para el movimiento y la construcción de un juego entre pares. Por el contrario, al tocar el timbre o la campana se interrumpe el juego del niño o niña y ello produce una mayor excitación y nerviosismo, debido a que se ven impedidos de descargar sus ansiedades.

En suma, ya hemos analizado la necesidad de jugar del niñe como un modo válido para expresar sus sentimientos, sociabilizarse, ubicarse en la realidad y, al mismo tiempo, elaborar situaciones traumáticas. Es por ello que consideramos necesario prolongar los momentos lúdicos de los chicos no solo teniendo en cuenta el tiempo, el espacio, y los materiales puestos a su disposición; sino también respetando la libertad del niño o niña de jugar, creando con total libertad sus propios juegos.

¿Què le pasa a un niño o niña cuando no puede encontrar un tiempo y espacio para jugar libremente?

Los niños y niñas de hoy tienen hambre de juego,

cuando el juego está impedido por causas endógenas o exógenas el niño puede enfermar. A propósito de esta preocupante posibilidad, cabe citar como referencia las observaciones del Doctor Ovidio, Neurólogo y Pediatra de un Hospital Municipal de España.

El citado Medico nos alerta sobre una tragedia silenciosa que se está desarrollando hoy en nuestros hogares y concierne a nuestros hijos. En los últimos 15 años, los investigadores nos han informado de estadísticas cada vez más alarmantes, sobre un aumento agudo y constante de enfermedad mental infantil que ahora está alcanzando proporciones epidémicas: 1 de cada 5 niños tiene problemas de salud mental, aumento del 43% en el TDAH (Trastorno de Atención de Híper Actividad) Este pediatra se pregunta ¿Qué pasa, que estamos haciendo mal?

Desde el Forum Infancias venimos denunciando la patologización de las Infancias y la medicalización de las mismas, cuando no se tienen en cuenta los fenómenos ambientales y cambios sociales que impactan en las pautas de crianza de las Infancias en la actualidad.

Coincidiendo con nuestra experiencia en las Juegotecas de la ciudad de Buenos Aires, el mencionado mèdico afirma que ha observado mejoras en la salud de los niños/as, luego de que los padres implementaran, una hora al día de aire libre con el hijo/a, juegos de mesa y juegos libres.

Trabajar el Derecho al juego es desarrollar acciones y proyectos en las grandes urbes de cemento, para habilitar en los niños y niñas los recursos lúdicos y de espacio y tiempo que les permitan construir un sentido a las experiencias de la vida cotidiana, ya sean traumáticas o no, teniendo la oportunidad de encontrarse con el "otro/a". El juego genera lazos de proximidad entre dos o más niñes, donde se da un feedback o retroalimentación de palabras, diálogos, gritos, movimientos corporales, intercambios de sentimientos, préstamos, acuerdos, desacuerdos, canjes, negociaciones, contacto cara a cara, y todo ello impulsa el bienestar y la promoción del desarrollo integral de sus pequeños actores.

El propósito de este artículo es instalar en padres, gobernantes y educadores, una mirada de cuidado sobre los niños, niñas y adolescentes, expuestos en la actualidad a estar muchas horas del día "aislados" de otros pares, sin posibilidad de tiempo y juego para hacer "amigos/as". Citaré -a propósito de este tema- al Lic. Ricardo Rodulfo, psicoanalista de niños y adolescentes, que en su texto "Andamios del Psicoanálisis", analiza la gran categoría del Amigo/a para probar el papel estructurante de este personaje y su trascendencia en la infancia y adolescencia: *"... El amigo trabaja pues, al menos en un sentido, de puente que ensancha la apertura del chico y crea una nueva especie de intimidad, fundada ya no tanto en la experiencia corporal sino más bien en la cultura. Imposible entonces que su ausencia no procure lesiones graves..."*

El derecho al juego, reconocido en Tratados Internacionales, debe ser cumplido en las grandes ciudades y en las escuelas, y no puede estar determinado por la lógica del mercado. Los juguetes y el club son artículos de lujo a los cuales muy pocos niñes pueden acceder en la actualidad. Es menester que en las Escuelas Primarias se habiliten espacios de juego al aire libre, y de creación artística a través de talleres que faciliten el movimiento de los cuerpos y la expresión de los sentimientos de les niñes.

En síntesis, para respetar el derecho al juego de niñes y por qué no de adolescentes, se deberán considerar y facilitar la circulación de factores preponderantes como el espacio lúdico, el tiempo libre y los recursos. Sobre todo, es necesario un cambio en nuestras miradas hacia las Infancias y Adolescencias de Hoy.

Defender el "Derecho al Juego" es relevante porque lleva consigo el derecho a ser y estar con otros.

Bibliografía

Aberastury, A. *Teoría y técnica del Psicoanálisis de niños*, Buenos Aires, Paidós 1962.
Bion, W. *Volviendo a pensar*, Buenos Aires, Horme 2006.
Catz, Hilda y Colaboradores. *Psicoanálisis de niños y adolescentes*, Buenos Aires, Vergara Ricardo 2020.
Winnicott, D. *Realidad y Juego*, Buenos Aires, Gedisa, 1971.
Winnicott, D. *Los procesos de maduración y el ambiente facilitador*, Buenos Aires, Ed. Paidós, 2002.

Lic. Mirta Iwan

Graduada en Ciencias de la Educación por la Universidad de Buenos Aires (UBA)
Graduada en Psicología Social, en la Primera Escuela Dr. Enrique Pichón Rivière.
Psicopedagoga Clínica con orientación en Psicoanálisis de Niños y Adolescentes.
Co-fundadora y Directora de la Escuela Infantil Mi Grupito. Dirección General de Enseñanza Privada. Secretaria de Educación, Caba. Ex Profesora de Cátedras en Universidad de Buenos Aires e Institutos de Formación Docente del Interior y CABA.
Capacitadora docente en instituto de Investigaciones Psicológicas (ISIP) en proyectos para directivos del Nivel Inicial, Primario y Medio.
Orientadora Escolar del Centro de Orientación Vocacional y Educativa, del Instituto F.F. Bernasconi. Secretaria de Educación, CABA.
Psicopedagoga del Cuerpo Medico Escolar de San Rafael, Mendoza.
Docente Invitada en el curso-taller de" Psicoanálisis y Educación" del Centro de Estudios de APA (Asociación Psicoanalítica Argentina). Año 2019.
Participación activa en Jornadas y Congresos de Salud y Educación en el país y el exterior.
Artículos publicados en Topía revista de Psicoanálisis y Cultura, Noveduc y otros.
Co-autora en Catz, H. y colaboradores, *Trabajando en cuarentena en tiempos de pandemia*, Ricardo Vergara Ediciones, Buenos Aires, 2020
Miembro Concurrente de APA (Asociación Psicoanalítica Argentina)
Miembro titular Forum Infancias Red Federal.
Comisión Clínica y Educación. Comisión de Primera Infancia.
E-mail: mirtaiwan@yahoo.com.ar

La humanidad a las aulas. La información acerca del coronavirus puede generar una forma inhibitoria del pensamiento

Lic. Marta Lago

Váyase, dijo el pájaro
Que la especie humana
No soporta mucha realidad

T.S.Eliot

Comenzaremos este trabajo definiendo qué entendemos por aprender. Uso el plural porque ésta es la concepción que sostienen muchos autores de la Psicopedagogía y la Psicología (Alicia Fernández, Leandro de Lajonquiere, Sara Paín). Definir el aprender es mucho más que adoptar una teoría, es definir una concepción de hombre para nuestra sociedad. Si queremos un hombre que tenga oportunidad de redescubrirse para insertarse en una cultura no como repetición de lo acontecido sino para ser anuncio y promesa de lo que ha de venir, entonces tenemos que hablar del aprender como un proceso que se va construyendo en lo que hacemos y somos. Aprendemos, aprendiendo y aprendiéndonos. No se trata del surgimiento de "algo" de una vez y para siempre a la forma del binomio estímulo- respuesta o de repetir insistentemente lo enseñado a la manera de la tradición behavorista-reflexológica.

Cuando hablamos o escribimos sobre este tema, hablamos o escribimos sobre nuestros propios aprendizajes, nos mirarnos a nosotros mismos y reconocemos la función positiva de la ignorancia, para conectarnos con la angustia de conocer y con la necesaria resignificación de nuestra historia de aprendientes.

En el aprender se articulan cuatro niveles:

El primer nivel remite al ORGANISMO como equivalente a posibilidad. Sara Paín dice que *"el organismo puede definirse como programación, memoria asentada sobre la morfología anatómica de los distintos órganos"*[1]. El organismo constituye la infraestructura neurofisiológica, que posibilita la memoria de todas las coordinaciones posibles y se muestra a través del CUERPO(segundo nivel) que ensaya, se equivoca, se corrige y aprende. Si el organismo es el mismo para todos, el cuerpo es propio de cada uno porque está ligado al sujeto y su historia. El cuerpo es la síntesis de nuestras experiencias emocionales gracias al cual entramos en comunicación con el otro, al mismo tiempo que nos apropiamos de nuestro organismo. El cuerpo mediatiza la dimensión interna y externa a través de un vínculo con otro que erotiza para que el aprender sea un acto de amor.

Siguiendo con el tercer nivel, nos encontramos con la estructura lógica, la elaboración objetivante, en síntesis la INTELIGENCIA. En el aprendizaje cada sujeto reconstruye el conocimiento socialmente compartido de acuerdo a su singularidad. En ese reprocesamiento produce alguna novedad, un plus que será compartido, por lo que cabría decir, que además de su carácter generalizable por la universalidad de los mecanismo reguladores de equilibración mayorante[2], su accionar es extremadamente singular. Por último tenemos el nivel simbólico, la elaboración subjetivante, ese DESEO que hace a cada uno ser distinto

---

[1] Pain, S., *La génesis del inconsciente. La función de la ignorancia Tomo I y II*, Nueva visión, 1985

[2] Piaget, J., L´*équilibration des structures cognitives*, Puf, París, 1975

del otro, es el nivel que expresa los síntomas, los sueños, y los actos fallidos. El sujeto está inmerso en una trama deseante y para encontrar aquello que causa su deseo, mira al otro al igual que el bebé cuando mira su imagen reflejada en la pulida superficie especular de los ojos de su madre y reconoce esa imagen que es la suya.

No es una empresa fácil apropiarse del deseo del otro, de su mirada, de su voz. El crecimiento mental de devenir uno consigo mismo, como dice Bion, o donde hubiera ello que advenga el yo según Freud, o el camino hacia la posición depresiva, como dice Klein puede ser el resultado de una comunicación más o menos exitosa, más o menos silenciosa, más o menos ruidosa pero que nunca deja de ser, y el sujeto debe sacar del otro las claves del conocer.

Bion supone que hay que lograr el encuentro entre los modos de funcionamiento del sujeto con sus objetos de conocimiento para que una transformación y un pensamiento pueda evolucionar.

El aprender que articula estos cuatro niveles permite la autonomía del pensamiento así como al animal el instinto le permite sobrevivir. Si el aprender nos da autonomía, sin autonomía no podemos aprender.

> *Saber, conocer, informar*
> *¿Dónde está el saber que perdimos con el conocimiento?*
> *¿Dónde está el conocimiento que perdimos con la información?*
> *Precisamos diferenciar tres términos: INFORMACIÓN, CONOCIMIENTO, Y SABER, en sus relaciones con el aprender.*

La información es siempre un dato terminado, recortado y recortable, separable de la persona que lo produjo, en cambio, el conocer es un proceso que, si bien es consciente y transmisible a través de conceptos, tiene sus fronteras menos definidas con el saber. La reconstrucción de un conocimiento no sólo implica la reconstrucción de las estructuras cognitivas de un sujeto en cuanto epistémico, sino también la de un sujeto del deseo. Desde esta perspectiva se puede decir que cuando un sujeto hace suyo un conocimiento se construye como sujeto del conocimiento y del saber. El saber desde Freud se ubica como un saber no sabido, del cual, sin embargo, se es responsable, es decir que implica una ética. Se trata de un concepto paradojal, diferente de la acepción común de conocimiento. El saber y el conocer son dos caras de una misma moneda entrelazadas en un pensamiento.

Fue necesario introducir y conceptualizar la diferencia entre información, conocimiento y saber para introducir el tema de la inhibición cognitiva porque en este concepto intervienen un sujeto aprendiente, que se informa, que transforma esa información en conocimiento y que posee un saber no sabido.

La inhibición cognitiva

La inhibición cognitiva es el resultado del mecanismo de acción significación: *exhibir*. Uno de los aspectos de la subjetividad más atacado en el momento actual de la pandemia del Covid-19 es el de la libertad de pensar. Este ataque es lento, persistente y muy peligroso, y tiene hoy como aliada a la informática con su escenario privilegiado que es el de las redes sociales. Todos necesitamos de la información para construir nuestros conocimientos porque es la única forma de pensar lo que sabemos.

La relación *exhibir-inhibir,* como dijimos, es uno de los modos vinculares patogeneizantes que más extensión está teniendo en la actual pandemia. ¿A qué nos referimos en la actualidad con exhibir? La modalidad exhibicionista que adoptaron los medios supone un bombardeo de información que no tiene precedentes. El periodismo transforma el mostrar acerca de la pandemia en mostrarse, no porta el conocimiento es el conocimiento. La distancia entre el conocimiento y el periodista se suprime, y aparece un exceso que no es de conocimientos dados y sí de información. Para transformar una información en conocimiento se necesita de una triangularidad entre periodista, espectador y noticia que, si desaparece, genera una información repetida de carácter dual y especular. Tal modalidad de los medios, así como las características de la cultura de la imagen, intervienen en la modalidad de conocer de los espectadores acerca del coronavirus . Alicia Stolkiner dice:

"El exceso de lenguaje anula la significación. En esta dimensión de exceso, de sobresaturación inflacionaria (como sucede con la moneda), lo que produce es una pérdida simultánea del valor"[3]

Las respuestas acerca del covid-19 se imponen como un modo de obturar las preguntas. El exceso de respuestas, y no la práctica de la reflexión, hace aparecer como innecesarias las preguntas. Esta modalidad hiriente de los medios mientras lastima por su contenido aterrador y peligroso, nos evita al mismo tiempo el pensar. En algunos sujetos produce un desinterés hacia la información que puede aparecer como una desmentida. Hugo B.Bleichmar dice:

"La desmentida de una percepción no implica la pérdida de la percepción. Por lo tanto, la definición de desmentida no pasa por el rechazo de una percepción exterior, sino por el rechazo de las consecuencias que dicha percepción provoca sobre una creencia previa que se quiere mantener"[4].

La modalidad exhibicionista, especialmente del perio-

---

[3]   Stolkiner, A., Las palabras y los gestos, Revista E.P.S.I.B.A. No1, Buenos Aires, 1995

[4]   Bleichmar, H., Introducción al estudio de las perversiones. La teoría del Edipo en Freud y Lacan, Nueva Visión, Buenos Aires, 1984

dismo, tiene el efecto de una luz fuerte en los ojos, que por enceguecimiento momentáneo, no deja ver lo que se tiene alrededor.

Estos momentos de inhibición cognitiva por efecto del exceso de información sobre el coronavirus ataca la inteligencia, y la inhibición es una manera defensiva a la cual apelamos , dice Green: *"Las defensas..., se cargan ellas mismas, por su acción de rehusamiento, con un potencial de nadificación que coincide con aquello contra lo cual insurgen"*[5].

Esta modalidad de aprender la información que recibimos sobre el Covid-19 no es causa de una inhibición cognitiva o de una desmentida pre-formada, sin embargo puede provocar manifestaciones inhibitorias del pensamiento. Rita Segato6 nos habla, en un artículo reciente sobre el coronavirus, como de un significante vacío al cual se le fueron agregando diferentes discursos con el objetivo de suturar los cortes que pueden dar lugar a la autonomía del pensamiento.

El problema que resta es ¿Cómo hacer que esta experiencia de sobreinformación acerca del coronavirus que es un exhibicionismo informático sea analizada post-pandemia para que no haya informaciones que enceguezcan en el futuro? ¿Cómo hacer para que, sin desechar la tecnología, podamos hacer un uso de ella que nos encamine hacia otras formas de aprender más autónomas? ¿Cómo hacer para que no se olvide que el pensar no se puede enseñar sino hay una distancia óptima entre el enseñante y el aprendiente?

Hay algo peor que no ver la gravedad del problema del coronavirus: es ver demasiado y si estamos demasiados atentos deberíamos preocuparnos. Cuando se

---

[5] Green, A., *El trabajo de lo negativo*, Amorrortu editores, Buenos Aires, 1993

[6] Segato, R 29 abril, 2020 by Redacción La Tinta (https://la tinta. Com.ar/autor/admin/)

ve demasiado una noticia, cuando le damos mucho de nuestra atención , esa escucha o mirada puede obturar el pensar que exige una cesura para que la información pueda transformarse en un nuevo conocimiento.

Bibliografía

Bleichmar, H., Introducción al estudio de las perversiones. La teoría del Edipo en Freud y Lacan, Nueva Visión, 1984

Catz, H. y colaboradores, Trabajando en cuarentena en tiempos de pandemia, Ricardo Vergara Ediciones, Buenos Aires, 2020

Fernandez, A., Los idiomas del aprendiente, Nueva Visión, Buenos Aires, 2000

Idem Poner en juego el saber, Nueva Visión, Buenos Aires, 2000

Green, A., El trabajo de lo negativo, Amorrortu editores, Buenos Aires, 1993

Lajonquiere, L. D., De Piaget a Freud, Nueva Visión, Buenos Aires, 1996

Paín, S., La génesis del inconsciente. La función de la ignorancia. tomo I y II, Nueva Visión, 1985

Stolkiner, A., Las palabras y los gestos, Revista E.P.S.I.B.A. No1, Buenos Aires, 1995

Segato R. Coronavirus: todos somos mortales. Del significante vacío a la naturaleza abierta de la historia 29 de abril by Redacción L Tinta (https://la tinta. Com.ar/autor/admin/)

Piaget, J., L´equilibration des structures, PUF, París, 1975

Lic. Marta Alicia Lago

Psicóloga, Psicopedaoga
Postgrado en niños y adolescentes por la Universidad del CAECE
Miembro didacta de la Asociación Psicoanalitica Argentina
Miembro concurrente de la Sociedad Psicoanalitica de Barcelona
Consultora del Departamento de niños y adolescentes
Coordinadora del grupo de investigación acción participación sobre psicoanálisis y educación dependiente del departamento de niños y adolescentes
Docente en el Instituto de Educación Superior Alicia Moreau de Justo
Supervisora de las prácticas profesionalizantes de la Carrera de psicopedagogia en escuelas del GCBA
Ex coordinadora del equipo de Orientación de la Escuela Hogar Ezeiza
Ex directora cultural de la Asociación Brasilera de Psicopedagogía en San Pablo
Escritos sobre educación y psicoanálisis publicados y presentados en Argentina, Brasil, Colombia y Cuba
E-mail: martalago16@gmail.com

Psicoanalizar en tiempos de pandemia: ¿posibilidad o utopía?

Susana Martinez Ferreira
Magdalena Filgueira Emeric

Juana, madre de Aurora, al pasar por la puerta de una organización comunitaria de un populoso barrio de la ciudad de Montevideo, resulta convocada por un cartel que anuncia atención psicoanalítica on line. El COVID-19, la pandemia universal, había llegado a Uruguay y el gobierno había decretado la Emergencia Sanitaria Nacional. En el marco de la misma se encontraban suspendidas todas las actividades que suponían aglomeración de personas y, por lo tanto, las clases, a poco de empezar el año lectivo, habían sido interrumpidas en todos los niveles de la enseñanza. El Poder Ejecutivo había exhortado a la población al confinamiento voluntario, siendo la medida ampliamente acatada por la ciudadanía. Las semanas se fueron sucediendo y las actividades fueron siendo retomadas a condición de que se cumpla con el denominado "distanciamiento social" y las consabidas medidas de higiene y sanitización. Es en este contexto que el Instituto de Psicología Clínica (IPC) de la Facultad de Psicología (FP) de la Universidad de la República (UdelaR), en consonancia con los lineamientos establecidos por el Rector, resuelve retomar las actividades de enseñanza de la clínica. La práctica clínica implica la asistencia de estudiantes del Ciclo de Graduación a diversas instituciones con las que la Facultad tiene convenios y acuerdos de trabajo. Habitualmente el estudiante toma a su cargo una consulta en alguno de los servicios, que será luego supervisada por su docente junto a un grupo pequeño de compañeros que también llevarán sus casos. Es así entonces, que el cartel que ofrecía días y horas del servicio de atención psicoanalítica referido, muta a la virtualidad. Cambio de espacio y de modalidad, pero no de la vocación de escucha que es ofrecida y es tomada por Juana que necesita ser escuchada acerca de sus peripecias afectivas y vinculares en relación a su hija de 5 años. Se comunica telefónicamente y se encuadra una primera entrevista a ser mantenida telefónicamente a través de la aplicación WhatsApp.

En función de lo inédito de la situación actual, el IPC resuelve que las consultas sean tomadas inicialmente por los docentes y no por los estudiantes. El día acordado se recibe su llamada a la hora convenida, habla rápido, denotando ansiedad y tornándose algo dificultoso al comienzo la comprensión del motivo de consulta manifiesto, así como la conformación familiar de su núcleo de convivencia.

Un encuentro a voces

A continuación, se transcriben algunos fragmentos de las entrevistas mantenidas con Juana, mamá de Aurora, por medio de llamadas comunes de WhatsApp. Si bien se reflexionará sobre ellos, estableciéndose algunas líneas de análisis del material, el objetivo central de este texto es mostrar un encuentro psicoanalítico virtual. Se toman fragmentos de dos entrevistas de aproximadamente 60 minutos de duración cada una.[1]

---

1. Como todas las intervenciones asistenciales que se realizan en el marco de la FP, se cuenta con consentimiento informado para la utilización del material con fines de transmisión (enseñanza o investigación), habiéndose garantizado la salvaguarda de la identidad de los involucrados.

Madre (M): *"Mi nena tiene problemas para dormir... y generalmente se hace pichí en la cama...siempre en realidad, yo tengo que lavar todo, todos los días... tiene 5 años, no sabe escuchar, tengo que decirle muchas veces algo para que entienda... también es de tropezarse y caerse.... ¡se cae!... es de pelear... y ahora además se le dio por pegar, pelea con el hermano que tiene 2 años y medio, el otro día en cuarentena se hizo un tajo, le salió sangre... le dieron puntos porque el hermano le tiró un juguete... ella tiene dos hermanos del padre, soy separada del padre... yo vivo con ellos... con mis hijos... la nena grande, no, ella tiene otro padre..."*

Esta modalidad, de presencia alternativa o de contingencia, como comúnmente se connota a las transformaciones impuestas a la cotidianeidad en virtud de la pandemia, priva de información que habitualmente, sería tomada muy en cuenta

1. Como todas las intervenciones asistenciales que se realizan en el marco de la FP, se cuenta con consentimiento informado para la utilización del material con fines de transmisión (enseñanza o investigación), habiéndose garantizado la salvaguarda de la identidad de los involucrados.

Como lo es la gestualidad y todo aquello que se trasmite más allá del discurso verbal. Es que escucha y mirada van juntas en el encuentro analítico, entonces un tatuaje, un modo de vestir o de sentarse, un tic, una mirada huidiza, un movimiento de manos o de piernas, etc., enunciará con más potencia que la palabra dicha. Sin embargo, la viñeta muestra como igualmente es posible que un pedido de ayuda se configure en un encuentro solo de voces. Tal vez no puedan observarse datos de la presentación, aquello que la psiquiatría fenomenológica enseñó y fuera incorporado por su valía, pero igualmente es posible registrar un encadenamiento de padecimientos y síntomas que denuncian un sufrimiento psíquico. Se escucha a una madre desbordada a la que la virtualidad ofreció un camino. Queda establecido entonces el interrogante: ¿Se podrá sortear el obstáculo de la ausencia del setting habitual? ¿Sabrá, podrá la analista mantener una escucha psicoanalítica con la madre, padre y con la propia niña? Una voz que se expresa con un discurso algo apurado y entreverado que al otro lado del celular se encuentra con el empeño de la escucha analítica:

Analista (A): ¿Dos hermanos del … padre?

M: *"Sí, los más chicos tienen el mismo padre, ellos sí en común, falleció una hermana de 10 meses... pero ella, la nena chica, no la conoció, ni sufrió eso... en todo caso la nena grande, que es hija de otra relación anterior... tiene casi 12 años... Lo más preocupante es a la hora de dormir, desde hace 2 meses es bien marcado... pichí siempre se hizo... este año empezó la escuela, fue unas semanas y se cortó, por el coronavirus, ahora le mandan deberes y no quiere hacerlos, dice "no quiero hacer deberes... no quiero hacerlos"... pero me costaba llevarla, dos días no fue, no pudo despertarse... la llevo caminando, a las dos cuadras dice "ya estoy cansada"... (se escucha la voz de la niña de fondo) por ejemplo ahora... la hermana no está y ella le está revolviendo todo a la hermana... desafía siempre... "¿podés dejar eso Aurora?" (dirigiéndose evidentemente a la niña). No sé qué le pasa, no entiendo porque hace eso... lo de la hermana fallecida ella no lo vivió, sí lo vivió la nena grande."*

En el relato queda subrayado un síntoma, los problemas para dormir, que quedan anudados, cadenas asociativas mediante, a la muerte de una hermana, la separación parental y el ingreso a la escolarización formal, interrumpida muy precozmente por el advenimiento del coronavirus. En este encuentro a dos voces la niña hace lo suyo para ser incluida y su voz también es escuchada. Sufrimiento y enigma ("No sé qué le pasa, no entiendo porque hace eso") junto a una negación reveladora ("Lo de la hermana fallecida ella no lo vivió") convocan a la función analítica. En un encuadre atípico, eso sí. Esta consulta seguramente hubiera transcurrido en un consultorio, o espacio similar, de una institución a la que habrían asistido madre e hija al encuentro de un otro disponible para recibir una demanda. Posiblemente la madre hablaría, como ahora y la niña haría uso de hojas, lápices y juguetes para aportar su perspectiva de la consulta. Se hubiera tratado de un encuentro donde las voces anclarían en gestos y movimientos de cuerpos tangibles.

A: ¿Cómo fue el fallecimiento? ¿Qué sucedió?

M: *"Nació con un problema... la operaron tres veces, pero falleció a los 10 meses... al final lo asimilás... no hay otra opción..."*

A: ¿Luego de nacer?

M: *"Tomó pecho... siempre fue de buen comer... aprendió el control del pichí y de la caca, pero ahora se hizo dos veces... (Se escucha que la niña dice "café, café", impresiona como un pedido a la madre)"*

"Ha habido muchos cambios, ahora ver menos al padre, tomó otro trabajo... hace 2 años que me separé... siempre iban a lo del padre, los llevaba a la casa de su padre, él vive con el padre, el abuelo de ellos, tienen un abuelo muy presente... por suerte. Se me quiere acostar conmigo a ver dibujitos, puede dormir tres horas y se levanta, me ha dicho que tiene pesadillas... anoche le apagué la luz, y me dijo que tenía que prenderle la luz...se asusta también cuando llueve, ahí hace ruido, por el techo de chapa... mete un ruido, se asusta, a veces mucho... me dijo que extraña al padre...a la amiga, con la que jugaba que se mudó. Tiene miedo a lugares oscuros..."

La disminución del contacto con figuras paternas parece conducir a Aurora a un acercamiento peligroso con la madre, desencadenando una sintomatología fóbica importante. Aparato psíquico en construcción que requiere de la terceridad de la función de interdicción. El siguiente fragmento muestra el desborde y la búsqueda de la ley por parte de la madre.

A: ¿Jugar?

M: *"Le gusta jugar con el hermano, se entienden y juegan, hay veces que sí... pienso cuántas cosas han pasado en la vida, la nena grande perdió a su hermana, a la abuela por el lado de su papá, y nada, yo sé que no se puede comparar, pero le va bien en la escuela y todo... a Aurora le estoy dando flores de Bach, le dieron pase a psicóloga en la Policlínica, ya tengo la hora, pero no sé si estarán atendiendo, si no me cancelan iré... Antes de ayer fue desesperante, no sabía qué hacer "subime el volumen" y hasta que no lo hice no paró, unos berrinches horribles, grita, quería despertar al hermano, además se lastima, ya van 3 veces a la emergencia, una en la cuarentena, por pelear con el hermano. Otra vez se resbalo, se pegó con una silla... "No te asustes mamá no me pasó nada". Muy acelerada todo el día, no se cansa. Me desafía mucho... quiere tomar mi lugar. El otro día le inventé que había una aplicación que llamaba a la policía por situaciones con niños, ella como si nada, no me da resultado... nada me da resultado."*

A: Qué difícil resulta que Aurora quiera ser como usted, tomar su lugar.

La madre trasmite un desborde que parece ir in crescendo, como el volumen, la contención se muestra fallante y lo que no consigue ser ligado logra su "emergencia" en un cuerpo que se acelera, grita, se golpea y lastima. Cuerpo que tampoco contiene, dando lugar a la enuresis y la encopresis. El intento de contención surge, pero la "aplicación" es falsa y por lo tanto inoperante. La puesta en palabras parece tener cierto efecto y Juana comenzará el segundo encuentro virtual de esta manera:

M: *"Me quedé pensando todos los cambios que hemos*

vivido. Después que hablé con usted mejoró un poco, un día incluso no se hizo pichí en la cama, como usted me dijo, quiere ocupar mi lugar, me lo dijo clarito "quiero ser tú, mamá" ... sí que quiere ser como yo... yo a veces juego un ratito con ella... me dice "yo quiero ser vos para ganar todo y decidir" ... me pregunta "¿cuándo sea grande me vas a comprar pinturas?" Le gusta el maquillaje".

La presencia sostenedora de una escucha, aún sin rostro, resultó eficaz en tanto permitió el desarrollo de cierto trabajo psíquico ("Me quedé pensando") que pudo promover momentáneamente la remisión de un síntoma. En la variación discursiva del "ser como yo" de la madre, al "quiero ser tú, mamá" de Aurora se ubica seguramente un aspecto medular del conflicto. Ser como o ser una, disyuntiva ominosa.

"Ah me pasó algo especial, que murió la gatita, tenía sus años y venía mal. Se hizo pis, y luego se echó y se murió, la enterramos, pero la gata estaba como dura y de ojos abiertos. Ella enseguida se dio cuenta y me preguntó, si se había muerto, se dio claramente cuenta, y dijo "se fue al cielo de los animales" ..."se fue al cielo como mi hermana" dijo y yo pensé ¿Qué hago? Y bueno explicarle, ella me dijo "si la hubiésemos llevado a la veterinaria se salvaba" Yo les había dicho que quizá tendríamos que llevarla, pero no dio tiempo" ...

La muerte otra vez presente, traída en la mascota, que siniestramente se hace pis, como la niña, y muere. Es necesario acotar que la muerte está muy presente en esta familia, involucrando tanto a integrantes jóvenes como ancianos, por enfermedad o por accidentes muy trágicos. La posibilidad de que la perra hubiera podido ser salvada denuncia cierto componente negligente ¿será que algo de lo filicida se está jugando? La analista señala a la madre estas preocupaciones de la niña en torno a la muerte, promoviéndose el siguiente relato:

M: "A Aurora le cuesta dormirse, cerrar los ojos, no quiere, por las pesadillas capaz, el otro día le estaba contando Caperucita Roja y me decía *"no le cuentes a él porque el lobo le asusta"*, por el hermano. Lo cuida. Una doctora que me atendió una vez, me dijo que, aunque no hubiese conocido ni vivido lo de la hermana puede influir. *"¿Me llamaste Mami?"* (se siente que Aurora dice con una voz muy clara). *"No, no te llamé, andá a jugar"* (le responde Juana, también se oye la voz del hermano). Mi hija grande, cuando era chica, creía y me decía "vuelven" por los fallecidos, y hace un tiempo me dice "pah, debe de estar grande" por la hermana.

El señalamiento promueve en la madre asociaciones que constituyen hilos con los que ir entretejiendo posibles sentidos. Aurora es una niña que en su filiación queda ubicada luego de la muerte de una hermana. Una muerta – viva que vuelve, se hace grande, configurando una escena que asusta. Seguramente haya que escuchar más sobre este duelo o no – duelo en esta familia y Aurora tiene cosas para decir porque tal vez ha sido convocada o capturada de algún modo, a pesar de que la madre ahora la mande a jugar.

Al finalizar la segunda entrevista se le propone a la madre el encuentro con Aurora, pautándose que será a través de video llamada también de la aplicación WhatsApp.

Agregando imagen

Para el primer encuentro con la niña se establece que también será virtual, pero por video llamada a través de la aplicación WhatsApp, por lo que a las voces se agregará ahora la posibilidad de la imagen visual. La madre llama a la hora convenida desde el patio de la casa. Aurora es una niña muy linda, de cabello lacio, adornado con una vincha. Me presento a la niña, le digo quien soy, que su madre me ha llamado porque está preocupada por lo que le pasa; Aurora rápidamente me dice *"lo que pasa es que tengo pesadillas"* ... al sostener el teléfono aprieta sin querer el botón de apagar por lo que se interrumpe la comunicación, vuelven a llamar y se retoma el diálogo. Le digo que tenemos que hablar de sus pesadillas, me responde que sí porque la asustan. Me muestra – a instancias de la madre- que hizo un gorro y lo decoró, que era una tarea de deberes escolares. Hay mucha interferencia de sonidos por estar al aire libre, a la niña se le dificulta sostener el celular y hablar mirándolo.

Indudablemente se consideró que para el trabajo con la niña el canal exclusivamente verbal de la llamada convencional resultaría insuficiente por lo que se apeló a una modalidad comunicacional que incluyera la imagen. La utilización de la aplicación WhatsApp fue acordada con la madre en función de la disponibilidad tecnológica por parte de la familia. Si bien el Plan Ceibal en Uruguay asegura un laptop para todos los niños en edad escolar, estos dispositivos no siempre se encuentran operativos o no cuentan con las capacidades de conectividad requeridas para el funcionamiento de aplicaciones como Skype, Zoom u otras. Otras veces el obstáculo no se encuentra en el ámbito tecnológico sino en la disponibilidad familiar para el apoyo que la labor requiere. De hecho, una constatación preocupante de las autoridades de la enseñanza pública ha sido que los niños y adolescentes pertenecientes a los quintiles más desfavorecidos de la población son los que han quedado en riesgo de desafiliación del sistema educativo. Estratos medios y superiores han logrado continuar con actividades de aprendizaje en línea, logran conectarse porque cuentan con soporte tecnológico y sostén familiar que lo permite.

Aurora integra una familia poco favorecida por lo que los recursos con los que se cuenta son acotados, como se verá a continuación.

Se establece un nuevo encuentro con la misma modalidad para la semana siguiente. Nuevamente llaman desde el patio de la casa, al aire libre, por lo que cuesta entender lo que dicen. Aurora habla claro y fluidamente pero el dispositivo y la exposición al aire, no permiten una escucha clara. Pregunto si cuentan con computadora y se propone efectuar la sesión a través de la plataforma Zoom para lo cual la madre requiere de la asistencia de la hermana mayor (recuérdese que tiene 10 años), quien finalmente logra la conexión, pero el audio de su computadora no funciona por lo que es necesario retomar la video llamada. Rápidamente Aurora dice: *"Tengo las pesadillas, y mi hermano me pelea... hace cosas, va al cantero donde esta Mandy la gata de mi hermana (se refiere a la mascota muerta y enterrada en el patio de la casa), pisaba, le quería sacar las flores que le pusimos"* Le digo: *"Te preocupas Aurora por la gata que murió, la muerte misma es lo que te preocupa, te asusta"* Me responde enseguida: *"No, eso no... sólo las pesadillas me asustan"*.

Dada la dificultad para escucharla y verla a través de la cámara, decido que la sesión sea corta, y proponerle a la madre que la siguiente sea dentro de la casa, preferiblemente en el cuarto de la niña.

Sin juguetes, hojas y lápices, lo que habitualmente se ofrece a un niño para ir armando texto que relate del sufrimiento, Aurora no tuvo otro camino que el de expresar en palabras lo que le pasa. Parece haber urgencia de ser escuchada, así que ante las dificultades de conexión y luego de restaurada la comunicación enuncia verbalmente con rapidez y claridad su motivo de consulta: las pesadillas que la asustan. Quedan en su discurso asociadas a la pelea con el hermano quien mancilla el ritual funerario para la mascota muerta: vínculo fraterno y muerte. La escena narrada conduce a la analista a otra escena de muerte, donde lo fraterno también está involucrado. ¿Qué retorna en la pesadilla? ¿Se podrán lograr conexiones (no solo tecnológicas)? Este problema de la conectividad presente en el mundo de lo fáctico, ¿constituirá metáfora que remite a otras conexiones?

Para el siguiente encuentro nuevamente llama la madre por video llamada. En esta ocasión la niña está sentada en su cuarto donde se ven cuchetas. La madre expresa *"Hoy me dijo que quería hablar ella sola con usted, así que las dejo"* la madre se retira y la niña se acerca a la pantalla y me dice *"sigo teniendo las pesadillas"* Le pregunto: *"¿Qué soñas?" "¿Cómo son tus pesadillas?" "Sueño con un robot… me quiere agarrar, quiere robar…"* Escucha a su hermano que le dice desde lejos que cambió el canal de dibujitos, por lo que se quiere ir a ver la televisión: "ya lo dije… es eso lo que me pasa… *me quiero ir".* *"Estabas esperando que fuera la hora, ahora hablá con ella"* le exige la madre, *"No. Ya hablé, me quiero ir… no me agarres, déjame…"*

La madre dice que esto le pasa siempre, por la ansiedad, no puede esperar, manifiesta que también le está costando a ella.

M: *Sinceramente yo no sé ya más qué hacer que le sigue costando dormir y se sigue haciendo pichí, ahora además se hace caca parada, jugando, o se esconde y hace en un rincón. Al padre lo están viendo menos por horario de los trabajos y como yo no me hablo con él, lo bloqueé en todos los contactos, no sé cuándo lo podrán ver, ella me dice que lo extraña y que quiere ir a lo de él, pero ahora no sé cuándo irá. Tenía hora reservada para la policlínica, pero las vienen suspendiendo, hoy llamé a reclamar que la doctora la vea, por no sé, ya no tengo paciencia, hablé mal porque estaba enojada, me decían que sólo casos graves e importantes, pero mi hija para mi es importante, y es grave va empeorando. Me dijo que iba a transmitir a las coordinadoras y me llamaban, no sé ya qué más hacer con ella.*

A modo de reflexión final

Llevar adelante el oficio de psicoanalista en estos tiempos se convierte en un desafío que obliga a la reflexión, porque la caja de herramientas con que se cuenta está siendo puesta a prueba. El distanciamiento físico, formulación más adecuada a la de distanciamiento social, así como la exhortación u obligación, según el país, de confinamiento ha alejado a los analizantes de los consultorios. El encuentro cercano, íntimo ha sido sustituido por el encuentro virtual. Este modo de trabajo no surge recién ahora, puesto que la mayoría de los analistas han tenido experiencias en estas condiciones (por razones de salud de sus analizados, geográficas, etc.), pero lo cierto es que se trataba de una situación más bien excepcional o por lo menos no frecuente. Es decir que lo que era excepción o práctica de pocos se ha convertido ahora en regla y trabajo de todos.

Se produce una modificación sustancial del encuadre lo que conduce a revisar una vez más su definición y valor para la práctica analítica. En un rastreo bibliográfico exhaustivo realizado por Schroeder et al (2010) en relación al concepto de encuadre en la Revista Uruguaya de Psicoanálisis (RUP) es posible identificar distintas posiciones subsidiarias en general a los marcos metapsicológicos subyacentes. Esto es así sobre todo para definir la función que cumple, porque en lo que atañe a los aspectos más estrictamente instrumentales las diferencias no son tantas y pueden retrotraerse a los Consejos al médico enunciados por Freud. Naturalmente que con el desarrollo del psicoanálisis de niños surgió toda una línea de pensamiento vinculada a la especificidad del encuadre para el trabajo en la clínica psicoanalítica infantil. En este caso el material ofrecido para el despliegue de la actividad lúdica, así como el lugar de los padres y las variaciones al respecto han constituido los principales aportes.

Se incluirá mucho o poco a los padres, se trabajará en consultorio especial con tales o cuales juguetes, pero que el juego y la presencia de los padres es necesaria no se cuestiona.

Viñar (2002), más del lado de quienes piensan que el encuadre se construye entre dos al modo de una artesanía, plantea que es necesario instalarlo por decreto con una especie de "venga, hable, pague" (refiriéndose al análisis de adultos). Dicho acto tendría el valor de rito de instalación pero que no asegura por sí mismo que un proceso analítico transcurra. El "venga" ahora no es posible, ya no al lugar de antes al menos.

El concepto de encuadre interno (Alizade, 2002) ubicó mejor la importancia de la mente del analista en lo que refiere a cuáles son los aspectos más relevantes al momento de reflexionar sobre el encuadre. Esta autora dirá: "Privilegio el encuadre interno como lo que debe estar o lo que hace falta en forma imprescindible para que un tratamiento se juegue bajo el nombre de psicoanálisis".

El material clínico presentado parece ir en la línea de estos planteamientos, algo parece estar construyéndose sin consultorio, ni juguetes. La disponibilidad a la escucha con cierto instrumento de trabajo ya incorporado se presenta como la condición necesaria para que un proceso psicoanalítico se instale. Se trata de una intervención psicoanalítica aún muy incipiente pero que muestra potencialidad. Habrá que buscar los caminos para que un cierto espacio físico – temporal quede fijado, en condiciones de intimidad y que se aseguren elementos mínimos para que se despliegue actividad lúdica. En la medida que se vaya transitando por la experiencia de procesos on line, la reflexión posterior imprescindible sobre la práctica permitirá establecer los ajustes necesarios (frecuencia y duración de las sesiones, tipo de juguetes, grado de asistencia de los padres, etc,). Se trata de un proceso analítico en contingencia mientras la presencialidad no es posible pero lo que es claro es que no se puede esperar hasta que ello acontezca. La niña sufre al igual que la madre y el oficio de analista supone hacerle un lugar al sufrimiento y ver de lidiar con él.

A través de una pequeña viñeta en tiempos de pandemia se puede pensar que la escucha analítica se mantiene flotante, no se hunde, a pesar de las dificultades que se pudieran presentar en la utilización de dispositivos de pantalla, especialmente en el trabajo con la demanda en psicoanálisis con niños pequeños, como Aurora.

Podría resaltarse el sostén, el mantenimiento de la posición del analista, como elemento sustancial que abre al despliegue de fantasías en torno a un síntoma escenificado, dado que la madre y la niña realizaban una suerte de puesta en escena en cada video llamada. Es decir, cuánto el encuadre del encuentro por medio de pantallas arma escenas en las cuales se presentan y representan una gran variedad de fantasías. Las imágenes son en dos dimensiones, pero el espacio de la sesión con niños despliega una suerte de teatralización. Las sesiones que transcurrieron en el patio de la casa, son elocuentes de esto, en una de las cuales incluso Aurora miraba el cantero en el cual se hallaba enterrada la mascota.

En Uruguay el Ministerio de Salud Pública instrumentó una línea telefónica gratuita de atención psicológica, en las dos primeras horas de instrumentada recibió más de 400 llamadas. Estos tiempos de pandemia son tiempos de sufrimiento psíquico que interpelan a los psicoanalistas y sus instrumentos.

Referencias bibliográficas

Alizade, M (2002) *El rigor y el encuadre interno.* RUP 96: 13 – 16.
Schroeder, D; Bertúa, F; Francia, P; Gómez, M; Ponce de León, E.
  (2010) *El concepto de encuadre en la Revista Uruguaya de
  Psicoanálisis* (1956 – 2010) y en la Biblioteca de la Asociación
  Psicoanalítica del Uruguay. RUP. 111: 203 – 227.
Vainer, A (2009) *Del encuadre de Procusto a los dispositivos psicoa-
  nalíticos.* Revista Topia
Viñar, M (2002) *Sobre encuadre y proceso analítico en la actuali-
  dad.* RUP 96: 31 – 36.
Viñar, M (2018) *Experiencias psicoanalíticas en la actualidad socio-
  cultural.* Noveduc: Buenos Aires.

Prof. Adj. Mag. Magdalena Filgueira Emeric

Psicóloga. Profesora adjunta del Instituto de Psicología Clínica,
Facultad de Psicología, Universidad de la República. Programa:
Psicoanálisis en la Universidad.
Integrante del Sistema Nacional de Investigación y de la Agencia
Nacional de Investigación e Innovación.
Psicoanalista en funciones didácticas de la Asociación Psicoanalíti-
ca del Uruguay (APU).
Docente titular del Instituto de Psicoanálisis. Magister en Psicoaná-
lisis Instituto Universitario de Posgrado en Psicoanálisis. (APU)
Integrante de la Comisión Directiva de la APU. Directora de Publi-
caciones de APU.

Prof. Tit. Dra. Susana Martínez Ferreira PhD

Licenciada en Psicología. Doctora en Psicología por la Facultad de
Psicología y Psicopedagogía de la USAL. Magister en Psicoanálisis.
Psicoanalista.
Profesora Titular del Instituto de Psicología Clínica de la Facultad
de Psicología de la Universidad de la República. Montevideo. Uru-
guay.
Miembro de la Asociación Psicoanalítica del Uruguay (APU), de la
Federación Latinoamericana de Psicoanálisis (FEPAL) y de la Aso-
ciación Psicoanalítica Internacional (IPA

Transformaciones en el encuadre de los tratamientos con niños a partir de la pandemia del covid 19

Beatriz Markman Reubins

Considero que el establecimiento del encuadre antes de iniciar el proceso psicoterapéutico es uno de los aspectos más importantes en el comienzo del psicoanálisis y la psicoterapia. Es una ubicación en el tiempo y en el espacio, por ejemplo las horas convenidas para las sesiones, y el consultorio como ámbito en que se desarrollan. Actualmente tenemos que enfrentar y modificar el encuadre debido a la cuarentena, donde el consultorio presencial debe modificarse a virtual.

En psicoanálisis, como también en otras modalidades psicoterapéuticas, ofrecer el encuadre al paciente es darle estabilidad en el tratamiento a través de la persona del psicoanalista, y un lugar donde el paciente, ya sea niño o adulto, sienta que va a ser escuchado, entendido y ayudado. Naturalmente, en el análisis de adultos va a ser diferente al tratamiento con niños. Con adultos y adolescentes será preponderantemente verbal; con niños se necesitarán elementos que les permitan jugar y desplegar en el juego sus conflictos y emociones.

Quisiera hacer un recorrido de este aspecto del proceso terapéutico, de acuerdo a las diferentes teorías adoptadas por los distintos países, las cuales van acompañadas de sus correspondientes encuadres. Lo haré desde el comienzo de mi carrera en Buenos Aires, casi 50 años atrás, hasta que emigré a Nueva York, USA, hace ya casi 40 años.

Inmediatamente después de finalizar la carrera de Medicina y antes de iniciar mi formación psicoanalítica en la Asociación Psicoanalítica Argentina tuve la oportunidad de viajar a Europa y observar las características del encuadre en la Clínica Anna Freud, llamada entonces Clínica Hamsptead, en Londres, y en el Centro Alfred Binet, de Serge Lebovici y René Diatkine en París.

Sabemos que los encuadres en el comienzo fueron muy rígidos (por ejemplo las frecuencias de sesiones), volviéndose más flexibles a lo largo del tiempo. En este momento, en el mundo entero y debido a la pandemia del coronavirus y el establecimiento de la cuarentena, la necesidad de flexibilidad y adaptación es enorme. Tenemos la ventaja del gran desarrollo de la tecnología, que nos ayuda a continuar en cierto sentido con la estabilidad que el paciente necesita, especialmente en esta época de incertidumbre e inestabilidad.

Para lograrlo, nos enfrentamos con un gran cambio y necesidad de reestructurar el encuadre tradicional en el consultorio, con cada paciente, de acuerdo a su edad, usando nuestra creatividad para llegar a un modelo que nos permita la interacción no sólo con el paciente, sino también, en el caso de los niños y adolescentes, con los padres y la familia, diferente al que veníamos aplicando hasta ahora a lo que me referiré más adelante.

Pero antes quiero presentar algunas viñetas clínicas, que creo nos ayudarán a pensar, considerando las necesidades de cada paciente, creando distintos modos de interacción para adaptarse a la realidad que nos toca vivir, y teniendo en cuenta la global incertidumbre en muchos niveles, ya que no sabemos cómo seguirá evolucionando este desafío, ni cuándo ni cómo terminará.

Como sabemos, en la Argentina en los comienzos, de la especialidad en niños en APA, seguía la teoría y técnica de

Melanie Klein, donde Arminda Aberastury era su embajadora. Trabajé varios años en un pequeño consultorio con un baño contiguo y su correspondiente lavabo, donde se podía integrar el agua a los juegos.

Cada paciente tenía su caja, donde había juguetes variados, así como papel y lápices siguiendo las indicaciones de Klein, y con ellos el paciente podía hacer lo que quisiera. (Markman Reubins, (2014) pag 113). Es decir atacarlos, romperlos, jugar o dibujar. Esto le permitía la elaboración de sus conflictos y emociones que interferían con su adaptación y a veces lo llevaban a la necesidad de destruirlos.

A medida que el niño maduraba psicológicamente, el cambio se producía en la resolución de sus síntomas y su conducta, comenzando por sentir la necesidad de reparación de lo destruido, y arreglar lo que previamente había destrozado y cuando llegaba a esa etapa, sabíamos que el paciente estaba integrando su mundo caótico.

Voy a describir dos pacientes para que pensemos como se los podrían analizar con las limitaciones de la cuarentena en las circunstancias actuales, y /o situaciones que necesitan el uso de la tecnología como encuadre para nuestro trabajo, de manera que la comunicación será virtual, a través de la pantalla en sus casas, y no presencial en el consultorio. .

Caso 1

Alicia tenía 3 y años 10 meses cuando la trajeron a la consulta, después de la traumática muerte de su hermanito. Pedro había nacido con una malformación cardíaca, por la cual había necesitado un cuidado continuo, hasta que finalmente murió cuando tenía 1 año y 6 meses.

Mientras estaban los dos en la bañera, la madre fue a buscar sus ropitas, y el niño se resbaló y se ahogó. La madre lo llevó prontamente al hospital, dejando a Alicia sola en la casa, hasta que llegó su abuela, media hora después. La madre volvió a la casa sin Pedro y deprimida. Alicia comenzó obsesivamente a buscar al niño por toda la casa.

Al comienzo del tratamiento, Alicia no quería separarse de la madre. Esta situación se prolongó por unas cuatro semanas, hasta que finalmente entró sola y se dirigió a la pileta del baño, abrió la canilla y empezó a mojarse reiteradamente.

Esto se repitió durante esas semanas, en las que yo le interpretaba una y otra vez que ella necesitaba bañarse, mojarse y estar segura que en mi presencia no le iba a pasar lo que le había pasado a su hermanito. Poco tiempo después, pudo entrar sola, comunicarse verbalmente, dibujar y jugar.

Con esta viñeta quiero compartir el hecho de que la presencia del agua en el encuadre fue fundamental para la expresión del hecho traumático, los conflictos y las ansiedades que Alicia estaba sufriendo en aquel momento.

Caso 2

Erik tenía 4 años y 6 meses cuando el padre hizo la consulta. El motivo era su severa agresión en la casa y en la escuela; lo difícil que resultaba contenerlo, y su enuresis.

Los síntomas aparecieron después del nacimiento de su hermanita, y del posterior abandono de la madre, que se fue de la casa. Los chicos quedaron a cargo de cuidadoras y del padre, quien trabajaba todo el día.

El tratamiento comenzó en el contexto de la influencia kleiniana, donde por entonces no se incluían a los padres durante el proceso; el cuarto del consultorio no tenia objetos, sólo una mesita y dos sillitas. Le ofrecí a Erik una canasta con diversos juguetes que se guardaban cuando terminaba la sesión. El se oponía a ayudarme y dejaba todo desparramado en el piso, siendo yo la que los guardaba cuando él se iba. Después de un tiempo, era una tarea que compartíamos

Al comienzo del tratamiento, Erik era extremadamente agresivo conmigo, y fue rompiendo la mayoría de los juguetes, diciéndome con voz amenazadora "Tengo un cuchillo, una espada, un revolver y un palo". "Voy a continuar matándote".

Entretanto, yo le interpretaba una y otra vez sus temores, su necesidad de ser omnipotente para enfrentar su frustración, sus ansiedades, así como su agresión cuando la sesión terminaba debido al miedo a la separación y la pérdida. Le dije que me atacaba porque se sentía abandonado cada vez que la sesión terminaba, reactivando sus sentimientos de ser atacado y abandonado por los adultos, su mamá y su papá, a los que no podía controlar para que se quedaran con él. .

En una sesión empezó a jugar con agua, y luego atacándome con el agua. Un día, se encerró en el baño, abrió la canilla y no la cerró hasta que abrí la puerta. Por momentos era muy agresivo, me pateaba, golpeaba, tiraba juguetes hacia mí y decía malas palabras. Cuando no respondía a mi puesta de límites, yo interrumpía la sesión.

La interpretación de la transferencia negativa y positiva eran constantes, y después de un tiempo, la conducta agresiva disminuyó hasta que desapareció, y empezó a dibujar. La enuresis también desapareció.

Después de tres años de tratamiento, entró a una sesión diciéndome "¡Mira! está todo roto, necesito goma de pegar y cinta para arreglar todo este lío". Así lo hizo, y poco a poco reparó todos los juguetes. Tiempo después siguió progresando, su agresividad desapareció y mejoró su rendimiento escolar.

Por otra parte, cuando visité la Clínica de Anna Freud en Londres, tuve la oportunidad de conocerla personalmente, en una presentación de de un caso clínico con la discusión dirigida por ella. Le pedí conocer los consultorios y asintió muy amablemente para lo cual me invitó a volver. A la semana siguiente, la presentadora del caso me recibió en su consultorio y me explicó la modalidad de trabajo.

Apenas entré al consultorio, vi que en una de las esquinas había un lavabo con agua corriente. La terapeuta me explicó que el agua y el fuego son muy importantes para que los niños expresen sentimientos y emociones en cada etapa de su desarrollo psicosexual. Ambos pueden ser usados como representación simbólica de objetos inconscientes y de conflictos.

Es importante hacer notar que Anna Freud incluía siempre a los padres en el tratamiento con los niños: una vez por semana sólo con los padres y tres sesiones con el niño.

En el Centro Alfred Binet, dirigido por Serge Lebovici y Rene Diatkine, se atienden niños y familias, y es también un Centro de formación de psicoanalistas de niños.

Tuve la oportunidad de observar, a través de una pantalla, al Dr Lebovici evaluando un niño y sus padres, en el encuadre de su consultorio. Lo que se destacaba, además de la mesa y sillas, fue la inclusión de un atril con superficie de papel. Allí implementaba el método del garabato, creado por Winnicott.

Me conmovió que Lebovici, habiendo percibido que el niño necesitaba cercanía y contacto con los padres, por lo cual lo sentó en su falda y le leyó un cuento, siguiendo la sugerencia de Bowlby y su teoría del apego.

Cuando llegué a Nueva York, inmediatamente ingresé al mundo de los psicoanalistas de adultos y de niños, ya que mi marido es médico psicoanalista, con una formación muy similar a la mía pero en EEUU. Si bien no pude trabajar inmediatamente descubrí una gran diferencia en la modalidad de trabajo y el encuadre que se le ofrecía a los niños.

Tanto en el hospital como en la práctica privada, el consultorio estaba preparado para tratar adultos y niños; algunos consultorios privados tenían un lugar separado para ver exclusivamente para los niños.

Además del escritorio, había una mesita, sillas, y juegos de mesa; la casa de muñecas, los Legos, una cocinita de juguete, diferentes juegos de mesa y lápices, pinturas y papeles para dibujar. Todos los pacientes compartían el mismo encuadre y los mismos elementos.

Pienso que el encuadre tanto como el proceso terapéutico ayuda al paciente a ser contenido, a tener un continente como desarrolló Bion, y un ambiente sostenedor *(Holding Environment)*, como conceptualizó Winnicott. Tanto uno como el otro son análogos al cuidado materno desde el comienzo de la vida del bebé

Winnicott (Markman Reubins, 2015) aclara que ese ambiente tiene que ser lo suficientemente bueno y suficientemente seguro, lo cual le brinda al paciente el sentimiento de que el terapeuta le va a permitir tomar riesgos en su experiencia de vivir y también permitir surgir al verdadero self.

Agrego que el ambiente sostenedor provee el sustento para la fusión de la agresión y del amor. En consecuencia, facilita la aparición de la ambivalencia y la capacidad de preocupación por el otro *(Concern)* (Winnicott, 1963), que lleva a la madurez y a la responsabilidad.

Además el encuadre, como un entorno constante, forma parte de la constancia que el paciente, así como el bebé, necesita de la madre, y el paciente del terapeuta. Como hemos dicho, Winnicott describe este espacio como función sostenedora o holding. Afirma que el rol del terapeuta es devolver al paciente lo que él/ella trae a la sesión, así podra encontrar su propio Self y existir como uno mismo y relacionarse con el objeto como uno mismo.

Bion lo pensó en términos de contener y digerir, focalizaba en la función de la madre como desintoxificante, quien procesará las experiencias negativas a través de su función de *reverie*, con la atención relajada que se comunicará por identificación proyectiva. (Rudi Vermonte, 2019, pag 22). Bion utilizó el término *reverie* para explicar el vínculo del bebé con la madre, cuando funciona como un sistema de transformaciones del mundo de los objetos proyectados por su bebé. (Catz, H. *La reverie materna y sus patologías*)

El desafío de este período de pandemia nos hace pensar en cómo podemos permitirnos entender esta problemática creando un espacio para elaborar los conflictos y las intensas emociones que aparecen en el paciente. Tenemos que pensar, cómo podemos adaptar nuestro encuadre ante las presentes circunstancias, cuando no podemos ver al paciente en nuestro consultorio y tenemos que hacerlo usando los medios tecnológicos que nos permiten llegar a el/ella, por ej. Skype, Face Time, Zoom, etc; considerando que es una realidad compartida por todo el mundo, incluyendo el analista.

En los momentos actuales tenemos que pensar cómo llegaremos a comprender los impulsos agresivos que llevan a la destrucción y al ataque, sin que se destruyan objetos indiscriminadamente, y/o personas, como en este caso los padres y los compañeros de la escuela, considerando que el aislamiento actual incrementa entre otras cosas la hostilidad y la impotencia. La inclusión de los padres será necesaria con los niños, de acuerdo a su edad, aunque el psicoanalista tendrá que diseñar creativamente la manera en que ellos serán incluidos.

El caso Alicia nos lleva a pensar en la utilidad del agua, de que manera podremos incluirla cuando trabajamos a traves de una pantalla, ya sea por cualquiera de los programas que tenemos actualmente.

José Bléger pensaba que nosotros mismos somos el principal instrumento, quien decidimos cómo y cuándo actuaremos, metabolizamos todas las teorías y finalmente, somos nosotros mismos trabajando. En este momento, tenemos que incluir la pandemia como un fuerte factor a incorporar en nuestra decisión y acción. Sabemos que el vínculo será virtual, y dependerá de cada paciente como organizaremos el otro lado de la pantalla.

Hasta este momento todavía no se ha organizado una manera especial de manejar por ejemplo la necesidad del niño de romper, agredir y rechazar. Dependerá de su edad como instrumentaremos la tecnología que tenemos; con niños pequeños tendremos que contar con la colaboración de los padres. Con adolescentes será a través de la comunicación verbal.

En mi experiencia, creo que no es lo mismo trabajar con sesiones presenciales a virtuales, pero la posibilidad de seguir con el tratamiento, continuar con la estabilidad y la presencia, aunque sea virtual del analista, permite que el proceso analítico continúe siendo productivo. En este momento no hay opción debido a la cuarentena, pero hay circunstancias en que para continuar con el mismo analista, el tratamiento tiene que cambiarse a virtual, lo que permitirá la consistencia, tan necesaria para la maduración y resolución de conflictos.

El caso Erik nos permite pensar en la necesidad de ofrecer al paciente un encuadre que le permita sentirse completamente libre para actuar sus conflictos, ansiedades y agresiones. Si rompe objetos que más tarde puede reparar, le permitirá entender la profundidad de sus impulsos destructivos con ese objeto, y se extenderá a la realidad que lo rodea. En caso contrario, la posibilidad de mantener su tendencia a la agresividad seguirá viva.

Tenemos que tener muy en cuenta lo que Anna Freud nos enseñó, cuando el paciente mostraba agresividad. Tendremos que estimular al paciente a "poner en palabras". Esto quizás en algunos casos, estimule la capacidad verbal del niño y así resolver sus conflictos con la agresividad. Quizás este es un aspecto positivo de la pantalla, que nos fuerza a usar más el lenguaje.

En el caso de los adultos, si bien sabemos que todo conflicto o trauma presente va a reactivar siempre los traumas del pasado, no tenemos que perder de vista que a esto se le suma que estamos en un trauma global donde es importante tener en cuenta la solidaridad. Darse cuenta de que el otro también está sufriendo es parte de nuestro trabajo diario y transmitirlo a los pacientes es sumamente importante e imprescindible en este momento, ya que algunas configuraciones psicopatológicas socialmente aceptadas desconocen que el otro existe.

Para poder trabajar con niños, es necesario encontrar representaciones para su vida subjetiva con los cambios que impone la cuarentena, la cual nos abarca tanto a ellos como a nosotros. Necesitamos también de la colaboración de los padres para facilitarles a sus hijos los medios virtuales y los espacios dentro de la casa (en la cual de algún modo nos metemos, lo cual no debe resultarles fácil Son espacios indispensables para que se puedan desarrollar las sesiones, y de nuestra parte avenirnos a esas posibilidades de horarios que ellos nos ofrecen, de acuerdo a su vida familiar y laboral.

En otras palabras, vamos a crear un encuadre diferente, pero guiándonos por las teorías y la práctica que hemos adquirido, y así encontrar las representaciones para los cambios dentro y fuera de la sesión, y las pérdidas presenciales tanto la nuestra así como de los amiguitos, los abuelos y demás personas significativas para ellos con los cuales no conviven.

En el futuro tendremos que conceptualizar lo aprendido en nuestras prácticas virtuales, y de qué manera pudimos mantener el encuadre interno en estas nuevas situaciones, y qué de lo aprendido en esta etapa, puede resultar quizás interesante incorporar al encuadre tradicional.

Bibliografía

Catz, H. y colaboradores (2020) *Psicoanálisis de Niños y Adolescentes. Trabajando en cuarentena en tiempos de Pandemia*, Editorial Ricardo Vergara, Bs.Aires.

Catz, H. [et. al] (2014) *La reverie materna y sus patologías*, Symposium de la Asociación Psicoanalítica Argentina, 52; Congreso Interno, 42, Talleres,

Markman Reubins, B. (2015). *Los pioneros del psicoanalisis de ninos*. London: Karnac.

Vermonte R. (2019). *En Reading Bion*. London: Routledge

Winnicott (1963) *Maturational Processes and the Facilitating Environment*. London: Karnac

Dra. Beatriz Markman Reubins

Médica Psiquiatra

Psicóloga. Especialista en niños y adolescentes

Psicoanalista. Especialista en Niños y Adolescentes.

Miembro Titular de la Asociacion Psicoanalitica Argentina, de IPA y Fepal.

Miembro Activo de la Long Island Psychoanalytic Society, NY.

E-mail: beatrizreubins@yahoo.com

Diego, entre la invisibilidad / visibilidad de la pandemia. (Reflexiones sobre el análisis de un niño en pantalla)

Alicia Monserrat

> *Las palabras del año que pasó*
> *pertenecen a ese año*
> *y las del nuevo aguardan otra voz.*
> T.S. Eliot

Introducción

En estos momentos tan inéditos que estamos viviendo a causa de la pandemia del Covid-19, las condiciones del encuadre terapéutico formal cambian. Se transforman. Sin ir más lejos, si queremos seguir cuidando los lazos vinculares terapéuticos con niños y adolescentes, no tenemos más opción que utilizar dispositivos digitales. Las circunstancias de la pandemia nos obligan a recurrir a la creatividad como analistas para afrontar nuevos retos, sin dejar de lado los principios teóricos y técnicos que sustentan nuestra práctica.

Considero que el psicoanálisis con niños reside en dos factores fundamentales. Uno es la inclusión de los padres en el análisis del niño, lo que plantea la cuestión del abordaje con ellos. Y el otro, que las intervenciones con el niño puedan ser posibilitadoras de una transformación organizativa en un psiquismo, el infantil, en el que su subjetividad está en vías de conformación.

Diego

Diego, de 8 años, presentó síntomas que motivaron la consulta de los padres, hace más de un año. Comenzó su análisis por sus desbordes de furia que solían estar acompañados de un cuadro de dolor abdominal. Acusaba problemas de aprendizaje en la escuela, además tenía muchas dificultades con los vínculos en el colegio; permanecía aislado en los recreos, sin contactar con nadie observando el juego de los demás niños. "Un niño invisible", dice el padre en relación a las conductas sociales. Estas manifestaciones se hicieron evidentes antes de que los padres se decidieran a consultar, y encontrar fuerzas para hacerlo, al ver a un niño que tiene, según la madre, "tantos miedos al mundo", y que, según frase del padre, quedará aplastado en este mundo globalizado.

Diego es el segundo hijo de una pareja joven, de buena posición económica, con un proyecto de aquí a dos años cambiar de país de residencia. El paciente tiene una relación pésima con su hermano mayor. No sabrían decir si ambos se aceptan; siempre tiene que estar presente algún adulto para evitar auténticas escenas violentas de todo tipo y desbordes verbales.

La profunda crisis depresiva en la que el padre había caído después de la muerte de su propia madre (la abuela de Diego), sufrida durante el embarazo del niño, había recrudecido a partir del nacimiento del bebé. A esto se agregó la pérdida del país de origen de ambos y se sumó una crisis de pánico de la madre que desencadenó la interrupción brusca de la lactancia. La madre expresó que la lactancia la satisfacía y la compensaba de sus carencias; ella sentía que no tenía referencias en el nuevo país para apoyarse. La lactancia sostenía a la madre en la recreación de su propio vínculo madre-hijo, y ocultaba sus tristezas por lo que el destete implicó aún más dolor.

Dado que el padre era el único sostén económico de la

familia, su preocupación por mantener el trabajo, sumada a las características básicas de su personalidad, hacían que su presencia resultara insuficiente en el hogar. Los padres explican que debido a la "culpa" que sentían por semejante historia no pusieron límites al niño, que tenía un carácter fuerte. El duelo de los padres acompañó los primeros meses de vida de Diego. A los cuatro años el niño sufrió un grave cuadro de gastroenteritis, tres días antes de un anunciado viaje del padre a su país de origen por una propuesta laboral.

A partir de ese momento, Diego es atendido por un equipo de pediatras. Según los médicos, el niño no encontraba sosiego y mantenía actitudes fuertemente opositoras a los necesarios cuidados. Los riesgos de la enfermedad agregaban preocupación y dificultades a los padres en el manejo de la situación que, según ellos, sorteaban con dedicación. Tras este episodio dicen los padres que Diego ha permanecido aburrido, sin motivaciones, o por lo contrario con conductas explosivas y destructivas, pero muy pocas veces contento.

Tiempo de pandemia

Sabemos que si en la niñez los cambios abruptos en las rutinas constituyen una dificultad, para quienes presentan padecimientos mentales severos, como en el caso de Diego, el desafío del aislamiento es aún mayor. Ocurrió que Diego exteriorizó distintas manifestaciones, algunas demasiado ruidosas, como el llanto exagerado sin sentido aparente, los movimientos incesantes, las demandas de atención, el enfurecimiento, la agresión hacia los otros o hacia sí mismo, el enojo, la irritación o la alteración en la alimentación y el sueño. También pudimos ver parte de estas expresiones como la reaparición / reedición de situaciones que se consideraban ya superadas en su tratamiento.

Al mismo tiempo se presentaban manifestaciones silenciosas, tales como una mayor retracción o aislamiento, el desinterés por cosas que antes le interesaban, la acentuación de una conducta rebelde / agresiva o de movimientos repetitivos. Ambas formas en distintos grados y podían intercalarse. Estas conductas y emociones, muchas de las cuales también aparecen en niños sin ningún padecimiento o discapacidad, son normales y esperables, y no responden a un desmejoramiento o agravamiento de la salud mental. Pero en Diego resultaba inquietante la posibilidad de empeoramiento o retroceso y solo generaba mayor angustia y sobre-exigencia en sus padres. Abordamos la situación de crisis, que se expresaba con sufrimiento, reacciones producidas por la angustia, temor, irritación, desgana o tristeza, con el repertorio de herramientas psíquicas con el que contamos. Lo importante era recordarles a los padres que estas manifestaciones de Diego y también sus preocupaciones en el ámbito del grupo familiar se producen en el contexto de la pandemia. Mientras esta dure deberemos reconstruir la cotidianeidad que se nos presenta, que nos impone muchos cambios, como hacer las sesiones por este medio telemático.

Al comienzo de la pandemia y en relación al tratamiento de Diego constaté la importancia de la escucha y la voz para el paciente así como el lugar asignado a mi función por parte de los padres de Diego. Entiendo que, para ellos, continuó siendo una red de sostén emocional y que, desde esa transferencia positiva, pude intervenir mediante las redes virtuales. Diría que la función del analista a través del cuerpo simbólico presencial —imagen virtual— sigue siendo referencia de la alteridad que contiene y habilita el vínculo *trans-contra transferencial* para comprender el padecer del paciente en la situación de aislamiento actual en el entorno familiar.

Sesiones en pantallas

Diego, en las primeras sesiones telemáticas, se presentaba sin hablar, como si estuviera muerto; algunas veces daba la espalda a la analista. Su tristeza iba más allá, su figura trasmitía un aspecto melancólico. Esta situación se repitió durante tres semanas de tratamiento, aproximadamente. La escena representaba a un niño deprimido. La analista, en un intento de evitar la intrusión, respetó esos silencios, y fue acompañándolo con palabras, dibujos, y también desde un silencio que podríamos llamar de elaboración. Entendió que la relación transferencial se había eclipsado y, al producirse de modo virtual, había ocurrido un corte abrupto que generó en Diego una reverberación de sus ansiedades más primarias y la corrosión de la confianza básica instalada en el período de tratamiento anterior al confinamiento.

En otra sesión, tras los primeros minutos en los cuales Diego estaba tendido en el suelo, se levantó, fue al lavabo de su casa, trajo un trapo húmedo y al volver a la pantalla-sesión trató de limpiar una marca que tenía en su mesa de estudio. Dice que es imposible quitarla, aunque él lo intenta con todas sus fuerzas. El empeño frustrado de Diego en borrar las marcas sugiere a la analista su preocupación y su forma de expresar el miedo y la frustración por no poder salir y acudir a la consulta.

Esta situación de pandemia-confinamiento ha activado en Diego un núcleo de angustia primario que le provocó cierta regresión, manifestada través del acto de tumbarse en el suelo y permanecer callado y acurrucado como encapsulado y protegido en el útero materno.

Aunque, en otras ocasiones, parecía que Diego se desvinculaba más de lo habitual, pero en un a *posteriori* en realidad lo pude pensar como un momento de *insight* a partir del cual el niño comienza a tener un modo de funcionamiento más interactivo con la analista.

Durante la sesión, surge un punto de angustia que lleva al niño a acurrucarse en el suelo; sin embargo, ese momento condiciona la posibilidad del despliegue de un espacio entre el niño y la analista, en el cual la interpretación funciona al modo de un objeto transicional.

En otra sesión Diego escribe el nombre de la analista en una nave pintada de colores, y luego en otro dibujo, muy borroso, pinta un muñeco y escribe "zombi", para después borrar esa inscripción y escribir el nombre de la terapeuta. Entre otras interpretaciones posibles, pienso que ya se ha producido / logrado un tipo de transferencia en línea / virtual donde la proyección de un tipo de relación de objeto es trasladada al vínculo transferencial, muerto-vivo.

La fantasía de la pandemia está contenida en la inscripción "zombi", es decir un muerto viviente. Diego manifiesta la esperanza de cura al colocar frente a su dibujo zombi, borroso, el nombre de la analista en colores, dentro de una nave-cuerpo, envoltura materna en la transferencia. La nave remite a la identificación materna idealizada, con sus componentes defensivos frente al objeto persecutorio.

Los viajes en avión a los que Diego alude en otra ocasión evocan a la analista contrastados recuerdos de momentos anteriores en sus análisis con la identificación paterna (el trabajo del padre le obliga permanentemente a viajar en avión). El avión condensa también sus deseos de ir al país de origen de su madre y al mismo tiempo a sus intensos temores de viajar en avión y caer en un mar peligroso y desaparecer.

En todo caso estamos en un viaje analítico en medio de mucha incertidumbre.

Podremos entender que en la transferencia la analista es una figura materna idealizada, que parece tener de todo y lo mejor, pero que también la idealización que propone el paciente es una defensa ante la persecución adicional que le provocan estas sesiones-encuentros a través de los dispositivos digitales.

En sesiones posteriores, en cambio, dibujó una familia muy pequeña a la que agregó manchas enormes y donde el cielo y las nubes eran negros. No hablaba y estaba sentado frente a su tableta, con un aspecto de tímido, casi sin mirar al analista; parecía enfadado, por momentos muy triste. Se presentaba y mostraba a la analista las manchas oscuras y personas minúsculas, que tendían a desaparecer, a ser invisibles. Desde el punto de vista de la contratransferencia Diego tendía a lo invisible pero con mucha presencia en la pantalla.

Lo impactante del dibujo era la desproporción entre un cielo amenazante y los niños pequeñitos, que parecían expresar la opresión y desvalimiento en un entorno de elementos oscuros, difíciles de sobrellevar o remontar. No obstante en Diego continuaba presente el pedido de ayuda.

En ese sentido es posible predecir que los juegos mediados por el ciberespacio, con la presencia no intrusiva de la función del analista, podrán convertirse en herramientas útiles al servicio de la elaboración psíquica y emocional del crecimiento mental. Es decir una forma de establecer un tercer espacio con objeto de experimentar, al modo de espacio transicional potenciando la creatividad. (D. Winnicott, 1979).

El espacio transicional es una tercera zona entre el niño y la madre, un espacio potencial entre ambos donde se desarrolla el juego como efecto de la creación de los objetos transicionales por parte del bebé (Lewin, 2004). El niño, a su vez, podrá usar al analista como objeto, dado que queda fuera de los fenómenos subjetivos, y podrá realizar contra él las embestidas e intentos de destrucción simbólica, lo cual irá permitiendo su acceso a la realidad.

Los efectos del confinamiento en la vincularidad intrafamiliar

La necesidad de movimiento de Diego, algo propio de la niñez, obligó a reordenar el hábitat familiar, para permitirle recorridos distintos en el espacio del hogar. En las sesiones, la analista escuchó a unos padres angustiados y en muchos momentos esa angustia no era manifiesta.

La función de la analista se presenta como un *contemporizador* de las frases constituyentes de los padres, relato y/o versiones que recaen sobre Diego y que muestran desamparo o indefensión realmente conmovedora: Niño invisible, con miedo o aplastado, según ellos. Y por otro lado los desbordes de rabia frente a lo social extraño presentificando lo indómito del coronavirus como aquello que se impone más allá del principio del placer. Queda claro para la analista que la repetición en estos espacios parentales no es simple reactualización del pasado del niño y de su propia historia sino encuentro en transferencia de un tiempo que pasa y no pasa. redimensionado por la pandemia. La analista, al percibir que no solo Diego no quiere jugar, sino que tampoco los padres se encuentran con disposición hacerlo por su estados emocionales, pareciera que es importante que no se sientan culpables por eso, en tanto la culpa puede llevarlos a mayores sensaciones de impotencia y de conflicto consigo mismos y con su hijo, cuando sienten que no se acomodan a lo que "debería pasar". Aquí mis señalamientos giran a que estamos en una situación muy nueva y por ende cada cual hará lo que pueda.

Hay que lograr que el aislamiento no implique el encierro total, Esto es evidente que podría ser extensible a otras situaciones en el campo de la infancia y la adolescencia. Como parte del trabajo analítico, hago llegar a los padres propuestas e invitaciones que ofrecen las redes formativas escolares para el niño, así como las de los equipos de salud y centros educativos terapéuticos que apuestan por el sostenimiento de los lazos construidos y la capacidad vincular, que se ve limitada en la actual situación de aislamiento social, preventivo y obligatorio. En el tratamiento de Diego he respondido puntualmente a los padres con ideas prácticas, al haber detectado temores y angustias que requieren grandes dosis de tolerancia; en las sesiones hemos abordado estrategias para fomentar la creatividad y que en esta situación con sus hijos no pierdan nunca la esperanza. (A. Monserrat, 2005).

Enlaces y aperturas

Diego, en sus sesiones virtuales, trae escenas que develan otras, y muestra su "juego". En 1920, Freud señalaba la analogía entre la relación de transferencia con el juego a través de la compulsión a la repetición, que permite descargas de excitación en pequeñas cantidades, pulsión de dominio e inversión del control. Lo paradójico del juego virtual es que sigue remitiendo a "otra escena", a un no juego, que utiliza signos de otro acontecimiento que está en relación con la ausencia para que, de alguna manera, el juego pueda continuar y abrirse a otras posibilidades. La elaboración psíquica a través del juego representa y oculta, por una parte, y por la otra nos muestra el dolor de Diego y cuán inerme se siente y nos devela la situación depresiva de sus padres y de sí mismo. El hilo que une ambas escenas, la palabra del analista en la interpretación y su deseo de analizar, está tejido en el privilegiado campo que se construye en la sesión, es en ese entre dos donde expresiones de amor y odio se juegan en plenitud en la transferencia. (Peñalver, J.L, 1993).

Los analistas somos conscientes de que asistimos a una transformación de nuestra práctica. Los psicoanalistas de niños y adolescentes nos encontramos explorando lo desconocido; esta crisis se nos presenta como un reto inédito, sorpresivo y novedoso y, si bien las dificultades nos atraviesan, me he visto abocada a re-pensar el lugar de la infancia y la adolescencia en nuestra cultura. ¿Sujetos ignorados? ¿O sujetos sujetados a normativas sin considerar? La infancia y la adolescencia son sujetos de derecho y actores protegidos, sociales, legales, que no pueden ser ignorados en las decisiones que se toman, ya que son el futuro de la comunidad global, de nuestra humanidad. Escucharlos, tenerlos en cuenta, contar con ellos es una forma de contribuir al crecimiento de nuestra disciplina para abordar el padecimiento de los niños y adolescentes ante la experiencia trágica que envuelve estas circunstancias. Los profesionales de la salud mental contamos con las herramientas conceptuales que brinda el Psicoanálisis. Su potencia transformadora, en momentos tan difíciles como estos, más que nunca debe estar al servicio de toda la sociedad y en particular de los niños y los adolescentes.

Bibliografía

Freud, S. (1920): *Más allá del principio de placer*. Buenos Aires, Amorrortu Editores, 1986.

Green, A. (1983): *Narcisismo de vida, narcisismo de muerte*. Buenos Aires, Amorrortu Editores, 2001.

Lewin, M. (2004): *Juego, fantasía: del más allá al espacio transicional. Piscoanálisis*, 26 (2), pp. 351–374.

López Peñalver, J. L. (1993): *"Vacío, dolor mental y creatividad. El vacío mental"*. Anuario Ibérico de psicoanálisis, III, pp. 63-90.

Monserrat, A. y col. (2005): *"Reflexiones sobre la sexualidad infantil y puberal. El impacto de «lo infantil» en el psiquismo del analista"*. Revista de Psicoanálisis de la Asociación Psicoanalítica de Madrid. 46 (5).

Winnicott, D. W. (1971): *Realidad y juego*. Barcelona, Gedisa, 1979.

Dra. Alicia Monserrat

Doctora en Psicología. Miembro titular de la Asociación Psicoanalítica de Madrid y reconocida como psicoanalista de niños y adolescente por la Asociación Psicoanalítica Internacional. Brinda capacitación y supervisión e investigación campo de la Salud Mental. Experta en Grupos Familia y Pareja e Instituciones. Profesora, Docente de Master Post Grados Universitarios de Psicología General Sanitaria. Actualmente es Coordinadora del Grupo de trabajo de familia y pareja y Directora de la Comisión de Publicaciones de la APM. Autora y coautora de numerosos artículos científicos y de varios libros.

Crisis melancólica grave en paciente bipolar. Inervención en agudo a la distancia

Erica Guadalupe Morais
Ricardo Juan Rey

Cuando me convocaron para atender la crisis melancólica grave de Liliana, los elementos concomitantes no podían ser más desalentadores:

La paciente, argentina de 52 años se encontraba con un severo cuadro de melancolía de 6 meses de duración, con antecedente de depresiones severas previas. Ella refiere que duerme 12 hs al día, que se bañaba sólo una vez a la semana, y está adelgazada, desaliñada, distante, y llena de tristeza, refiere comer poco por su indecisión paralizante acerca de cuál alimento ingerir.

Pero como si todo esto fuera poco, Liliana estaba viviendo desde hace 7 años en una isla en Indonesia, carente de servicios de Salud Mental, sin posibilidades de traslado a Argentina y estaba medicada a la distancia por una psiquiatra argentina con lamotrigina y olanzapina sin respuestas favorables.

La entrevista inicial por Skype ocurre a altas horas de la noche por la gran diferencia horaria con Indonesia. Liliana responde escuetamente a las preguntas, afirma que no cree que alguien pueda ayudarla, que su vida ya no tiene sentido y que quizás este mejor muerta, confesando una ideación suicida, pero no revela su plan premeditado. Afirma vivir en un barrio tétrico, oscuro y se siente rechazada por el lugar y su cultura, vive sola, pero pasa los días acostada en el living de la casa de su ex marido que vive a cuatro cuadras de su casa.

El desencadenante de esta crisis grave habría sido la ruptura con una pareja con Gustavo que había durado 3 años. El vínculo entre ambos era tormentoso y la relación se había terminado porque Gustavo ansiaba ser padre y Liliana ya estaba menopáusica.

El panorama era complejo, peligroso y frágil: una paciente melancolizada con ideación suicida sin apoyo familiar ni amigos, sola con su ex marido, sin posibilidad de internación con severo deterioro físico y en Indonesia.

Ante este panorama decido implementar un dispositivo de emergencia a la distancia. Acuerdo con la paciente en verla en sesiones diarias de 40 minutos de lunes a lunes, y la posibilidad de comunicarnos por Whats App las veces que fuera necesario, junto con la realización de entrevistas con su ex marido (que paga sus sesiones y sus medicamentos), con la madre (residente en España), con el padre y con su hermana 3 años menor que ella. Estas entrevistas se realizaron, con el objetivo de lograr una rápida reconstrucción de su entorno infantil.

Antecedentes personales y familiares relevantes

La madre de Liliana, Ana es una artista plástica, impresiona ser una bipolar con alto grado de inestabilidad afectiva. Su vida ha trascurrido en la precariedad económica siempre y actualmente con 80 años vive de la ayuda estatal en España. Sus oscilaciones del humor le han impedido cierta pausa de reflexión. Liliana refiere que siempre ha vivido a su madre como opresiva, como un obstáculo para su crecimiento. Cuenta que su madre se entremete siempre en su vida y que hasta tuvo vínculos amorosos y sexuales con parejas suyas.

El padre llamado Juan (como su ex marido) siempre quiso mucho a Liliana, actualmente reside en Argentina, trabajó como visitador médico. Luego del nacimiento de Liliana comenzó con un alcoholismo que le generó problemas laborales. Ello provocó muchos problemas con Ana. La madre acusa a Liliana de haber provocado el alcoholismo del padre con su nacimiento. La violencia familiar era común y giraba alrededor de acusaciones del padre a su esposa por supuestas infidelidades.

Cuando Liliana tiene 14 años sus padres se separan, y dos años después Ana se va sola por 4 años a España dejando a Liliana y a sus dos hermanos menores en Argentina. Cuando Liliana tiene 20 años, ella y sus hermanos viajan a España, se reencuentran con la madre y viven con ella allí.

En España, Liliana conoce a su esposo Juan (el que le es presentado por su madre) con quien se casa y mantienen un matrimonio por 22 años. Juan no quería ser padre e instigó a Liliana a efectuar dos abortos provocados. Los últimos años de la relación transcurren de crisis en crisis, con infidelidades de ambos.

Ya separados, Juan se radica en Indonesia y Liliana luego de varios negocios ruinosos en España decide irse a vivir allá, asociándose con su ex marido en un negocio de exportación de muebles a España, manteniendo ambos un vínculo de amistad.

Evolución del tratamiento

El diagnóstico de la paciente corresponde a una enfermedad bipolar, basándose para ello en los antecedentes familiares (madre bipolar), la presencia de depresiones reiteradas que comienzan antes de los 20 años, intercaladas con episodios de hipomanía leve, con antecedente de migrañas y colon irritable (dos patologías muy asociadas a la bipolaridad) y su tendencia artística como decoradora de interiores.

Por la gravedad de su estado actual se cambia su medicación psiquiátrica a litio y aripiprazol. Estas medicaciones son enviadas por avión desde Buenos Aires ya que son difíciles de conseguir en Indonesia.

El intensivo soporte de las sesiones cotidianas de lunes a lunes permite avanzar lenta pero firmemente en su recuperación.

En el intento de reconstruir su vínculo materno en los primeros años de su vida se parte de las ideas de J. Hassoun [2] que describe al melancólico como a un niño abandonado demasiado pronto por una madre demasiado ocupada en su propia imagen. Completamos esta descripción considerando una madre con un vínculo a dos tiempos: a) momentos de intrusión permanente, como madre que nunca se ausenta (impidiendo mini frustraciones que faciliten el desarrollo del mundo interno del niño) b) con otros períodos de madre que podríamos denominar "abandónica", donde por sus propias depresiones la madre le da la espalda y la ignora totalmente.

Cuando Liliana en su infancia se siente ignorada redobla la apuesta vincular sobre actuando su bondad y dedicación a su madre, pasando así ella a sostener a su madre, reinvirtiendo los roles, con la esperanza de forzar así el contacto con ella. Pero simultáneamente se llena de odio, rabia y rechazo.

En otros momentos, ella se echa toda la culpa del no registro materno y se considera a sí misma como no querible, fea, horrible, estúpida, incapaz y saca la conclusión de que es por todo ello que la madre no se digna a mirarla. [4]

Los momentos de retracción depresiva materna coexisten probablemente con momentos en los cuales Liliana intentaba cierta satisfacción con objetos sustitutos (el padre??) con lo cual se liga en su mundo infantil lo placentero de la satisfacción con el alejamiento materno. Ello se refleja en su anhedonia (pérdida de todo deseo, aún de aquellas cosas que siempre la habían atraído), la indecisión alimentaria (si como algo y disfruto, me quedo sin madre). No permitirse el placer del baño juega en esa misma línea.

Todos sus intentos emocionales están dirigidos a retener el vínculo con ese objeto abandónico, que es como un conjunto vacío, del cual nada se recibe, pero del cual no se puede prescindir por ser el sustentador del psiquismo de Liliana.[5]

Cuando el objeto sustentador abandónico es introyectado (la sombra del objeto cae sobre el yo) los reproches y demandas del objeto se transforman en demandas y autorreproches [1].

Liliana tiende a cuidar obsesivamente a los otros, de quienes ella es altamente dependiente, por ello, ante el abandono de su pareja se repite su crisis originaria de vulnerabilidad, desamparo y colapso de su autoestima.(3)

El deseo de separarse del objeto abandónico provoca simultáneamente culpa y orfandad ya que el objeto abandónico es el sustentador del psiquismo.

El dolor psíquico intenso se produce porque la pérdida del objeto arrastra consigo a la pérdida de partes del sí mismo, quedando como remanente una herida abierta en el psiquismo que no para de sangrar con empobrecimiento libidinal.

Liliana se refugia en una regresión a un objeto nostálgico (como anhelo doloroso del retorno del objeto), pero esa nostalgia invade al paciente con un pasado que ya no puede modificarse. Aparece ahí el remordimiento (oralidad) por no haber hecho determinadas cosas que hubieran cambiado el cariz de los acontecimientos. [6] [7]

Liliana manifestaba una intensa agorafobia, que se interpreta como que se siente protegida en la casa de Juan (que se llama como su padre protector) y el colapso que le genera salir al entorno indonesio descrito como tétrico, oscuro y rechazante (identificado con su madre).

La analista se brinda desde un comienzo como un objeto sustentador alternativo que no abandona pero que tolera micro desprendimientos para generar crecimiento mental, la intensidad de las sesiones al comienzo del tratamiento mantenida durante varios meses permitió que la instalación de dicho objeto bueno fuera eficaz. Ello permite en un segundo tiempo ir soltando las amarras que la atan a su sustentador vacío y abandónico sin sentirse aterrada por la angustia de separación y por la orfandad.

Poco a poco, Liliana se permite ciertas experiencias placenteras y tolera ciertos cambios que se producen sin que surjan catástrofes. Cuando llevaba 8 meses de tratamiento tolera regresar a España a cuidar de su madre que debe ser operada de cadera. Su madre reitera con ella episodios de ataques, reproches y abandonos, lo que la lleva a vivir separada de ella. Consigue un trabajo en España, y puede dejar atrás la etapa de Indonesia.

Actualmente lleva 3 años de terapia, con una frecuencia actual de dos veces por semana por Skype, Liliana ha conseguido formar una nueva pareja, continua en tratamiento sólo con litio, retomó la comunicación con su padre y contempla comenzar a estudiar una carrera de nutrición.

Conclusión

Hemos querido mostrar las bondades de un abordaje enérgico e intenso a distancia en una situación crítica con una paciente bipolar melancolizada de alto riesgo, poniendo énfasis en un abordaje farmacológico y psicoanalítico con alta frecuencia de sesiones y amplia disponibilidad de contacto con su terapeuta.

Bibliografía

[1]-*Freud S Duelo y melancolía,* en Standard Edition XIV 237-259 1917
[2]-Hassoun J *La crueldad melancólica* Ed Homo sapiens Rosario 1996
[3]-Grinberg L *Culpa y depresión, un estudio psicoanalítico* Ed Alianza Madrid 1983
[4]-Castilla del Pino, Carlos *La culpa* Alianza editora Madrid 1973
[5]-Bleichmar H *La depresión, un estudio psicoanalítico,* Ed Nueva Visión Buenos Aires 2002
[6]-Klein M, *Contribución a la psicogénesis de los estados maníaco depresivos* Obras completas Tomo I Paidos Buenos Aires 1935
[7]-Natch S y Racamier PC *Symposium on depressive illnes* Int J Psycho anal XLI, 1960

Dra. Erica Guadalupe Morais

MD Médica clínica, concurrente de la carrera de Psiquiatría del Htal Ramos Mejía de Buenos Aires. Miembro concurrente de la Asociación Psicoanalítica Argentina. Profesora adjunta de Psicofarmacologia en la carrera de Psicología de la Fundación H. A Barceló. Docente de Psiquiatría en la carrera de Medicina de la UBA sede Htal Ramos Mejía.
E-mail: guadalupe.morais@gmail.com

Dr. Ricardo Juan Rey

MD PhD Médico clínico, psicoanalista y psiquiatra. Miembro adherente de la Asociación Psicoanalítica Argentina. Profesor titular de Psicofarmacología en la carrera de Psicología de la Fundación H.A. Barceló. Docente de Psiquiatría de la carrera de Medicina de la UBA sede Htal Ramos Mejía. Doctor de Ciencias de la Salud.
E-mail: reyricardo57@gmail.com

Los sueños diurnos infantiles de la inmunidad y del contagio. Antecedentes sobre la Complejidad Social en Tiempos de Pandemia.

Patricia Morandini Roth
Madrid, VI-2020

Los hombres viven, en general,
el presente con una cierta ingenuidad;
esto es, sin poder llegar a valorar
exactamente sus contenidos.
Freud. 1927 "El Porvenir de una ilusión".

Comenzando a reflexionar sobre un tema tan importante como son las fantasías de los niños, sus sueños diurnos, y sus sueños nocturnos es necesario pensar la complejidad del tiempo actual para dar cuenta como esta siendo afectado los contenidos intrapsíquicos de los niños.

Han pasado tres meses del comienzo de la Pandemia mundial Covid19. Podemos pensar que la atención clínica infantil no presencial, se ha sostenido en el tiempo de contagio y cuarentena a lo largo de casi noventa días. Los psicoanalistas que trabajamos con niños y adolescentes hemos trabajado de forma muy diversa en estos tiempos de Pandemia. Considero que hemos trabajado a través de nuestras fronteras, con la psicología evolutiva, la sociología, la biopolítica, la educación y la filosofía de la mente entre otras disciplinas, contenidos desde una epistemología compleja.

En el capítulo 9 del primer tomo Catz, H. y Col. (2020) *"Psicoanálisis de niños y adolescentes, Trabajando en cuarentena en tiempos de Pandemia"* nos preguntamos: ¿Es un acontecimiento histórico con un primer tiempo compartido que deviene en un segundo tiempo en lo traumático? ¿El acontecimiento socio sanitario se asemeja a una situación traumática social? ¿Todo acontecimiento es un trauma?

En este momento, en Madrid, en una realidad social donde se ha reducido enormemente, el contagio pasamos a una etapa del post-contagio y la vuelta progresiva a la atención clínica presencial de los niños y adolescentes. Creo que la situación que estamos experimentando actualmente, en diferentes regiones es complejísima y sufrirán, un impacto que atravesará diferentes etapas, dependiendo de la región. Esto lo sufriremos de forma diferente en nuestra vida personal y profesional. Al mismo tiempo podemos pensar las diferentes etapas del curso de la enfermedad. Para poder situarnos en lo particular. Por un lado: el pre-contagio, el contagio y el post-contagio. Dentro de cada una de estas etapas, hay diferencias y nosotros mismos reaccionamos deseando dar diferentes respuestas, las cuales pueden ser muy variables pues están sesgadas por diferentes intensidades de expresión, y en función de una serie de factores.

Green, Zachary plantea en su trabajo "Mapping the Stages of Development in Contagion Response" COVID-19 lo siguiente, sobre las etapas: "Han traído consigo una variedad de reacciones y respuestas que van desde la negación y el pánico hasta la solidaridad e incluso el heroísmo. Algunas de estas reacciones son inconscientes, lo que significa que vienen en forma de defensas psicológicas personales y sociales casi instintivas, y una protección contra la angustia. Otros medios de afrontamiento son respuestas más conscientes, proactivas y razonadas que incluyen la preocupación por los demás y la aceptación del bien común" Si bien existe una gran variedad de reacciones y respuestas individuales a esta pandemia, a nivel colectivo parece haber un patrón que se manifiesta en etapas algo consistentes y predecibles en muchos de los contextos donde el contagio se ha extendido. En el esquema siguiente se puede apreciar la dinámica de la enfermedad dibujadas en círculos y las diferentes reacciones sociales en los rectángulos.

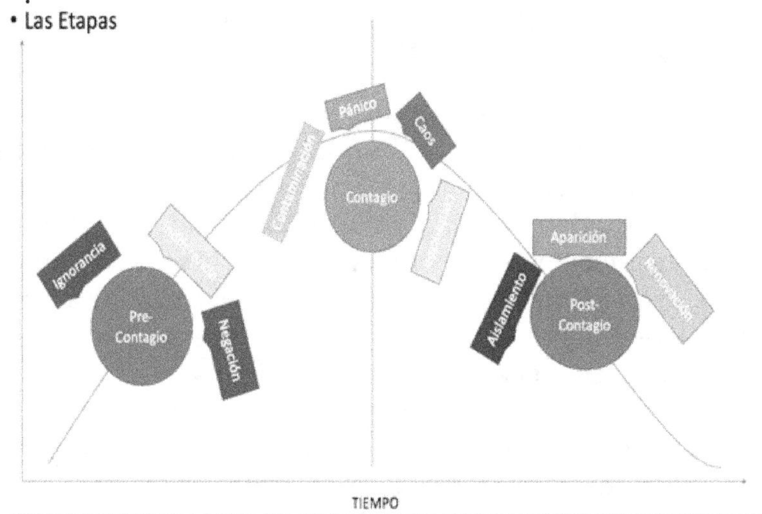

COVID-19 — Mapping the Stages of Development in Contagion Response [1]

Zachary Green, Ph.D. & Rev. David McCallum, S.J., Ed.D.
Podemos aclarar que toda esta complejidad epistemológica está
transversalizada en el campo clínico con nuestros pacientes

La clínica contemporánea con niños en tiempo de Pandemia

"Esta en la línea de nuestra evolución interiorizar poco a poco la compulsión externa, así; una instancia anímica particular, el superyó del ser humano, la acoge entre sus mandamientos. Todo niño nos exhibe el proceso de una trasmudación de esa índole, y solo a través de ella deviene moral y social."
Freud. S. 1927 Cap. II "El Porvenir de una ilusión."

La aparición de la pandemia con todos sus efectos, hacen eclosión en la clínica infantil. Por un lado, los espacios clínicos a la distancia y a la vez superpuestos con una videocámara, dan cuenta de diferentes formas de motivaciones inconscientes que intervienen en el campo clínico. La atención clínica psicoanalítica se desplaza al ámbito familiar del hogar, ocupando desde un encuadre extenso que incluye, el encuadre interno del analista.

Sabemos que también el espacio hogareño es múltiple en sus funciones, en tiempo de pandemia. Me pregunto ¿Como vamos a contener en época de pandemia, a los padres? Los padres pueden verse afectados con múltiples tareas, un home-office, y permanecer muchas horas centrados en sus quehaceres múltiples, incluido funciones de maestro auxiliar diario cuando se han cerrado los colegios y escuelas.

Y esta situación conlleva otras cuestiones. Por ejemplo, Frigerio, G. (2020) En el capitulo 2 del libro Catz, H. y colaboradores(2020) *"Psicoanálisis de niños y adolescentes, Trabajando en cuarentena en tiempos de Pandemia"* se pregunta ¿Qué motores intelectuales, que andamiajes teóricos se balbucearán, se garabatearán para sostener las praxis educativas, las practicas escolares?

La pluri-variedad de factores nos hacen pensar en una contención de este cambio con características de *catástrofe* que no sabemos cuánto permanecerá. La idea de la posibilidad de *cambio catastrófico* en el sentido de la evolución y el crecimiento mental surge desde ese transitar de Bion, "Aprendiendo de la experiencia". Así nos encontramos hoy, transformándonos, tratando de comprender las dificultades del desarrollo de los niños, de este principio de realidad vinculado a la experiencia. Aquí vamos a bucear en el mar algo conocido dentro de lo desconocido. Unas funciones mentales capaces de tomar contacto con los hechos del mundo externo. Hasta aquí vamos encarrilados. Ahora bien, comienzan las preguntas con difícil respuesta.

A continuación, dejaremos todas estas variables en suspenso, sigamos pensando otras incertidumbres que sufren los niños.

Me pregunto, ¿Cómo vamos a contener a los niños en época del contagio y del post -contagio? ¿Cómo se activan ciertos contenidos de la realidad material sociosanitaria en un aparato psíquico en desarrollo, en vías de construcción?

Por un lado, la realidad material se instala ocupando y limitando a la pulsión. Los niños soportan un sobre esfuerzo, una sobre-adaptación en la cual no deja de irrumpir con síntomas, regresiones y un largo etc. ¿Será que los niños aceptan la realidad material impuesta por ese superyó social y el yo ideal parental? ¿Qué lugar ocupa en el aparato psíquico? Si Freud explica la realidad material subordinada a la realidad psíquica. ¿Cómo y cuánto de lo perceptual ocupará el espacio psíquico del aparato psíquico de los niños? ¿El sueño diurno es por generación espontanea? o ¿Los sueños diurnos estarán invadidos por un superyó severo y sancionador, de autorreproches y culpabilidad?

Este campo clínico infantil estará inmerso con gran vulnerabilidad y desamparo, con emociones y afectos arcaicos. Lo arcaico, lo mas primario esta en lo emergente, las ideas tanáticas están presentes en la conciencia.

Me he dedicado a escuchar y observar el juego infantil en detalle, a los niños/as sobre algunos aspectos nuevos que irrumpen por la temática de cuarentena, la distancia social para evitar el contagio, y la tan buscada inmunidad idealizada de la enfermedad, a nivel social. Otra pregunta con respecto a los niños ¿cómo aceptar al otro diferente y superar la amenaza que representa?

Escuchar de viva voz a los niños en consulta durante unos meses pueden dar cuenta de muchos aspectos de como vivencian y experimentan los niños de 6 a 12 años, una variable sobre la realidad que deviene en exceso para su aparato psíquico en pleno constitución.

Escuchando el discurso infantil, sus juegos, sus dibujos, y cualquier manifestación clínica que de cuenta de su contenido intrapsíquico caso por caso, puedo apreciar un común denominador que se pone en juego tarde o temprano en la clínica infantil, en esta etapa social que estamos atravesando. A continuación, transcribo una sesión con una paciente de 7años.

Diálogo Clínico. Finales de mayo del 2020

Paciente S: "¡Hola Patricia! Mi mama me dijo…que después si puedes hablar con ella, ¡cuando tu puedas!¡¡ Esta ocupada con mi hermana, que es una pesada!! ¿Quien entiende a mi hermana?¡no quiere comer pues quiere ir a la casa de mi abuelaaaaaaaaaa.! ¡A la casa de mi abuela no se pude ir! ¿Tu que crees, que se puede ir? Está mi bisabuela y la podemos contagiar. ¡No entiende le viene un berrinche y hay que aguantar!! (Sacudiendo la mano nerviosa) Es muy quejica. Yo hago como si nada. No se puede ir y ya está. Espero que no se muera es muy viejita. No podemos contagiarla, a la mamá de mi abuela."

(Silencio)

"Estoy cansada de trabajitos, trabajitos temprano a la

mañana, trabajitos antes de comer, trabajitos y trabajitos. TRABAJITOS. (gritando)

¡¡¡¡AHHHHHHHHHHHHH!!!!"

Psi: Estas cansada de las tareas del Cole y creo que a lo mejor estas preocupada porque no ves a tus abuelas. Estas con rabia.

Paciente S: "Tengo un peluche que se llama monitas tiene un agujero en una mano y una pierna. Me lo regalaron cuando nací. Espera que lo traigo esta en mi cama. Te voy a dejar para que no estés sola, el perro y el oso. (Coloca sobre la videocámara los peluches tapando todo el cuadrante de la videocámara, apenas veo la habitación de S.)

Paciente S: "¡Oye tu! (con rabia) Saluda a Patricia, no seas maleducada. ¿Quien te ha lastimado así? Seguro que fueron esos chicos del escuadrón del fuego. Claro tu eres una niña. Los chicos utilizan el puño y yo utilizo la cabeza. Te voy a dibujar la cabeza, soy yo. Este es un puño con un rayo destructor viene de afuera. Maldito sea. No para. Todos los días hay que aguantar estar encerrada en casa. Mama me compro Alexa.

Alexa canta una canción de Shakira" (Gritando) ¡haz la imbécil! ¿Escuchas Patricia?"

Psi: si te estoy siguiendo. Mucho enfado sientes hoy. ¿Quien es Alexa?

Paciente S: "Una tonta del culo que hace todo lo que quiero. Mira. (Gritando)

¡Alexa busca mi colegio ya! ¡ya te digo!"

(Silencio)

Una voz con timbre de ordenador robótico, habla diciendo: no conozco la dirección, dime la dirección.

Paciente S: "Será imbécil la tía!" ...

La paciente se tira al suelo, sentada comienza a cantar y dar abrazos a su peluche.

Mira esta un poquito rota no sabe que le ha pasado. Me gustaría ir a tu consulta de niños pues allí tienes una mansión de juguetes. (silencio) ¿Sabias que Daniela se copio de mi? Hace mucho…. Oye mira tengo un calendario-pizarra semanal. Aquí están los días L-M-M-J-V-S-D. Aquí están las estaciones, primavera, verano, otoño, invierno. Ahora estamos en primavera. ¿Cuándo termine la primavera iré al colegio?

Psi. ¿Tienes ganas de ir a los lugares que ibas antes? A mi consulta, a tu colegio' ¿los hechas de menos?

Paciente S:"Si, todos los días miro la tableta a ver cuanto falta es muy largo esto si tuviera un perro salgo con un perro. Mi mama me dice que me acostumbre a la mascarilla, pues en el cole seguro iré con mascarilla y nos sentaran separados. ¿Tu sabes salgo? Espera… "(Gritando) ALEXA ¿que es un contagio en el cole? Disculpa no te he entendido repite por favor. GRGRGRGRGRGR ¡Contagio en el Cole! Contagio en el cole. ¡Es imbécil! No hay forma. Mira te lo voy a dibujar en la pizarra me esperas, voy a buscar dos rotuladores, uno negro y otro rojo. Espera te dejo a los peluches. (La paciente coloca otra vez los dos peluches sobre la videocámara) Trae un vaso con rotuladores.

Voy a dibujar la clase. Será así dos niños los malos de la clase separados.

Alfredo tirando lápices por el aire, Lucas haciendo deporte sin parar en la clase, haciendo el pino y eso. Mi amiga Lucia en la otra punta sentada, Cristina en el medio y yo en la esquina. Así no nos contagiamos y así para eso, no voy. ¿Para que voy a ir al cole? Prefiero ver a la maestra y a mi tutora x Zoom 5 minutos. Muchos apagan, no se aguantan sentados y ya esta. Tu eres la única que me escucha mucho tiempo. Estas allí siempre. Porque no fabricaran una vacuna así no nos contagiamos y se termino el problema. Yo el año pasado me puse una vacuna fuerte de estas, que dejan marcas. A mi me da igual prefiero una vacunita así (señala con los dedos en pinza) y ya esta. (Gritando)Alexa busca vacuna que es vacuna!! Alexa contesta: Una vacuna es una preparación destinada a generar inmunidad adquirida contra una enfermedad estimulando la producción de anticuerpos.

Mira he terminado el dibujo te lo muestro.

Psi: ¿Puedo sacar una foto de tu dibujo?

Paciente S: "Si después te saco unas fotos a ti."

Paciente S:" Te voy a explicar este dibujo lo ves bien? Me voy a acercar a la cámara. Me gustaría estar con mi amiga de siempre, es esta que está aquí arriba cerca de mí, pero ahora estamos separadas por el virus. No la veo pues no le gusta hacer video llamadas se va y dice estar cansada, yo creo que esta triste. Yo estoy muy enfadada algunas veces con ella y la pesada de mi hermana. Espero que me toque con María, es una niña tranquila muy buena, pero estos dos siempre molestan y no quiero verlos, vamos a estar sentados lejos. A ver si me contagio de sus tonterías, sabes eso del contagio lo estuve pensando. ¿Recuerdas cuando me contagiaba de mi hermana, de sus rabietas. Ahora te puedes contagiar de otra cosa que no ves, y creo que es peor. Yo no tengo nada, pero si me contagio y no se ve puedo contagiar a mis abuelas, y ella son muy viejitas. ¡Que fastidio! y entonces ¿para que ir a al colegio? Prefiero quedarme en casa así no me voy a contagiar de nada, y podré ver a mis abuelas. Prefiero ir a casa de mis abuelas que al colegio. Yo no entiendo porque se piensa en el colegio si y a las abuelas no. Mira a la tutora no la he dibujado pues no está. Es hora del recreo y no podemos levantarnos para ir al patio. ¡Que fastidio! y entonces ¿no podemos jugar? ¡Que colegio aburrido, no tiene juegos, sentados sin movernos y entonces para que vamos! Yo prefiero quedarme en casa sabes ¿Porqué? Porque no me voy a contagiar, tampoco me voy a aburrir, no quiero usar la mascarilla quieres que te muestre la que me compro papa, es de dibujitos. No entiendo todos los días contagios, contagios y mas contagios. Yo quiero ser como una princesa y estar con mis ponys en una campo rosa y azul. ¿Están los ponys en la consulta? Mama me compro un unicornio blanco. A mi me gustan tus ponys es como una familia. Hay pequeños y grandes violetas, rosas, amarillos. Están siempre en la caballeriza viven feliz, corriendo por el campo y yo cuido a toda la familia de ponys siempre están vivos, les doy de comer con la plastilina y ellos están con cara alegre cantando y paseando.

Mira ahora voy a poner una canción; ¡Alexa!¡ canción de Queens!(la música comienza a sonar)"

La Investigación

"En diversos ámbitos no se ha superado todavía una fase de investigación en que se ensayan hipótesis que pronto deberán desestimarse por insuficientes; en otros, empero, hay ya un núcleo de conocimiento cierto y casi inmodificable."
Freud. S. 1927. Cap. X "El Porvenir de una ilusión".

Una investigación realizada en conjunto por la Universidad Miguel Hernández (España)y la Università degli Studi di Perugia (Italia) da cuenta, que en La cuarentena COVID-19 ha afectado a más de 860 millones de niños y adolescentes en todo el mundo. Hasta la fecha, no se ha desarrollado ningún estudio para examinar el impacto psicológico en sus vidas. El presente estudio tiene como objetivo examinar por primera vez el impacto emocional de la cuarentena en niños y adolescentes de Italia y España, dos de los países más afectados por COVID-19

Una evaluación da cuenta que en La cuarentena CO-VID-19 ha afectado a más de 860 millones de niños y adolescentes en todo el mundo, pero, hasta la fecha, no se ha desarrollado ningún estudio para examinar el impacto psicológico en sus vidas. El presente estudio tiene como objetivo examinar por primera vez el impacto emocional de la cuarentena en niños y adolescentes de Italia y España, dos de los países más afectados por COVID-19.

La muestra se obtiene de 1.143 padres de niños italianos y españoles de 3 a 18 años que han completado una encuesta que proporciona información sobre cómo la cuarentena afecta a sus hijos y a ellos mismos, en comparación con un antes, y un después todo el encierro en el hogar desde el día de la cuarentena.

Los hallazgos muestran que el 85.7% de los padres percibieron cambios en el estado emocional y el comportamiento de sus hijos durante la cuarentena. Los síntomas más frecuentes fueron dificultad para concentrarse (76,6%), aburrimiento (52%), irritabilidad (39%), inquietud (38,8%), nerviosismo (38%), sensación de soledad (31,3%), y preocupaciones (30,1%). Los padres españoles informaron más síntomas que los italianos. Como se esperaba, los niños de ambos países usaron pantallas de conectividad para la escuela con mayor frecuencia, pasaron menos tiempo haciendo actividad física y durmieron más horas durante la cuarentena. Además, la interpretación demuestra que la cuarentena impacta considerablemente en los jóvenes italianos y españoles, lo que refuerza la necesidad de detectar a los niños con problemas emocionales y de comportamiento lo antes posible para mejorar su bienestar psicológico cuando la convivencia familiar durante la cuarentena se hizo más difícil, la situación era más grave y el nivel de estrés era mayor.

Esta es la primera vez que se implementa una cuarentena para controlar una pandemia en Italia y España, así como en la mayoría de los países del mundo. Por lo tanto, faltan estudios concluyentes que proporcionen datos sobre cómo esta medida puede afectar a niños y adolescentes. Hasta la fecha, ningún estudio ha examinado cómo la cuarentena declarada debido a COVID-19 puede afectar el bienestar emocional o conductual de niños y adolescentes. Algunos estudios previos sugieren que los efectos pueden ser problemáticos. También se estima que el estrés traumático es cuatro veces mayor en niños que han estado en cuarentena en comparación con aquellos que no lo han hecho, y su probabilidad de presentar trastorno por estrés agudo, trastorno de adaptación y dolor físico también es mayor. Se debe prestar especial atención a los niños y adolescentes que están separados de sus cuidadores que están infectados o se sospecha que están infectados, y aquellos cuyos cuidadores están infectados o han muerto, porque son más vulnerables a la no elaboración de duelos y separaciones.

Otro estudio que esta en fase de recolección de datos es una Encuesta para psicoanalistas y psicoterapeutas psicoanalíticos con niños y adolescentes sobre las modificaciones técnicas durante la pandemia. (2020)

El confinamiento ha obligado a modificar el modo de trabajo en clínica de niños, adolescentes y con los padres, con un cambio en nuestras consultas de un encuadre no presencial casi en exclusividad on line.

Un grupo de colegas miembros de la **Sociedad Fórum de Psicoterapia Psicoanalítica** hemos estado reflexionando sobre todo y nos ha surgido recoger datos acerca de cómo han trabajado otros compañeros/as en clínica de niños y sus padres con esta nueva realidad.

Nos gustaría que participaran en esta recogida de datos completando y enviando la respuesta, además de difundir esta Encuesta entre sus colegas que trabajen con infancia y adolescencia.

Este es el enlace:

https://docs.google.com/forms/d/e/1FAIpQLScHigpvl 4pFNbEFcyWDF2KkGAwj-pUpRqnjr2KVNhqXdcI6ag/ viewform?usp=sf_link

Bibliografía

Bion; Wilfred R. 1980. *Aprendiendo de la experiencia* Paidós Ibérica ediciones

Catz, Hilda y colaboradores.(2020) *Psicoanálisis de niños y adolescentes en tiempo de Pandemia*. Ediciones Ricardo Vergara, Buenos Aires.

Freud S. 1927. *El Porvenir de una Ilusión*. Tomo XXI Amorrortu Editores.

Graciela Frigerio, 2020 *"Escrituras temblorosas. Borradores de una educadora perpleja"*.Cap.2.Catz, H. y colaboradores "Psicoanálisis de niños y Adolescentes. Trabajando en Cuarentena en Tiempos de Pandemia". Ediciones Ricardo Vergara, Buenos Aires.

Green, Ph.D. & Rev. David McCallum, S.J., Ed.D Zachary COVID-19 *— Mapping the Stages of Development in Contagion Response* Zachary. Webinar IPA May.2020

Orgiles, Mirela, Elisa Del Vecchio, Alexandra Morales, Claudia Mazzeschi 2020 Researchgate.net *"Immediate psychological effects of the COVID-19 quarantine in youth from Italy and Spain"*

Prof. Lic. Patricia Morandini Roth

Psicoanalista
Directora del Centro Consulta Abierta (Centro concertado para prácti-cas clínicas de Universidades UNED, UEM, UDIMA) en España. Profesora de Psicoanálisis de niños, adolescentes, adultos, familia, pareja, vejez en el Máster Universitario de Psicología Sanitaria y Máster de Psicología del desarrollo Infantojuvenil de la Universidad Europea De Madrid.
Profesora de Seminario de Niños y Adolescentes de la Sociedad Fórum de Psicoterapia Psicoanalítica (Formación Continua), Formadora continua de Actividades Sanitarias por la Comunidad de Madrid en el Hospital Universitario La Paz, Madrid. (Sociedad Fórum de Psicoterapia Psicoanalítica)
Co-autora en Catz, H. y colaboradores (2020). *Psicoanálisis de niños y adolescentes. Trabajando en cuarentena en tiempos de la pandemia*. Buenos Aires. Ricardo Vergara ediciones
Co-coordinadora del Taller de Prevención en Salud Mental infantojuvenil.
E-mail: centroconsultaabierta@gmail.com

Otras Pandemias: las psíquicas El Virus del engolfamiento materno y la ausencia paterna. El Hikikomori del Samurai, arrancándose la piel.

Inés Josefina Puig de Materazzi

Comencé atendiendo a Diego de 19 años, al ser derivado por un colega, que como médico clínico y efectuó la derivación diciéndome "es un chico que se rasca"., lacerado en algunas áreas y despellejado, contrastando con, otras zonas extensas de liquenificación crónica y estaba verdaderamente en carne viva. Llamó la madre, en vez de Diego, y me dijo que el joven, debido a su estado, no salía de su habitación desde largo tiempo y que por eso no usaba el teléfono.

Todos eran obstáculos y estimé que podría aguardarme alguna sorpresa, puesto que en aquellos pacientes con patrón de compulsión de repetición auto agresiva, como en los cortes autoprovocados o también en la accidentofilia, se puede y debe descartar un equivalente pre suicida, evaluando el riesgo existente, desde un punto de vista psiquiátrico.

El encuentro

Detrás de su madre, pensé que el joven, parecía surgir como un brote o apéndice del esquema corporal materno; una especie de forma redondeada gigante, pues Diego era bastante corpulento y me permitió hacer inferencias sobre la organización psíquica del sufriente, así como de la pa-

221

reja materno filial. Me pregunté por las fallas tempranas y los desencuentros acontecidos entre la pareja materno filial que podrían haber estado vinculadas al presente de ambos asociadas a posteriores graves lesiones en piel.

Primera entrevista

Diego entró con la madre para que ambos reconocieran el lugar y luego ella se retiraría. El muchacho se asustaba del freno del ascensor, temiendo caerse, alto, corpulento y obeso pues debía pesar más de 100 kg. Moreno y vestido de oscuro de la cabeza a los pies. Además mencionó que estaba todo vendado; miembros superiores e inferiores igual que el tórax, me recordó el andar de los luchadores japoneses con su armadura metálica y sobre todo por los gritos que dichos guerreros proferían durante la lucha. Diego también emitía gritos breves, primero agudos, enseguida graves y con final abrupto. Entonces pensé en los samuráis...Cuando pregunté qué le pasaba me dijo, rápidamente, que le dolía y que no era nada,.... que estaba bien... ¿? A lo cual respondí: - *¡ qué raro, Diego!.....porque nadie puede estar bien, si le duele algo....al menos está sufriendo,... o está molesto...pero estar bien....es distinto.-*

Mientras tanto su mamá contemplaba la escena sonriendo con un gesto casi beatífico, Se retiró la madre y comenzamos a conversar.

Motivo de consulta

Formulé a Diego las preguntas tradicionales - *¿Cuál es el motivo de tu consulta?.... ¿en qué te gustaría que te ayude?*

Diego comenzó hablando casi sin parar con una voz varonil, segura e impostada.. Debía ser un ávido lector e inteligente, pero además se veía que, como ocurre con los niños criados por los abuelos, estaba acostumbrado a conversar o presenciar conversaciones de gente mayor. Me fui enterando por él que pasaba todo el día solo en su casa, en cama o frente a la computadora, aún de noche pues sufría de insomnio, según decía, aunque consideré más correcto definirlo como inversión del sueño, característica de pacientes que pueden estar iniciando un proceso de desestructuración psíquica, en los comienzos de las psicosis clínicas.

La madre se ausentaba, temprano, para trabajar, mientras él dormía y regresaba por las noches, cuando encontraba a su hijo frente a la computadora. Ella le acercaba la comida a su habitación; él consumía enormes cantidades de café, bebidas cola y alimentos envasados que de paso le darían un efecto antidepresivo, auto creado, en su fallido intento curativo.

A continuación reproduciré algunas partes de su extenso relato, que resultan significativas particularmente por la construcción semántica en la que se usan los pronombres, indiscriminadamente, o más bien se superponen " mi y tu"; "me y te", "me y le".¿Estaría siendo hablado por otros? Menuda tarea sería la de rescatar su sí mismo.

"… Que me pueda ayudar a resolver los problemas que tengo….que te acepta como soy…"

"…Hace 3 años fui débil…tengo miedo de volverlo a ser…"

"….El tema de mi viejo influyó….me dio bronca lo que me hizo a mi mamá…"

"…..Me cortaba cuando tenía mucho dolor en el cuerpo…tengo miedo de volverlo a hacer…"

"….Hace 3 años tuve eczema crónico en el antebrazo y después se extendió a todo el cuerpo; hace dos años y medio no podía dormir……en el colegio me pegaban….abandoné en segundo año y lo ter-

miné al año siguiente....después empecé tercero, dos veces, por pocos días y abandoné......"

"Ahora no salgo.....me pica todo el cuerpo...me rasco....no paro hasta que sangra.....ahí me calma, ...qué loco, ¿no?.....vivo alienado....".

"Yo vivía con mi mamá hasta hace tres años con mis abuelos....mi mamá me dijo que me va a hacer bien desfogarme"

"Yo fui antes a un psiquiatra varias veces, me dio antidepresivos, muchas pastillas, pero no me hizo nada porque el problema está en la piel,... nadie entiende"....

Explicó que el eczema comenzó a sus quince años, tan sólo una semana después de mudarse él y la madre solos a una casa antigua para refaccionar. El prurito seguía en aumento, hasta hacerse insoportable, a pesar de las cremas que intermitentemente usaba.

También reflexioné que podrían estar resurgiendo sensaciones de derrumbe, asociadas al trabajo de reconstrucción de la vivienda, pues de por sí constituye un stress considerado moderado o grave según la duración e intensidad de la remodelación, sobre todo si ésta se hace indefinida. Winnicott lo ponía muy claro en su artículo "El miedo al derrumbe" para dar cuenta de situaciones traumáticas intensas, con vivencia de desmoronamiento, ya sufridas, que se proyectan hacia el futuro y son sentidas, en la conciencia, como premoniciones.

Grupo familiar

El orden y los datos sobre los integrantes de la familia me fueron proporcionados así, por Diego, quien se nombró primero. Fue el primer nieto y sobrino, a la vez que único hijo de la madre, sin hacer mención si tenía medio hermanos por parte de padre. Mucho más tarde, cuando se enterase de su existencia, persistiría nombrándolos como hermanastros, sin lazo de sangre, en vez de medio hermanos, o al menos hermanos por parte de padre.

Madre, Silvia,: 43 años, soltera, secretaria.
Abuelo Diógenes, 81 años, jubilado de actividades de la construcción.
Abuela Diega, 85, años, atendía un negocio y antes había sido empleada de limpieza.

Cuando pregunté por el padre me dijo: -*"mi viejo nos abandonó a mi vieja y a mi...es un hijo de puta...lamentablemente yo creo que soy igual a él"*.

Su madre solía repetir en mi presencia, sin lugar para mi intervención: *"tenés que confiar solamente en tu familia, Diego, en nadie más"* Yo intervenía sin confrontar con ella pero agregando: *"bueno, de a poco todos vamos aprendiendo a confiar en otras personas"*.

Entrevista con la madre

Se trataba de una mujer de 43 años con presencia, agradable pero exageradamente cordial y amable, que hacía esfuerzos enormes para ser clara en el habla y hacerse entender. Parecía haber estado tan alejada de la crianza de su bebé como lo estuvo del deseo de vivir, hasta que decidió hacerlo por su hijo y se propuso salir adelante.

Silvia , la madre relató que desde niña había trabajado, ayudando a la abuela de Diego, en servicio doméstico y le realizaron múltiples intervenciones quirúrgicas, 13, exactamente, para corregir una malformación congénita bucal, sin éxito completo. Cada vez que era operada, la nena quedaba sola durante la internación en el hospital y conversaba con las enfermeras pues como sus padres debían trabajar, no se quedaban a acompañarla. Después venían temporadas interminables de rehabilitación tediosa y esforzada. Sin rebelión, la niña sobreadaptada, esperó que su hijo hiciera lo propio. Así pensé, yo, pues al hablar de las limitaciones de Diego, ella recordaba que debería poner fuerza de voluntad, como había hecho ella durante su infancia y le parecía lo más lógico.

Cuando se embarazó, la otra mujer de su novio apareció reclamándole su lugar y se vio forzada por su orgullo ofendido y el sentimiento de ser nuevamente abandonada, a rechazar al padre de su hijo y su fruto, así como a los abuelos paternos. Cortó todo lazo con la que hubiera sido su familia política y el pasaporte a la exogamia siendo esta mamá soltera y el hijo con el apellido materno, o sea de su padre. Ni las fotos del padre pudo mostrarle a su hijo, dijo haberlas perdido en las sucesivas mudanzas y Diego agregaba luego: *"eso dice ella , ahora que está Ud, pero.... nunca va a encontrar esa foto"*

Compartieron habitación desde el nacimiento hasta sus catorce. La madre negó o desmintió, siempre el colecho que su hijo confirmaba y que persistía y su madre nunca volvió a tener pareja.

Pautas evolutivas

La mamá racionalizaba y negaba: *"Era un niño normal, tranquilo,... dormía mucho, no tomó pecho porque yo no tenía leche, ...lo cuidaban mis padres porque yo trabajaba mucho, ...siempre tuvo todo lo que quiso, yo no le hice faltar nada, ...para mi hijo todo lo mejor,... él va a tener todo lo que yo no tuve, tiene una familia muy linda, era muy mimado.... Tomó mamadera, normal 3 o 4 años....los pañales normal, creo que al año.....habló también normal, como todos los chicos....*

Nunca preguntó por el padre así que no le dije nada.... A los 13 años nos fuimos de viaje, juntos, cuando le tocaba hacer el viaje de egresados, y ahí le conté, lo del padre, lo del hermano,...que nos abandonó a los dos, pero

*no preguntó nada...... y no volvimos a tocar el tema"....
las dificultades escolares manifiestas comenzaron luego del bullying..*

Entrevista vincular

Durante la entrevista conjunta se repetía la situación en la cual la madre explicaba todo tranquilamente y Diego respondía enérgicamente, contradiciéndola. Sin embargo, en el joven se veía la esperanza de la resistencia que oponía a su mamá, al menos en mi presencia, mostrando así un comportamiento adolescente, favorecido por el proceso terapéutico con funcionamiento de terceridad, que gradualmente ejerciera corte en la díada madre hijo.

Hipótesis diagnóstica

Desde la lectura psicoanalítica y reflexionando sobre la historia de Diego, pensé en un bebé, primero deseado y después, aún durante el primer trimestre de embarazo, rechazado por su madre, al punto de querer matarlo matándose, pues había realizado un intento de suicidio, En la moderna Medea se deben haber presentificado una condensación de traumas vividos por el engaño de su pareja y otros previos, transgeneracionales como las múltiples intervenciones quirúrgicas bucales, tal vez consecuencia de las infidelidades del abuelo paterno por sífilis congénita, o alcoholismo, todo ello, no dicho.

Desde el nacimiento de Diego se había borrado el nombre del padre o el linaje masculino, inscribiéndolo en un matriarcado, pues el hijo recibió por nombre, la versión masculina del nombre de la abuela materna.

Hay dos hechos altamente significativos: el accidente en la bañera de pequeño donde casi se ahoga y el acoso, bullying, ocurrido en el baño del colegio y que parecería haber incluido abuso homosexual, aunque mi paciente no lograba pensar esa escena.No obstante, hacía mención indirecta al tema, muy frecuentemente *"me gustan las minas"*, *"sé que me voy a quedar soltero"*, *"soy virgen porque no quiero cagar a las mujeres"*, *"estuve enamorado pero no le dije nada...ahora ella sale con otro, aunque siempre pregunta por mí".*

Había necesitado, por fuerza del Ello, regresar a momentos de psiquismo ameboide, en los cuales no salía de su cuarto, ni su habitación y tampoco de su cama, y con la presencia de su madre, cada noche en ella. Este dato ocultado por su progenitora me fue revelado con naturalidad por mi paciente.

Primeras sesiones

Transcurrían inicialmente con un relato de agenda de sus actividades, donde la vida social de Diego era telemática, aunque él la relatara de modo muy vívido. Enlazaba una frase con otra y cuando yo procuraba intervenir, él retomaba su conversación rápido y ansiosamente.

A (analista)-"¿Notaste Diego que cada vez que te hablo, respondés enseguidita, casi sin escucharme?

D (Diego)-"Si, es cierto, no vaya a pensar que la quiero interrumpir, no la dejo hablar, pero...me hace bien desfogarme, para eso vengo....siempre llego sin ganas y me voy contento....después en casa me voy apagando y se me da por dormir, pero a la noche charlo con mis amigos"

Si bien esa palabra era usada, por él como sinónimo de alivio, en un contenido manifiesto. De manera latente traía otros caminos significantes.

A-"Pero fíjate que es distinto hablar como lo hacemos en la sesión, porque estamos los dos aquí, mientras que en tu casa estás frente a una pantalla....¿Será por eso que querés desfogarte?

Dar salida a tu fuego o en cambio....perder tu fuego? Apagarte? Como vos ves apagada a tu mamá? Y me pedís a mi que te ayude a ser frío, aunque vos no seas así?

D-"Mi mamá no es fría, en casa se enoja mucho conmigo, se queja todo el tiempo de mi pero me hace todo,.... y llora por lo que le pasa en el trabajo, que se aprovechan de ella y yo la tengo que proteger, tengo que ser un hijo de puta como mi viejo, para que nadie me joda, ni la joda a ella.....tal vez podría ser policía....no sé,... tengo que ver....o médico....

A-"O quizá pensaste que tenías que ser tan rudo y fuerte como un samurái con su armadura, para defender a tu mamá y hacerte muy duro, aunque por dentro te sientas lleno de miedos... pero los samuráis se levantan cada dia para cumplir su propósito a pesar de no tener ganas..."

D-"¿Yo le conté que practico meditación y técnicas marciales?, me gusta la filosofía del samurái, por su sacrificio, su fortaleza y su orgullo...

"Pero los samuráis , luchan cada día para defender a sus señores y solamente se suicidan cuando han fracasado irremediablemente en su misión.... me pregunto cuál era tu misión entonces"-

D- " Yo perdí el honor, porque fui débil"

A esta altura entendí el material como portador de un contenido sexual, que lo avergonzaba, pero que yo no debía forzar, pues se asemejaría a una re-victimización.

A- -Tal vez quieras contarme algo que te pasó o te hicieron en el cuerpo y vos sentís que no te defendiste, pero cuando uno es chico, lo protegen los padres y así uno aprende a defenderse, después cada día....A vos te faltó tu papá y tu mamá no se sentía muy fuerte, sobre todo cuando vos eras chiquito porque después por suerte ella se mejoró, pero igualmente vos la ves débil y todos, en algún momento, tal vez podemos serlo...o así nos sentimos, hasta que vamos aprendiendo a conocernos y a cuidarnos, a decir que no, cuando no queremos algo...o que sí, cuando nos gusta mucho y no nos daña"-

D-*"Mi mamá es débil, sí, sí..., llora mucho cuando vuelve del trabajo, por las cosas que le hacen, se aprovechan...por el problema que tiene....El tema de mi viejo es muy difícil...., no me quiso conocer, sé que debe ser un fracasado y lamentablemente yo soy igual a él...yo quiero ser alguien importante...quiero ser policía...o investigador....o médico, pero me gusta mucho las computadoras....antes leía muchos libros, quería saber de todo. Ahora averiguo todo por internet... Estoy con un juego muy entretenido: Games of throne....la historia de dos familias y sus engaños y luchas para llegar al trono"-:.*

Más adelante comenzó a conversar más fluidamente y a expresar que le gustaba mucho concurrir a sesión; llegaba en hora o temprano. Diego mejoraba a ojos vista y su madre seguía sin poder reconocer, ni reconocerle, ningún progreso. Él también hacía ejercicios, se interesó por su cuerpo, preguntándose por las características físicas de sus genitales, como un jovencito que ensaya su potencia y consultó un endocrinólogo. Adelgazó y comenzó a salir con una chica algo menor que mostró mucho interés por él, elogiando su caballerosidad, inteligencia y lealtad. Por esos tiempos pudo estar con ella a solas o en grupo, sin rascarse y casi olvidando el prurito. Esta información no la compartía con la madre, por temor a sus celos. La mamá empezó a preguntar si había algo que ella no sabía y debía enterarse, hasta que lo sospechó.

D-*"Si se entera se muere"*

En una ocasión, Silvia la mama había combinado un

encuentro entre Diego y su padre. Sin embargo, ambos, él y la madre omitieron mencionarlo en el espacio de análisis. Solamente me fue aclarado el día que Diego faltó a sesión, por tener fiebre. Como al pasar comentó, por teléfono, que lamentaba no poder conocer a su papá ese fin de semana y que coincidía con su cumpleaños. El cuadro febril era neumonía y debió ser internado varios días por un insuficiencia respiratoria grave.

Cuando, dos meses después, el encuentro por fin se produjo, la vivencia de Diego fue de decepción, aunque igualmente positiva, para pensar en tener alguien con quien confrontar y distinguirse, como lo precisa cualquier adolescente. Este joven no podía matar a un padre que no tenía. En cambio, al conocerlo, podría tramitar su enojo y/o hasta su desprecio ya que expreso que no quería ser un fracasado como él.

Algunas reflexiones finales

Haber psicoanalizado a este adolescente especialista del no cambio, como solía describir Jorge García Badaracco, me puso a prueba, más que frecuentemente, Diego quería ser un postmoderno samurái capaz de todos los sacrificios y de dar muerte para salvar a su señor o morir, como castigo a su fracaso. ¿Se trataría de reinvindicar íntimamente la figura de su padre? El análisis poco a poco fue permitiéndole adquirir mayor autonomía y producir un cambio en la posición subjetiva con respecto al mismo y a su vida toda. Fue logrando entonces pensar reflexivamente, salir a la calle, bañarse, dormir en su cama, reclamar el uso exclusivo de su dormitorio, armar el placard donde no hubiera ropa de la madre guardada, como símbolo de espacio psíquico discriminado; socializar, viajar en colectivo con amigos y conocer a su padre. Sin embargo no quiso construir un vínculo adulto con él y sus tres hermanas, dispuestas a recibirlo, vivía esa situación como una traición a su madre y haría falta mucho tiempo más, para que algo de eso cambiara. Su erotismo afloró en la relación con una chica, con la que salió por un tiempo, pero sucumbió a una nueva situación abusiva, esta vez por parte de un supuesto amigo, que le quitó la novia en su presencia, sin que él se defendiera lo suficiente.

Los episodios de rascado continuaron episódicamente pero atemperados en intensidad. Sufrió uno bastante intenso días después de conocer a su padre. Entonces inició un tratamiento dermatológico en un hospital buscando confirmación a sus síntomas físicos.

A pesar de esos obstáculos, "Diego, el samurai" fue encontrando un camino ligado a Eros, lejos del suicidio ritual que se tenía prometido, o el desollamiento en vida. Diego quiere crearse y recrearse como la piel naciente. Diego, es... simplemente él mismo... ya no necesita ser "El samurái".

Bibliografía

Aberastury, A. *La inclusión de los padres en el cuadro de la situación analítica y el manejo de esta situación a través de la interpretación.* Buenos Aires. Revista de Psicoanálisis APA, número 1, volumen 14. 1957

Anzieu, D. *El Yo piel.* Barcelona. Biblioteca Nueva. 1994.

Aulagnier, P. *Un intérprete en busca de sentido.* México DF. Siglo XXI. 1997

Balint, M . *La falta básica.* Buenos Aires. Paidós.1982

Bion, W. *Volviendo a pensar.* Buenos Aires.Hormé.1972

Blos, P. *Psicoánálisis de la adolescencia.* México.Grupo Editorial Planeta.1971.

Bollas, C., *La sombra del objeto.* Buenos Aires. Amorrortu. 1991.

Botella, C. y Botella, S. *Más allá de la representación.* Valencia. Promolibro.1997

Catz, H. y colaboradores, *Trabajando en cuarentena en tiempos de pandemia*, Ricardo Vergara Ediciones, Buenos Aires, 2020

Catz, H. Tatuajes como marcas simbolizantes. Buenos Aires. RV Ediciones. 2019

Catz, H. *Comunicación personal.* Buenos Aires. APA. 2014

Diccionario Enciclopédico Larousse Barcelona. Editorial S. L.2009

Esopo. La zorra y las uvas. En Esopo. Fábulas. Madrid. Editorial SM. 2011

Freud, S. *Inhibición, síntoma y angustia.* En Freud, S. Obras completas, Vol. XX. Buenos Aires. Amorrortu. 2001

García Badaracco, J. E. *El complejo de Edipo a la luz de la experiencia clínica con pacientes psicóticos.* Montevideo. Revista uruguaya de Psicoanálisis, número 59. APU. 1979

García Badaracco, J. E. *Comunidad terapéutica psicoanalítica de estructura multifamiliar.* Madrid. Tecnipublicaciones. 1989.

Green, A. *El complejo de la madre muerta en.* Green, A. *Narcisismo de vida, narcisismo de muerte.* Buenos Aires. Amorrortu. 1999.

Green, A. *El tiempo fragmentado.* Buenos Aires. Amorrortu. 2001

Kaplan y Sadock, V y Ruiz, P. *Sinopsis de Psiquiatría.* Barcelona. Walters Kluwer. 2015

Levin de Said, A. D. *El sostén del ser.* Buenos Aires.Paidós.2005

Morin, E. *Introducción al pensamiento complejo.* Barcelona. Gedisa.1994

Pichon Riviere, E. *El proceso grupal.* Buenos Aires. Nueva visión. 1978.

Puig de Materazzi. *De amores y desamores. Una contribución hacia la comprensión del Complejo de la madre muerta,* de A. Green. Buenos Aires. Revista Psiquiatría número 5,de Editorial Science. 2009.

Puig de Materazzi, I. J. *Algunas contribuciones en la obra de Au-
lagnier, Green y García Badaracco ¿El Psicoanálisis no es para
todos?*. Buenos Aires. APA, Espacio de monografías. 2003.
Tustin, F. *Autismo y psicosis infantiles*. Barcelona. Paidós. (1972)
2009.
Tustin, F. *El cascarón protector en niños y adultos*. Buenos Aires..
Amorrortu.2006.
Wagner, A. M..*Comunicaciones personales*. Buenos Aires.2013-2014.
Winnicott, D. El miedo al derrumbe. En Winnicott, D. Exploraciones
psicoanalíticas. Buenos Aires. Paidós.1992
Winnicott, D. *La capacidad de estar solo*. En Winnicott, D. *Los
procesos de maduración y el ambiente facilitador*. Buenos Aires.
Paidós.1994

Dra. Inés Josefina Puig de Materrazzi

Egresada de UBA como Médica-
Psiquiatra Infanto Juvenil
APA Psicoanalista y Psicoanalista de Niños y Adolescentes.
UCES Facultad de Medicina
Profesora Titular de tres asignaturas SALUD MENTAL
PSIQUIATRÍA, RELACIÓN MÉDICO-PACIENTE
Hospital Psiquiátrico Braulio A Moyano
Directora de Cursos de Post Grado del Departamento de Capacita-
ción del Gobierno de la Ciudad de Buenos Aires.
Miembro del Departamento de.Docencia e Investigación del Hospi-
tal Moyano.
Psiquiatra Infanto Juvenil de la Obra Social de Entidades Deporti-
vas y Civiles
Ex-Paiquiatra y Psicoterapeuta Obra Social Luis Pasteur
Subdirectora de la Carrera de Médicos Especialistas en Paiquiatria
Unidad Lanari-UBA
Miembro Com.Direc.Asociación de Profesionales del Hospital Moya-
no y de la Clínica Saint Emilien
Coordinadora de Grupos Multifamiliares en el Hospital Moyano
junto a Jorge Garcia Badaracco.
Fundadora y Coordinadora de Grupos Multifamiliares y Vicepresi-
denta de FINTECO. Ex integrante de Comision Directiva de AAP.
Trabajo en 20 peliculas dirigidas por Miguel Angel Materazzi (Psi-
cocine) Autora de numerosos articulos de.la especialidad, capitulos
de libros y Co autora del libro Avances en Salud Mental junto a
Miguel Angel Materazzi.
Ex Chair Person de la Seccion Mass Media and Mental Health de la
WPA Asoc Mundial de Psiquiatria

Algunas consideraciones en relación a la pandemia de coronavirus. Aportes desde una perspectiva psicoanalítica

Lic. Susana Rasinsky

> *Yo, de niño, temía que el espejo*
> *Me mostrara otra cara o una ciega*
> *Máscara impersonal que ocultaría*
> *Algo sin duda atroz. Temí asimismo*
> *Que el silencioso tiempo del espejo*
> *Se desviara del curso cotidiano*
> *De las horas del hombre y hospedara*
> *En su vago confín imaginario*
> *Seres y formas y colores nuevos.*
> *(A nadie se lo dije; el niño es tímido.)*
> *Yo temo ahora que el espejo encierre*
> *El verdadero rostro de mi alma.*
> Borges. El espejo, 1975.

La pandemia de por sí es un fenómeno de características únicas por su gravedad y exposición en todo el mundo. Se expande absolutamente favorecido por el contexto global: surge en medio de la mayor crisis de la historia, mostrando enfermedad y muertes masivas, escasez y miseria en grados inimaginables.

Ya no hay certezas, por lo tanto la desmentida no alcanza. Todo esto trae consecuencias de distinto tipo en nuestro trabajo, ya que como analistas venimos trabajando intensamente no obstante los obstáculos que se presentan y a los que se han referido muchos de los artículos de los capítulos del Tomo I de "Psicoanálisis de Niños y Adolescentes. Trabajando en cuarentena en tiempos de Pandemia" y también los trabajos realizados por colegas en este Tomo II de este libro.

Por lo tanto, quiero referirme específicamente a una característica que nos llevó a escribir estos dos tomos y que atraviesa prácticamente todos los trabajos presentados que es *el pasaje de lo presencial a lo virtual, principalmente en lo que hace al Psicoanálisis de Niños.*

Hasta el momento sin vacuna ni tratamiento específico, la cuarentena surge como método fundamental para prevenir el contagio. Una incidencia directa es que el único acceso a un tratamiento psicoanalítico, es mediante la pantalla, medio que se instrumenta también en la continuidad de tratamientos ya en curso iniciados debido a migraciones que solo se pudieron continuar en forma virtual.

Hoy en día es importante tener en cuenta las necesidades de apego y protección con las que llegan los pacientes, en un momento que las angustias de desamparo son tan intensas, donde también nos encontramos con trabajos que se han perdido, los decesos inesperados que crecieron de manera exorbitante, imposibilidad de tramitar los duelos de acuerdo a los rituales acostumbrados y también llamativos impactos de diversa índole en la naturaleza.

Ante el caos reinante en todo el mundo podemos decir que el aporte del psicoanálisis es indiscutible y también en algunos casos podríamos hablar de su imprescindibilidad estratégica ante la velocidad e imprevisibilidad de los sucesos que acontecen y crean un panorama de extrema incertidumbre.

Ilustraré estas ideas con algunas viñetas clínica.

En general nos encontramos que en la pantalla aparecen los niños de entre 3 a 6 años, con sus juguetes, sus mascotas, algún hermanito y alguno de los padres, lo cual cambia el encuadre al que estábamos acostumbrados, pero no es imposible trabajar, sino por el contrario nos econtramos ante la necesidad de establecer nuevas formas de abordaje que los incluyan.

Observé algún paciente que se había mostrado, hasta la pandemia, más rígido y estructurado cuando venía al consultorio, y por el contrario cuando continuamos el tratamiento on-line, se permitió por ejemplo tomar mate durante la sesión. Esta situación nueva e imprevista fue abordada rescatando sus aspectos yoicos más creativos, que no se habían descubierto en la sesión presencial.

Algunos adolescentes al no poder asistir en forma presencial a la facultad o a la escuela, han cambiado su rutina, sus cotidianeidad. Desayunan durante la sesión, mostrando contentos sus nuevas habilidades; por ejemplo el pan o galletas que han aprendido a cocinarse, cortarse el pelo y eso los hace sentir más seguros, lo cual les permite enfrentar otras situaciones con sus pares, sus padres.

En esta cuarentena algunas familias han podido disfrutar la creatividad y el placer de hacer cosas juntas que nunca habían hecho. En otras familias se acentuaron los conflictos, el autoritarismo, las ansiedades paranoides y la violencia familiar. En algunos casos nos encontramos con pacientes que no aceptan continuar el tratamiento on-line, como el caso de Frida, que más adelante detallaré.

En esta pandemia nos hallamos tanto con personas que llaman de urgencia y algunas incluso por primera vez consultan a un terapeuta, como con pacientes que ya estaban en tratamiento. Se movilizan así conflictos que se relacionan con lo intersubjetivo, con la historia de cada uno, angustias de separación, de abandono, de desamparo, aumento de somatizaciones, como el caso de Juana, que expondré más adelante. El dolor es inevitable, y como analistas, tenemos que tener paciencia, tolerar la frustración y las dificultades que el entorno circundante promueve, donde inevitablemente la forma de atender al paciente es diferente. Pero hay una *invariancia* que se mantiene y es la pasión, la pulsión de vida y el amor con que ofrecemos nuestra escucha analítica, pese a las *transformaciones* que constituyen un nuevo desafío a la creatividad que es el motor de la mirada psicoanalítica. Ya que no debemos olvidar que también nosotros estamos en esta pandemia y aparecen miedos, relaciones con núcleos arcaicos de las historias de los pacientes que también movilizan los propios.

El investimento afectivo es el que otorga un sentido a la transferencia, al no dejar que el coronavirus invada todo nuestro espacio psíquico podemos investir proyectos grupales, de cooperación e investigación como compartir las vivencias y de esa manera poder enfrentar los sentimientos de perplejidad y de vacío que tienden a contaminar con tánatos la atmosfera que respiramos.

Me interesa aquí mostrar dos casos de pacientes que estando en tratamiento presencial, pasaron a tratamiento on-line.

Caso Juana
Historia familiar:

Juana tiene 9 años, cursa 4to. grado, a los 2 años se separaron sus padres. Durante mucho tiempo veía muy poco al padre. Vivía con su madre y abuela materna.

Madre: Verónica, 42 años, adoptada. Tiene una hermana, también adoptada. Su madre biológica la entregó en adopción en el hospital. A su hermana la abandonaron en la calle. Siempre supieron de esta situación, pero esta marca de sus orígenes y otros factores familiares determinaron muchos malestar entre las hermanas. Verónica tenía muy buena relación con su padre. Al morir este, la madre no quiso darle lo que le correspondía por herencia. Hubo maltrato físico y psíquico de la madre y la hermana hacia Verónica.

Todo esto ocurrió en presencia de Juana en el primer

año de tratamiento y a partir de las entrevistas efectuadas, Verónica pudo separarse de su situación familiar y laboral con su propia madre. Actualmente vive sola con Juana y desarrolla un emprendimiento comercial.

Padre: Antonio, 41 años, tres hijos de diferentes parejas, el mayor de ellos de 13 años, vive en el exterior y no se vincula con él. Por su trabajo de pescador, está ausente uno o dos meses, cuando se embarca por lo que se deduce que la relación con Juana es deficitaria. Establece un vínculo de intenso desapego ya que cuando Juana concurría a la casa del padre, este se reunía con sus amigos a tomar cerveza desinteresándose de ella.

Motivo de consulta: viene la madre y refiere

"Mi hija se enferma mucho, le duele el estómago, le duele la garganta, a veces la cabeza. La llevo al médico, casi nunca tiene nada. Me llamaron de la escuela porque se pelea mucho, especialmente con una compañera que la agrede y la trata mal, pero Juana igual la busca. Tiene trastornos de sueño. Yo no sé qué hacer".

Primera sesión: Juana se muestra dispuesta, agradable, es muy bonita. Tiene un vocabulario adulto, organiza juegos con las muñecas, prepara el té y comida. Me pide que juegue con ella. Le ofrezco colores y marcadores, dibuja a una niña con un cielo oscuro. Me impresiona como una niña sobreadaptada.

Algunos datos del tratamiento:

Durante estos dos años se efectuó tratamiento, con una frecuencia semanal y algunas entrevistas de la madre y Juana y dos veces con el padre. Durante todo este tiempo de tratamiento muchas veces Verónica, la mamá, suele comunicarse media hora antes de la sesión enviando un WhatsApp diciendo *"me quedé dormida, tengo que hacer unos trámites, no la podré llevar".*

Al comenzar el tratamiento, Juana no veía a su papá. En las dos entrevistas mantenidas con el padre, este mostró su resistencia al tratamiento psicológico y por supuesto a la conexión con ella. A pesar de esta resistencia esas pocas entrevistas habilitaron algún camino de encuentro con su hija, y pudo modificar algunas conductas que posibilitaron el acercamiento con su hija pudiendo decirse que al día de hoy tienen un vínculo satisfactorio. Actualmente el padre constituyó una pareja y tiene otra hija a la cual Juana quiere mucho.

Se establece una relación transferencial positiva.

Durante este verano, Juana suspende el tratamiento, por razones laborales de la mamá.

En el mes de marzo, Verónica, la mamá de Juana, comunica por WhatsApp: *"quiero que retome la terapia. ¿Podremos combinar un nuevo horario?"*

Nos volvemos a encontrar con Juana con mucha alegría de ambas partes. A pesar de los dos meses de separación, Juana no sintió tanta angustia ya que habíamos acordado el reencuentro cuando comenzaran las clases. A la segunda sesión Verónica avisó que Juana no concurriría porque estaba descompuesta. No pudo concurrir a la sesión. Esto ocurría habitualmente, durante el tratamiento

Con la cuarentena, me quedo en Buenos Aires y no puedo viajar a la ciudad donde habitualmente atiendo a Juana. Debido a ello, acordamos un horario para continuar el tratamiento en forma virtual.

Fragmentos de la sesión del 16 de mayo, ya en cuarentena:

Juana comienza diciendo: *"Mirà Su, que sorpresa tengo."*

Y a través de la video-llamada muestra un precioso gatito de un mes. Me muestra todo lo que hace y como le enseña. Juana continúa diciendo: *"alguien tocó timbre, puede ser mamá, voy a ver, esperame por favor. Sí, es mamá".*

La mamá me saluda.

Terapeuta: *"¿qué nombre tiene el gato?"*

Juana: *"Aslan. El nombre nos gustó a mamá y a mí. Es de un cuento que es un león. La primera noche no pude dormir. Ahora sí, le enseño todo".*

Madre: ojalá que no rompa las cosas porque al no poder abrir el negocio, tengo todo acá.

Terapeuta: *"¿está tapada la mercadería para que el gato no la rompa?"*

Me hace señas, detrás de la mamá, para que no diga nada.

Terapeuta: *"se puede proteger la mercadería que mamá necesita para vender, el gato, a vos y a tu mamá".*

Juana muestra unos dibujos y como está armando un atrapasueños.

Terapeuta: *"¿cuándo nos encontremos me vas a dar uno?*

Juana: *"cuando nos encontremos te lo doy".*

Reflexión acerca de dos significantes en la sesión de Juana

Aslan es el nombre de un cuento: "El león Aslan", donde el león aparece como figura protectora, fuerte y salvadora, como también dice la biblia, y Juana asocia el gato con el león Aslan, que salva a su pueblo, Narnia, del frio y devuelve la luz. El segundo significante es el atrapa sueños, que es un instrumento poderoso, chamànico, que representa la rueda del alma y la vida, que da buenas ideas y sueños agradables.

Juana me muestra los atrapa sueños que está haciendo en cuarentena recordando el atrapa sueños que hay en mi consultorio y que una vez se lo di cuando planteó en la sesión cuando no podía dormir.

Considero que estos dos significantes que pudo traer a la sesión on-line, por el espacio que abrió la trasferencia positiva conmigo, permitieron que tolerara la angustia de separación al no poder atenderla en el mismo lugar de siempre y en forma presencial, como lo hacíamos pero ya teniendo su león como representante del padre con el que empezó a interactuar mas y el atrapa-sueños que instalaba un espacio de confianza y esperanza.

Algunas reflexiones

Como dice Marucco,N.(1999) hablando de identificaciones en *"Cura Analítica y Transferencia"*, donde se pregunta si las identificaciones no son el residuo de la historia de antiguas relaciones de objeto.

Juana, al aumentar la tensión, cuando no se siente contenida por su mamá y su papá, se descarga en el cuerpo ya que ambos tienen severos déficits como padres. No lo puede procesar, como dice Green(2005) *"Ideas directrices para un psicoanálisis contemporáneo"* "el afecto es identificado, entonces con la investidura torrencial que rompe los diques de la represión y sumerge las capacidades de la ligazón y del dominio del yo" pag.184 y en la "es el peligro de una difusión descontrolada como una mancha de aceite, lo que crea la amenaza del desborde del afecto por fuera de la cadena de las representaciones. La difusión del desborde puede dominar el cuerpo entero y la vida psíquica en su conjunto"pág.185

Las cosas que callamos con los labios, las expresamos con el cuerpo ya que cuando ha habido una experiencia de dolor no tramitado ni elaborado dará seguramente lugar a fenómenos de desinvestidura, escisiones, distintos tipos de descarga por el acto o por el soma. El cuerpo se transforma en el escenario donde se expresa el trauma, se despliega y materializa en distintos tipos de patología somática como si enviara señales.

Cuando no hubo un sostenimiento seguro, un continente ausente habla de una madre que no pudo cumplir satisfactoriamente tanto su rol de barrera protectora contra el exceso de estímulos como decodificar y nominar las emociones del niño. Esto habitualmente determina que la persona reaccione con defensas extremas, favoreciendo la vulnerabilidad somática. El trastorno somático seria como una regresión que hace una persona frente al dolor psíquico intolerable o ansiedades que la desbordan, utilizando un código somático habitual en la infancia. Hay una dificultad en la tramitación psíquica, donde no se pudo ligar la cantidad y se produce la descarga.

En relación a esto último Catz, H.(2012) en "La Rêverie y sus patologías" nos dice:

"Justamente es la función materna la que recoge las actividades de evacuación emocional realizadas por el infante, mediante el uso de la identificación proyectiva. Función alfa, que mediante la ensoñación materna transforma una *impresión de los sentidos en una experiencia emocional.* "*Rêverie*" como envoltura y también como conducto vincular de la díada".

A lo que Catz, H. agrega: "Si se produce una ruptura en el interjuego a través de la identificación proyectiva entre la conciencia rudimentaria y el ensueño materno, cesura donde la proyección no es aceptada por la madre, el niño siente que su sentimiento de que se está muriendo es vaciado de sentido y de significado. Podríamos decir que se relaciona con la idea de Winnicott de *"temor al derrumbe,* es decir a un derrumbe que ya aconteció precozmente. Por lo tanto, lo que reintroyectará no es un miedo de morirse que se ha tornado tolerable, sino un miedo al que se le ha arrancado su significado, un *terror sin nombre.*

Podemos ver en los distintos síntomas que manifiesta Juana, que su madre Verónica al no poder organizarse,

contener ni contenerse a sí misma, constituyo lo que podríamos denominar una Rêverie patológica; a lo que se
suma la ausencia paterna lo que determina que Juana, al
sentirse tan desamparada, se descargue y exprese soma-
tizando de diferentes maneras esos terrores que quedaron sin nombre.

Otro caso clínico: Frida.
Datos de su historia:

Tiene dos hermanos, uno mayor y otro menor. Licenciada en asesoramiento financiero. Padres separados a
sus 15 años. Padre "autoritario", madre desafectiva.

Motivo de consulta:

Frida (40 años),consulta por depresión , estados de
angustia y ansiedad excesivos que no los puede dominar
según sus palabras. Hace dos años que comenzó el tratamiento con una frecuencia de 2 sesiones semanales. A
partir de este año 2020, disminuyó a una frecuencia de
una sesión semanal. Cuando comenzó la pandemia yo
quedé en otra ciudad y Frida no aceptó continuar la terapia on-line. Durante muchos años, no vio ni se habló con
su padre. El año pasado volvió a verlo y mantiene un vínculo cordial como resultado del tratamiento en el que trabajamos mucho esta problemática que la embargaba sin
palabras. Puede decirse que en un gesto que podríamos
considerar de agradecimiento y de re-aseguramiento del
vínculo terapéutico, ofreció pagar las sesiones adelanta-
das, hasta que nos volviéramos a ver en forma presencial.

A partir de la cuarentena, si bien Frida no aceptó hacer
las sesiones on-line, cuando se lo ofrecí, de hecho se estableció a partir de mi pregunta: "¿Cómo estás?" un diálogo a través de WhatsApp, que es la manera de Frida de
continuar su tratamiento sin repetir lo que le pasó con el
padre.

Algunos mensajes de WhatsApp de Frida:

"Tenemos que tener paciencia y aprender de todo lo que pasa, tomar la pausa que a veces no nos permitíamos tomar"..." ¿querés que te adelante algunas de las sesiones de los meses siguientes? Estoy tranqui, con algunas reflexiones, estoy escribiendo mucho, ¿cómo estás vos?, yo bien, tranquila, anotando muchas cosas, me encantan estos momentos de reflexión. Espero vengas en junio. Como no hay alternativa uno fluye.

Qué pasó con Frida que no aceptó hacer entrevista online? Una hipótesis podría ser volver a reeditar lo que había pasado con su padre. No nos vemos pero nos escuchamos, continúa la trasferencia ya instalada. La diferencia es que la ausencia del padre provocó confusión, ansiedad, relaciones dolorosas con los hombres y actualmente, el no vernos, le permitió poder escribir y reflexionar. Green ()"Ideas directrices para un psicoanálisis contemporáneo" nos dice que "la necesidad de cara a cara puede ser explicada por fantasmas inconscientes de escenas primitivas, angustiantes el alto grado por el hecho de mezclar una fuerte sensación de abandono con una actividad funcional proyectiva desenfrenada, fantasma de padres combinados".

Frida, al percibir y sentir que continúa la transferencia conmigo, diferenciándose de lo ocurrido con sus padres, le posibilitó escribir y tolerar la frustración de la separación, porque también hubo gratificación y alivio en todo lo que podía ir elaborando de su historia de vida.

En ambos casos clínicos, tanto Frida como Juana, atravesaron muy tempranamente angustias de desamparo y de vacío. En palabras del propio Green() "Narcisismo de vida y Narcisismo de muerte" nos dice que : "la madre muerta es entonces, contra lo que se podría creer, una madre que sigue viva, pero que, por así decir, está psíquicamente muerta a los ojos del pequeño hijo a quien ella cuida." (pág. 209,).

Green afirma, "Ideas directrices para un psicoanálisis contemporáneo" nos dice que : "lejos de encontrar el camino que llevan a la verdad, terminamos por reconocer, junto a Machado, que la verdad es el camino".(pag.397)

Algunas conclusiones

La actitud de apertura, de tolerancia a la frustración del analista frente a esta situación nueva, dolorosa e incierta como la pandemia, es esencial, para encontrar estrategias diferentes para la curación y lo que podríamos denominar la paz del alma.

Mi gratitud es inmensa por la oportunidad, en esta pandemia, de poder ayudar con la escucha analítica a las personas que llamaban de urgencia, que nunca habían tenido la escucha de un analista y encontraron una mirada a la situación muy angustiante que presentaban. Abrir a la posibilidad de tolerar y encontrar una solución que los pudo aliviar y también la posibilidad de agradecer haber recibido esta ayuda.

También por mi parte yo agradezco a los pacientes que me permiten descubri,r parafraseando al cuento de Borges,(1941) Un jardín de senderos que se bifurcan; en este nuevo desafío a enfrentar tanto desde el psicoanálisis como desde nuestra labor como terapeutas.

Agradezco, también, al grupo de trabajo, espacio de transición para metabolizar las ansiedades que podemos compartir, intercambiando impresiones, experiencias e incluso escribiéndolas como en estos libros en los que hablamos sobre esta Pandemia del siglo XX que asola a la humanidad, generando un sinfín de reflexiones éticas, sociales, políticas e históricas, que nos ayudan a procesar lo vivido de manera creativa y solidaria.

Bibliografía

Bion, W. (1966) - *Aprendiendo de la experiencia* – Editorial Paidos

Borges, J.L. (1996) - *Ficciones* Editorial EMECE

Catz, H. (2020) - y Colaboradores. *Psicoanálisis de niños y adolescentes, Trabajando en cuarentena en tiempos de Pandemia,* Buenos Aires, Vergara Ricardo, Buenos Aires

Catz, H. (2012)– *La Revêrie Materna y sus patologías.* Ficha de Seminario

Green, A.(2005) - *Ideas directrices para un psicoanálisis contemporáneo* – Amorrortu Editores, Bs, Aires

------------*Narcisismo de vida, narcisismo de muerte,* Amorrortu Editores. Bs. As.

Marucco, N. (1999) - *Cura analítica y transferencia* - Amorrortu Editores

Lic. Susana Rasinsky

Licenciada en Psicología
Licenciada en Ciencias de la Educación
Perito Psicólogo.
Miembro Adherente de A.P.A. (Asociación Psicoanalítica Argentina).
Miembro de FEPAL (Federación Psicoanalítica de América Latina)
Miembro de I.P.A. (International Psychoanalytical Association)
Ex -jefa de Psicopedagogía en Salud Mental de Mar del Plata
Ex -docente de la Universidad Nacional de Mar del Plata
Profesora de seminarios y cursos en Mar del Plata y Buenos Aires.
Colaboradora del Departamento de Niños y Adolescentes de A.P.A.
Terapeuta del Centro Racker de A.P.A.
Co-autora en Catz, H. y colaboradores (2020). *Psicoanálisis de niños y adolescentes. Trabajando en cuarentena en tiempos de la pandemia.* Buenos Aires. Ricardo Vergara ediciones
Docente en el Curso-Taller de Psicoanálisis y Educación del Centro de Estudios de A.P.A.
E-mail: susanarasinsky@hotmail.com / sbrasinsky@gmail.com

De pandemias y locuras privadas

Alicia Szapu de Altman

A. Fantasías, realidades y fronteras

Desde el fondo de los tiempos los jinetes del Apocalipsis, tornados en primigenias fantasías infantiles, subyacen en el inconsciente de los hombres. Son los vientos indomables del pasado que estando al acecho buscan en el presente trozos de realidad que les ofrezcan la oportunidad de un retorno del averno.

"Lo siniestro" burla las barreras impuestas por la censura y nos sumerge en un clima impensable donde el límite entre oscuros fantasmas y realidades actuales se desdibuja. La pandemia des-vela, saca a la luz, impone el regreso desde la realidad, de aquello soterrado.

Esta inusual situación facilita el desborde de algunas locuras privadas.

La cuarentena prolongada hasta la incertidumbre afecta a todos, pero aquellos que han padecido angustias catastróficas o han devenido de zagas transgeneracionales traumáticas con predominio de guerras, muertes, odios o secretos inconfesos, son mas proclives a la revivencia de lo insoportable.

El paciente no neurótico, morador de una tierra de nadie, capturado entre la vivencia de intrusión y la desesperación por la pérdida queda fácilmente atrapado por los fantasmas que el COVID 19 despierta.

Winnicott nos ha introducido en las lúdicas aguas de la creatividad al mostrarnos la utilización trófica   de la suspensión del juicio de existencia: el objeto transicional es y no es. Green, nos muestra el drama del paciente fronterizo cuyos síntomas ofrecen un rehusamiento negativo del decidir: ni "sí" ni "no"; "ni muerto ni vivo".

La suspensión de las rutinas organizadoras cotidianas, la dificultad para desarrollar aspectos identitarios constitutivos y la merma de miradas subjetivantes, potencian en algunos pacientes con patologías limítrofes la duda Shakespeariana: "soy o no soy", "estoy vivo o muerto".

Detengamos nuestra mirada sobre algunas de las angustias que tiñen cielos actuales,

1. Aislamiento

Nos subjetivamos en el encuentro con otro que -citando a Winnicott- facilita el pasaje desde la ilusión fusional a la desilusión trófica, dice que ese a quien llamamos bebé no existe sin una madre devota o sustituto suficientemente bueno que lo acoja.

El corte tolerable habilita el deseo y abre el camino hacia la representación, el pensamiento y la creatividad ; pero si la ausencia se transforma en pérdida nos introducimos en terrenos vacíos y desolados. "Terrores innombrables" que tomando diversos formatos pueden reaparecer en quienes alguna vez los padecieron.

El aislamiento social sanitariamente propuesto, remite en algunos sujetos al temor al derrumbe. Aquellos que han atravesado situaciones tempranas de falta de sostenimiento transitorio y/o permanente son más proclives a la intolerancia al aislamiento.

2. Desamparo

La inexistencia de quien pueda responder adecuadamente al gesto espontaneo del bebe genera vivencias de quebrantamiento "agonías primitivas" dice Winnicott. Frente a ellas el infans establece defensas, se producen fallas en su constitución, escinde aquello que no puede ser abarcado, metabolizado por el aparato psíquico, El concepto de break down acentúa lo atemporal, lo interminable de ese sufrir.

Podemos inferir que frente a la falta momentánea de resultados científicos eficaces que den respuesta y solución para evitar la propagación del nuevo virus, aquellos que han carecido de un reverie materno suficientemente bueno y por ende han padecido una ausencia de respuesta adecuada, son mas proclives a la intrusión de lo escindido en los momentos tempranos de su constitución subjetiva.

3. Hambre

Hambre, carencia, falta. La falta de tener, vela en muchos casos las"faltas en ser" muy propias de la post-modernidad. Es un común epocal que el sí mismo de muchos individuos se vea mancillado por la des-subjetivación del hombre.

La falta de mirada humanizante difiere de aquella que empuja al deseo, genera un vació constitutivo, un hambre de ser.

El temor al desabastecimiento imperante al principio de la pandemia promovió, en algunos, ansiedad por aprovisionarse de objetos y alimentos. La potencial falta de suministros hizo eco con ese vacío de ser encriptado y silencioso que mora en ciertos individuos.

4. Encierro

Cuando el engolfamiento materno-filial no habilita el proceso de individuación y el tercero esta ausente o no existe, se producen alteraciones en el surgimiento del si-mismo. Quien guarda en su historia tal padecimiento aprende, en el mejor de los casos, a desarrollar defensas contra amenazas identitarias; puede variar desde momentos de entrega y búsqueda fusional a otros donde el replegarse es la última defensa contra la reedición del vacío o la intrusión. Cambios de referente, explicaciones disímiles o incongruencias conductuales aparecen como manifestaciones fenoménicas de un yo que para su precaria subsistencia ha debido aislar e incomunicar alguno de sus núcleos tornando su posible integración en - al decir de Green - un archipiélago compuesto por diferentes islas rodeadas de vacío.

Cuando desde el ambiente retorna la "prohibición a salir" sumada a la dificultad para materializar necesidades individuales, lo no siempre exhibido del sujeto no -neurótico puede, fácilmente, salir a la luz.

Green describe como característica del fronterizo una elasticidad en las fronteras del yo, sin embargo, ésta no opera como conducta adaptativa sino como una fluctuación entre la expansión, la retracción o ambas. Esta variabilidad de las fronteras no se percibe como un enriquecimiento sino como una pérdida de control, como un último recurso defensivo. El autor califica esta envoltura yoica como una cáscara ineficaz que protege a un yo vulnerable, rígido y carente de cohesión.

Frente a la propuesta de "quedarse en casa" sujetos con este tipo de padecimiento suelen oscilar entre momentos de replegamiento extremo y otros de desmentida de los riesgos. El yo escindido se manifiesta en pensamientos y acciones que no siempre presentan coherencia.

B. De locuras privadas y nuevas ediciones.

La pandemia instalada en lugar de objeto-trauma reactiva momentos conflictivos de historias individuales y transgeneracionales, aquellos catalogados como limítrofes o no- neuróticos padecen con mayor intensidad los efectos psico-sociales del Covid 19.

Como terapeutas, nos enfrentamos a la tarea de construir un campo analítico saludable, a pesar que al igual que nuestros pacientes estamos inmersos en un medio iatrogénico que puede incentivar nuestras propias locuras privadas.

Construimos un objeto-analítico inmersos en un vínculo dialectico analista-paciente, ofrecemos continente a la vez que damos representatividad a inaudibles contenidos.

Green ha señalado que los analistas oyen hoy menos la perversión que la psicosis subyacente. Agrega que nuestra escucha se ve solicitada según un doble código. Cuánto mas en época de pandemia cuando vacíos y temores inconfesos de pacientes y analistas pueden salir a la luz. Parte del cansancio manifestado por muchos terapeutas proviene del esfuerzo por el contacto ineludible con núcleos primitivos reactivados.

Frente a esta realidad contamos con: nuestra personal experiencia como pacientes, un sólido encuadre interno y una insoslayable actitud profesional.

Hoy, es a partir de un espacio terapéutico que incluye la variable de la distancia física en el cual "jugamos" un permanente "squiggle-creativo" que una escucha atenta y una interpretación creada-encontrada pueden editar por vez primera una experiencia capaz de resignificar una carencia histórica. A pesar de la ausencia física del paciente, es mucho lo que se puede hacer. La disponibilidad para el encuentro por parte del terapeuta, mas la necesidad en busca de un objeto por parte del paciente generan la construcción de un objeto-analítico creado-encontrado capaz de abrir caminos de esperanza. Entonces desde oscuros nubarrones aparece la posibilidad de escribir una nueva historia.

Mucho se ha escrito en relación a las regresiones en el espacio analítico, por qué no inferir que el "quedarse en casa" impuesto por la cuarentena acompañado de un holding particular proveniente de otro-terapeuta -disponible

puede ,en algunos pacientes, generar un espacio intermedio ampliado que modifique tanto las barreras de distanciamiento externas como las internas generando una nueva oportunidad para que el verdadero self pueda emerger.

C. La Clínica
Historias en épocas de cuarentena

Juancito (8 años)

En el análisis de niños, es frecuente observar como el
entretejido de situaciones familiares irresueltas, intrusan
la subjetividad de los descendientes.

Las parejas se constituyen por pactos conscientes e inconscientes, los últimos facilitan el anudamiento de silen-
ciadas y crípticas locuras privadas que pueden obturar el
desarrollo de los hijos.

Juan es un niño atrapado en una dinámica familiar
disfuncional que interfiere en su continuidad existencial.
El clima que lo rodea es tenso y paranoide.

La madre se siente prisionera en una relación matrimonial que fascinante en un principio, se va tornando as-
fixiante, silenciosa y persecutoria. Siente que sus deseos
no encuentran eco en una familia política, desconfiada,
disfuncional y autoritaria. La propia, residente en Europa, tiene una zaga de enfermedades psíquicas, amenazas
de muerte y personajes científica y políticamente excepcionales.

El padre, hijo de una madre exitosa, maníaca y "bor-
derline" y de un padre descalificado y adicto vivió con
aparente resignación la separación de estos a su temprana edad.

Presenta significativos aspectos paranoides proyectan-
do al perseguidor en su esposa frente a quien se siente un
súbdito obediente.

Un año antes de la pandemia, la pareja agudiza su crisis matrimonial

A los pocos días, se desatan agudas fantasías paranoides en el padre de Juan.

En este momento se realiza el pedido de consulta para el niño. Tengo entrevistas con ambos padres por separado y horas de juego con Juan.

La segunda entrevista con el padre queda interrumpida por una fuerte ansiedad paranoide que súbitamente lo altera

A partir de ese instante comienza a tejer una historia conspirativa dudando de mi imparcialidad y confiabilidad profesional. Vacila en permitir la continuidad del tratamiento.

Finalmente acepta con reservas que el niño siga concurriendo. Él rehúsa continuar con los encuentros.

Juan es un niño inteligente y de lenguaje desarrollado. Durante las sesiones, juega sin incluirme, arma historias en las cuales predomina la presencia de un niño-héroe-salvador; su peculiar característica consiste en el cambio de signo de sus atribuciones, pasa de ser rescatista de sufrientes víctimas a victimario destructor. Acompaño sus juegos en silencio, cuando hago alguna acotación dice: " no, no, no entendes"- Infiero que necesita que entienda su "no" y acepté su límite. Su relato personal libre de intrusiones.

Comienza la cuarentena y con ella las sesiones a distancia.

Juan sigue siendo el constructor de escenificadas historias; ahora hay científicos interesados en descubrir la cura para el Covid 19; el niño comienza a buscar su camino hacia la curación.

A las tres semanas de iniciadas las sesiones a distancia recibo por audio de WhatsApp el siguiente mensaje:

-"Hola Ali, quiero que sepas que estoy triste y nadie me

puede ayudar. Te quería decir que para mi son tiempos difíciles, que estoy preocupado, a veces triste, y eso...porque estoy nervioso, un poco mal y un poco bien, y un poco de todo y a veces preocupado porque perdí la diversión y eso...estoy muy preocupado" (habla llorando).

Por vez primera Juan expresa su dolor y preocupación, sus angustias inconfesas hasta el momento por falta de continente que las acoja.

Asisto al derrumbe de ciertas barreras defensivas, derrumbe a partir del cual el niño escondido puede empezar a vivir.

Le respondo por WhatsApp:

T: "Te escucho, aun cuando estés preocupado, triste o nervioso. Sigo estando"

En la sesión siguiente se ubica dentro de un placard, vacía el lugar y lo llena de almohadones y peluches; cierra la puerta para que nadie lo escuche:

P: "Descubrí que mis padres me mienten".

El niño comparte con la terapeuta el drama de su vida, tras una manifiesta y constante preocupación por su bienestar y educación es objeto-rehén de la demanda revertida de cada uno de los miembros de la pareja parental. Madre carente de brazos internos para sostenerlo y padre perseguidor- perseguido inundando el psiquismo del niño con terrores paranoides.

El placard, objeto-analítico creado en el campo dialectico de las sesiones a distancia, metaforiza un útero-refugio habilitante de una regresión a cual se puede entrar o salir. Puertas que, cual fronteras yoicas, protegen de la intrusión y del drenaje de lo propio.

El aislamiento provocado por la pandemia ofrece al

niño una pausa, se suspenden distracciones y espacios ofrecidos por actividades cotidianas. En épocas "normales" Juan se maneja con agenda completa.

A partir del mandato de "quedarse en casa", el vínculo con cada uno de sus padres se intensifica. El espacio-terapéutico deja de ser una actividad entre otras y se re-dimensiona. El holding no-invasivo propuesto desde el inicio del proceso analítico abre el camino hacia la confiabilidad. Terreno de posible existencia personal.

La historia continua...

2- Ana (50 años)
Familia de origen

Padre (P): Proviene de una familia numerosa y disfuncional. Sus hermanos han manifestado trastornos psicóticos, trastornos identitarios y separaciones traumáticas. Fallece a los 4 años de Ana. Tras su muerte es idealizado por toda la familia.

Madre (M): Hija culposa de sobrevivientes del holocausto vive engolfada por su madre.

A partir de su viudez sostiene económicamente a su familia actual compuesta por Ana y José (2 años mayor que Ana). M repite su propia historia culpando y reteniendo a Ana.

Hermano (J): Vive aislado de la familia. Ana alega no saber quien es. Emigra a los 18 años interrumpiendo la comunicación con los suyos.

Ana: Mantiene un vinculo simbiótico con su madre, presa de una demanda revertida, la cuida hasta su fallecimiento (a los 40 años de Ana). Si bien termina con honores la carrera contable, nunca puede ejercer su profesión. Encuentra el amor (F) a sus 35 años, reedita un vínculo de tipo fusional que le ofrece seguridad. Sufre 2 abortos espontáneos y desiste de la maternidad.

Ana es una mujer triste, apagada, siempre al borde de la desesperación y a la espera de catástrofes.

A los 10 años de casada su marido (F) enferma de cáncer, fallece tras una larga agonía.

Proceso terapéutico

Las sesiones iniciales cursan en un clima angustioso. Ana habla poco, llora, teme no poder sostenerse en pie.

P: "Cuando vengo, tengo miedo de caerme, no puedo cruzar la calle, me tienen que ayudar..."

Frecuentemente, al llegar al consultorio se sostiene del marco de la puerta, debo darle la mano para ayudarla a entrar y a sentarse.

Ana expresa desde el cuerpo el temor al derrumbe.

La muerte del marido resignifica viejas pérdidas y pone en presente insoportables ausencias. Si bien la paciente sitúa como trágica marca fundante la desaparición temprana del padre, se infiere que esta pérdida oculta una falta básica inicial, la de una madre insuficiente acompañada de un padre muerto-vivo del cual solo conserva una enfermiza idealización.

P:" ... recuerdo sus manos, eran suaves, de un blanco nacarado, como de un ángel..."

Ana atravesó tragedias y teme reencontrarlas en cada pequeño o gran suceso de su vida. El temor a la muerte y a la pérdida están siempre presentes.

A los 4 meses de iniciado el tratamiento dice:

P: "me duele la garganta". Tiembla, llora, tiene dificultades en articular palabras. Parece a punto de colapsar.

T: Poniendo una silla a su lado y tomando su mano. "Cuánto dolor atragantado, cuánto miedo".

P: Llora en silencio. Toma la mano de la terapeuta entre las suyas, la sostiene durante varios minutos.

T: Me mostrás tu miedo, tu dolor y sin embargo sos vos quien sostiene mi mano. Siempre fue así, contuviste a tu mama, a tu marido en su enfermedad y vos sola, asustada, en silencio y sin pedir.

P: "Te sostuve la mano sin darme cuenta (habla entre sollozos y asombrada).

A partir de esa semana Ana agrega 2 sesiones semanales a las 2 anteriores establecidas.

Llega la pandemia y con ella los tratamientos a distancia. La paciente esta aterrada. Prefiere sesiones telefónicas y habla desde la cama, refugio privilegiado durante el primer mes de aislamiento social. Satisface sus necesidades básicas gracias a una vecina que le acerca comida. Se vincula con la realidad externa a través del televisor.

Sostener el campo analítico durante las primeras semanas de cuarentena es difícil, silencio, gemidos, ruido de movimientos o sonidos provenientes de la deglución o del televisor, son los regresivos mensajes que llegan a través de la línea telefónica.

T: "Ana, estoy acá, te escucho y acompaño.

Cuando la música o alguna historia del televisor rompe el silencio opera como un tercero que quiebra un pesado clima. Otras veces pido a la paciente que relate su día, entonces cual terapeuta-objeto maternamente ayudo a construir rutinas.

Pasadas cinco semanas Ana comienza a protestar, se

queja de políticas estatales, su mundo comienza a dividirse entre los buenos que se preocupan por la salud y los malos que no cuidan a la gente. La disociación es la puerta de salida de una profunda regresión, pero esta vez no esta sola, la acompañan el baño sonoro de la voz de la terapeuta y el suministro constante del pecho-vecina.

Lo detenido en su desarrollo histórico encuentra en esta ocasión un terreno propicio para desplegarse.

Este proceso continúa…

D. Epílogo

Transitar un espacio terapéutico virtual con pacientes-niños inmersos en familias disfuncionales donde núcleos no-neuróticos inundan disruptivamente el campo analítico ampliado o sostener un proceso terapéutico a distancia con pacientes fronterizos es una difícil y a veces agobiante tarea. La decepción, el agotamiento o las heroicas fantasías de salvataje sobrevuelan frecuentemente estos particulares espacios terapéuticos.

Nos interroga desde el lugar de terapeutas la cuestión de la falta de presencia real: ¿sería menos exigida nuestra contratransferencia?, ¿Podríamos crear un campo más operativo?

Los cambios forzados por la época y la pandemia nos exigen construir puentes impensados y crear caminos en territorios nunca habitados. Llevamos en nuestras alforjas la disponibilidad al encuentro, los fundamentos teóricos que siempre nos acompañan y la actitud profesional.

Bibliografía

Green, A: *De Locuras privadas* (1986). Amorrortu Ed. Buenos Aires.

Green, A: *Ideas directrices para un psicoanálisis contemporáneo* (2005). Amorrortu Ed. Buenos aires.

Green, A: *La nueva clínica psicoanalítica y la teoría de Freud* (1993). Amorrortu Ed. Buenos Aires.

Szapú de Altman, Alicia: *Psicoanálisis de niños y adolescentes. Trabajando en cuarentena en tiempos de la pandemia.* Cap.3. (2020). Ricardo Vergara Ed.

Winnicott, D: *Escritos de pediatría y psicoanálisis.* (1999). Ed. Paidós. Buenos Aires.

Winnicott, D: *Los procesos de maduración y el ambiente facilitador* (2005). Ed.Paidos. Buenos Aires.

Winnicott, D: *Realidad y juego.* (1972). Ed. Granica. Buenos Aires

Lic. Alicia Szapu de Altman

Lic.en psicología
Miembro Titular en Función
Didactica APA/IPA
Especialista en niños y adolescentes APA/IPA
Miembro del Espacio Winnicott de APA
Premio Cesare Sacerdoti al mejor trabajo presentado en el Congreso Internacional de Barcelona 1997
Autora de trabajos Presentados en revistas nacionales e internacionales
E-mail: aszapualtman@gmail.com

El amor en los tiempos de la pandemia

Azucena Tramontano

*"¿Que más podemos hacer que sino vivir y luchar juntos, aunque sea
como perros y gatos? Es el sueño de Bolivar, más actual que nunca:
la integración del continente, para seguir peleando juntos contra la
muerte en las trincheras de la felicidad, luchando por ser nosotros
mismos, por más paz que siempre, por más tiempo y mejor salud,
más comida caliente, más rumbas sabrosas, más de todo lo bueno
para todos. En una palabra: más Amor"*
¿Otro dinosaurio?
Gabo: Revista Semana. Diciembre 1989

Había una vez un mundo que se despertó oscuro. En sombras, sus habitantes no encontraban las cosas que hasta el día anterior habían dejado en suspenso para continuar con el Hoy. Nada estaba en su lugar y llegaban voces de todos lados con explicaciones diversas sobre el autor de la oscuridad.

Todos empezaron a conocer que había alguien que apagó la luz el día anterior y se llamaba Covid. Sin ubicar si alguna vez lo habían conocido, se instalaba como un nuevo personaje en la vida mundial y todos querían conocer de qué se trataba este ser poderoso que podía cambiar el Hoy por un detenimiento sin tiempo. No era fácil entender que se trataba de un enemigo chiquito, pero poderoso y cruel.

Tampoco era fácil recurrir a una memoria precisa sobre, si alguna vez hubo cosa similar y tan abrupta como este sujeto que, cual personaje todopoderoso, reinaba en el país de los ciegos. Nadie tenía un argumento sobre su proceder y su imagen fue dibujada como una corona. Se instalaba como un Rey.

Diferentes sensaciones acudieron después de su descubrimiento, a veces miedo, otras desconcierto y alerta. La imaginación no alcanzaba a darle cuerpo...sin embargo día a día se incluía más y más en un transito inevitable por lo desconocido. Cada quien, usó sus defensas y sus atributos, para recrear una posibilidad de acomodación a su existencia y de a poco se fue encerrando en un aislamiento involuntario en su casa y sin tener el derecho de hacer uso de su libertad, ni de sus gustos y placeres cotidianos. Algunos se acomodaron rápido por ser seres sufrientes que rápidamente abandonan sus posesiones y otros dieron batalla recreando momentos similares a la vida corriente, antes de conocer a Don Covid.

La historia contada por Gabriel García Márquez en ¨El amor en los tiempos del cólera¨, podría tener una continuación en algún escritor que goce de la capacidad de llegar a escribir esta novela de la vida mundial. Su protagonista sería este ser supremo que el mundo conoció al despertar en la oscuridad y que generó perplejidad e intriga, un tiempo detenido universalmente, peligroso, atemorizante y muy cercano a la destructividad, la idea de la enfermedad y de la muerte.

Así el creador literario se acercaría de a poco a las vicisitudes del Amor en sus matices de crueldad pasional o de promesa de felicidad.

El nuevo Rey se instaló como un Amo y ante él las ficciones más insospechadas y las de siempre reorganizaron un nuevo escenario. No era posible ir al encuentro de ningún ser amado y se abrió la puerta de posibles fantasías que cubrieran encuentros y desencuentros típicos del acontecer amoroso.

Intentaremos pensar, como psicoanalistas, sobre esta circunstancia inédita y su efecto en la práctica, esperando que esta actualidad pueda anudarse en el futuro a las re significaciones que se realicen en el a posteriori.

Al estilo de la novela que parafraseamos, nos ocuparemos de los relatos amorosos en su condición de entrecruzamiento antes de la pandemia y en sus avatares en medio de ella.

Partimos de las fantasías como realidad psíquica, dado que de lo que se trata no es del acontecimiento Covid, sino de algunas particularidades detectadas en la práctica en este corto tiempo. Tratando de sostener que el relato discursivo se articula con la problemática del Edipo como construcción que da lugar a las inferencias posibles, en dicha práctica. El analizando presenta en sus asociaciones la historia de Edipo, la exclusión y la castración. Siendo desde ahí la forma de mayor amplitud que un psicoanalista podría pensar sobre las fantasías amorosas sexuales y ambiciosas, como así también lo epocal.

La fantasía Covid entra a las sesiones como un colectivo que tiene raíces en tiempos inmemoriales. Siempre hubo un amo -señor-padre y ahora se reinstala como todopoderoso.

Solemos escuchar el -¨sin ti no puedo vivir ¨de los estados de enamoramiento, de las declaraciones amorosas y de las despedidas, cuando el amado se muere o se retira dejando tras de si una añoranza sin fin. En la historia de la humanidad y en los mitos se refleja la imposibilidad, el desencuentro y el sufrimiento. En las novelas existen todo tipo de desmesuras masoquistas para retener al objeto de amor y para maltratarlo si no responde a la demanda amorosa. En toda producción de sentido, como los mitos, las novelas y las fantasías se muestran cadencias eternas de posiciones subjetivas que giran en torno al desvalimiento del sujeto humano y su sufrimiento.

Por estar aislados obligatoriamente en cuarentena, nos encontramos en un estado de privación, estando en plena reedición de situaciones traumáticas que servirán de lecho para el acontecer actual.

Diferentes variantes aparecen en estos tiempos con respecto a dicha privación: Amores que no están del todo consolidados, que viven en otro lugar, que no pueden salir para no convertirse en operadores del mal, porque pueden contagiar o ser contagiados, amores extramatrimoniales, amores al trabajo, a la familia, a las ilusiones, a los proyectos, a la vida. ¿Qué se experimenta cuando estamos privados de la posibilidad de ir al encuentro del ser amado, de su protección, de sus caricias, de sus abrazos? La respuesta más sencilla es dolor, sufrimiento, angustia, desvalimiento y ansiedad

El camino de la postergación, aprendido tempranamente, domina la posibilidad del encuentro y habrá que esperar ante esta situación de ajuste a la realidad, pero esta vez sin una madre nutricia o un padre protector.

El-¨Sin ti no puedo vivir¨ será sostén de nuevas construcciones desiderativas. Quizás mantenga sus formas originarias en relación a la madre, pero no sin agregar el factor trágico que implica la posibilidad de la muerte. Sin embargo Florentino Ariza, el protagonista en El amor en los tiempos del cólera, le dice a su amada, Fermina Daza, cuando le pregunta como seguirán sus vidas después del desencuentro, que tenia la respuesta preparada desde hace cincuenta y tres años, siete meses y once días con sus noches: toda la vida. ¨el amor se hace más grande con la calamidad¨.

En los relatos clínicos de la vida en pandemia aparecen estos malestares generados por la imposibilidad de encuentro con el ser amado - ¨no veo el momento de estar con el/ella¨ O también expresiones por exceso de presencia en las parejas convivientes -¨ya no lo aguanto más ¨o ¨cuando terminará esta cárcel con esta mujer u hombre¨. Así aparecen los que añoran y los que detestan la circunstancia en la cual viven. Pero aquí tendríamos que detenernos en la idea de si estar juntos es garantía de estar con otro o si querer estar con alguien implica realmente estar. Generalmente en los discursos amorosos no resulta lineal que el acercamiento implique posición de satisfacción y su anverso

Pensemos en el *desconocimiento en la pareja*, frecuente como observable; de aquellos que viven juntos pero no se conocen (aún después de 30/ 40 o más años) ¿El desconocimiento no es acaso una forma de no hacer que el otro adquiera presencia?, ¿no es negativizarlo? ¿Que pasa con la posibilidad de hablar y de acopiar mirada, sensaciones y excitaciones? ¿Qué de lo erótico puede prescindir de la palabra? ¿Que pasa con el tedio?...algo del orden del acuerdo para la permanencia y el miedo a la soledad. Sin embargo el acuerdo es para la soledad más absoluta, fuera del registro del ser tenido en cuenta para ser amado. Quizás la violencia silenciosa que impide construir la diferencia en el encuentro. Ejemplos múltiples de esta situación se ven en ese recorte de encierro que genera el obligado aislamiento social. La imposición es estar juntos por obligación y quizás conocerse por primera vez; después de muchos años de vida en común.

Gran aporte del virus que ofrece el verse, el tenerse, el unirse a ese ser desconocido con quien supuestamente se armó un vínculo de amor, que termina con la anulación de la palabra y el erotismo. Como le dice el padre a Fermina Daza en los tiempos del cólera: ¨Cada cosa se hará a su debido tiempo¨. Así fue como ella ¨ se encontró en el santuario de un amor extinguido antes de nacer¨

Sin pandemia *los amores suspendidos en el tiempo* dan cuenta de los amores trágicos con finales dramáticos llenos de imposibilidad y finalmente muerte. Esas configuraciones que instalaron mitos cargados de relatos trágicos operan hoy en la situación trágica de no poder estar con el amado porque Don Covid padre todopoderoso lo impide, instalando la repetición.

Un *paciente adolescente* (Gerónimo), esquivo a las expresiones amorosas, pide más sesiones por video llamada, siendo que hasta el momento prefería asistir en presencia ¨cada tanto¨. Cautiva mi atención porque sugiere algo diferente que hasta entonces era impensado. Pide ser reconocido en este mundo que le resulta más fácil, mas amoroso y ciertamente posible. Ser mirado a través de la pantalla, para lo cual está más acostumbrado, no mostrando su pelo sucio, sus malolientes dientes, su exceso de peso, pero por sobre todo mostrando solo la mitad de su cuerpo. En esencia mostrará luego, vía la palabra, su desvalimiento y necesidad de atraer la mirada de su analista. Ha llegado el momento de analizarse, no esquiva, ni se aleja. Todo lo contrario; consigue acercarse.

Detrás de él la imagen congelada de una escena del juego fortnite que muestra, aún en lo esquivo de su discurso , una imagen de la agresión que le impide muchas veces el contacto con los otros . Desde el aislamiento afectivo de siempre encuentra el acercamiento y desde la distancia se acerca.

Comienzan a presentificarse estas paradojas de aquello que en si mismo no es determinante absoluto, estar a veces no es estar y estar lejos puede ser la forma de estar presente. Casi como una metáfora amorosa. En la distancia te quiero más. Su temor a salir la calle, la sexualidad, los otros, encuentran mitigarse en la posibilidad que le da a Gerónimo la cuarentena y la pantalla compartida. Empieza abrir sus historias de amor y esa imagen congelada coagulada va mostrando que de lo que se trata es de la conjunción entre violencia y erotismo. En este caso acompaña la sesión con una ¨taza de leche calentita..porque tengo frio¨. Relación inevitable entre el mamar y la relación con su equivalencia simbólica lingüística de ser mamado por otro. En sus fantasías eróticas frecuenta la felatio con pudor y vergüenza. Gerónimo se siente inhabilitado para salir a la calle, al encuentro con otro, al tocamiento de sus genitales y a la penetración del cuerpo del otro. Hay una boca madre que le da la leche calentita y una analista que hasta la presencia del Covid le resultaba amenazante. Quizás de Don Covid, en tanto amenaza, produce un encierro con mayor apertura . Es una demanda de amor hecha sobre un fondo de desesperación. Es la ausencia de un padre protector y la solicitación de una madre que siga en un intento regresivo narcisista suministrando la leche que los une en un vinculo de Amor originario. Madre hiperpotente, en este caso, que genera un apego a la misma intenso, con la perspectiva que en un segundo tiempo de la elección de objeto su búsqueda implique otro que necesite un dependiente a quien amamantar y mantener.

El psicoanálisis ha considerado el nacimiento, como una ruptura traumática del estado anterior a él, como el prototipo de la separación. Y esto indudablemente es una herida, que coincide con la etimología misma del término (trauma-herida). Herida que por su gran intensidad, quedará fijada para toda la vida. "una vivencia que en breve lapso provoca en la vida anímica un exceso tal en la intensidad de estímulo que su tramitación o finiquitación por las vías habituales y normales fracasa, de donde por fuerza resultan trastornos duraderos para la economía energética" (XVI-252). Se instala entonces un corte que insiste en querer recobrar aquello que se ha perdido, pero la situación de desvalimiento e indefensión inherente a la prematurez del niño, no lo permite; se acentúa más la herida, el trauma y el sujeto humano queda colocado a merced del Otro.

Sucede aquí algo que entra en consonancia con la regresión que produce el encierro. Las figuras hiperpotentes lo son más, atienden, prestan servicio, dan de mamar y el adolescente solo encuentra en ello una satisfacción erótica disminuida en su valor actual y reemplazada por una felatio de boca que succiona.

En cualquier circunstancia, de cualquier tiempo habitual, en el universo adolescente puede aparecer un simil del

Sr Todopoderoso de nuestro tiempo actual. Sin embargo, no podemos estar ajenos a que es un significante que, como despertador, trae estas posiciones al análisis u otras que dependan del caso en particular. Será en ese campo particular, donde se despliegan las transferencias que podremos conjeturar algunas hipótesis que lleven a una teorización del efecto pandemia. Lo cual, necesariamente incluirá la serie fálico/castrado y la presencia/ ausencia del objeto de Amor en el campo simbólico de cada analizando

No es del fenómeno nuevo del que nos ocupamos, sino de la consecuencia del mismo en la clínica.

Una circunstancia llamativa es la de *algunos amores prohibidos* que incluyen el miedo y el terror por estar fuera de la ley, transgrediéndola y observados por el superyó. Con frecuencia hemos encontrado en los historiales de Freud y también de nuestros pacientes un amor prohibido, que por ser tal, ha tenido que sucumbir a la renuncia. Y sustituido por algunos romances de menor valor, denigrando aún más la vida erótica. Esa renuncia que desde la infancia nunca dejará de pujar por expresar sus efectos. Sabemos que ningún niño en este mundo civilizado acepta el contentarse con parcialidades amorosas, y vemos que el adulto las transforma en añoranzas permanentes, evitando la tarea de tener que realizar el cambio de objeto incestuoso por otro posible. Con la presencia del Rey Covid no hay espacio para la tentación, puesta en acto. Ha adquirido más fuerza el sufrimiento, la renuncia y la fantasía de reencuentro forma parte de un goce que aumenta la figura del castigo. Si ha llegado el merecido castigo, ese Rey podrá poner fin al calvario y ,contradictoriamente a lo esperado, suspender lo que de otra forma no se podía hacer.

Dice Freud:-"El superyó conservará el carácter del padre y cuanto más intenso fue el complejo de Edipo y más rápido se produjo la represión,... tanto más riguroso devendrá después el imperio del superyó como conciencia moral , quizás también como sentimiento inconciente de culpa , sobre el yo"(XIX pag36)

Agregando que " es el monumento recordatorio de la endeblez y dependencia en que el yo se encontró en el pasado, y mantiene su imperio aún sobre el yo maduro. Así como el niño estaba compelido a obedecer a sus progenitores, de la misma manera el yo se somete al imperativo categórico de su superyó"(ibid 49)

El superyó que es mudo, silencioso y corrosivamente catabólico, desde la conciencia moral cumplió con el enjuiciamiento. Pero esta operación inconsciente dinámica, hace que el superyó "opere como bastión de la pulsión de muerte" disuelve el principio de placer y destruye los hilos lógicos de la trama asociativa. Complota contra toda formación del inconciente pues opera comandando mas allá del principio del placer y transita carcomiendo lo articulable del deseo inconciente". Las expresiones de fracaso, son testigos mudos de esas vicisitudes. Dice Freud: "la satisfacción del sentimiento inconsciente de culpa es quizás el rubro más fuerte de la ganancia de la enfermedad.. el padecer que la neurosis conlleva es justamente lo que la vuelve valiosa para la tendencia masoquista...vemos que únicamente interesa poder retener cierto grado de padecimiento"(XIX-172).

También encontramos en estas configuraciones de amores prohibidos un ¨beneficio¨para su tendencia masoquista. Y entonces la pandemia adquiere pleno valor , se instala como castigo y solicita más insistencia en el sufrimiento

En estas posiciones de sufrimiento insiste un verdadero estilo masoquista. Freud consideraba al masoquismo como una conjunción de culpa y erotismo "el erotismo que toma el camino del masoquismo será sustraído del resto de la vida sexual de la persona, no estará a su disposición, y en virtud, de su vínculo con la culpa, sólo habrá de satisfacerse con el sufrimiento" (J.Rusconi-La peste de Tebas)

En estas posiciones frente al amor , al igual que en la fantasía de pegan a un niño, articulando superyó con fantasías masoquistas; se solicita el ser golpeado ser amado, tal como Freud lo infiriera; en toda metáfora de amor se incluye la agresión. En sueños y en pesadillas solemos representar personajes que humillan, amenazan, torturan; en tanto otros padecen y sufren el calvario. En la Pandemia la fantasía es ser tomado por ese desconocido para saciarle su sed de sangre, con la propia.

Sabemos que cuando una aspiración pulsional sucumbe a la represión sus componentes libidinosos son traspuestos en síntomas y sus componentes agresivos en sentimiento de culpa." Pues el sentimiento de culpa es la expresión del conflicto de ambivalencia, de la lucha entre el Eros y la pulsión de destrucción o de muerte"(XXI-128)

"Toda elección erótica está signada por el reencuentro con aquel que evoque, real o metafóricamente, los objetos que despertaron el deseo de los primitivos tiempos edípicos" (Milmaniene-17)

Freud decía que desde tres lados amenaza el sufrimiento "desde el cuerpo propio, destinado a la ruina y a la disolución...desde el mundo exterior, que puede abatir sus furias sobre nosotros con fuerzas hiperpotentes, despiadadas, destructoras,...desde los vínculos con otros seres".( ). Notemos que estos sufrimientos son producto de las amenazas tanto del cuerpo que sufre y se enferma, por el peligro de un mundo lleno de virus malignos y obviamente por los vínculos con los otros . El desamparo en su vertiente traumática, necesita ser apaciguado. Y las amenazas unen en el desconsuelo

La música de fondo de las sesiones en pandemia no difieren en esencia de las habituales, solo que son operadas según como, el caso por caso, las imbrique con su vida toda. Y estarán acompañadas por las palabras: trauma-amor-desamor; deseo-renuncia-insatisfacción; presencia-ausencia-; fijación-entrampamiento-dolor; cuerpo-temor-compulsión de repetición; tragedia-Edipo-castración; masoquismo-excepcionalidad-fracaso; repetición-destructividad-duelos; -

sexualidad- vida y muerte. Como parte insoslayable de un dispositivo que recibe un sujeto del padecimiento.

Es necesario destacar que la vida comienza en la relación con Otro, con quien tendremos una relación efectivamente inmemorial, constituyendo un modelo de base, para cuanta otra relación aparezca. Los primeros pasos por la vida darán forma a todos los que seguirán y servirán de medida. Su herencia es la falta y el deseo que en ella se origina. Es desde el Otro que llega la sexualidad y la perdida.

En estas reflexiones sobre algunos recortes clínicos estaría presente un hilo que conduce desde amores contrariados, amores en el desconocimiento, amores de los adolescentes y amores prohibidos y trágicos. La característica del beneficio secundario que está ofreciendo la pandemia, para estas configuraciones, remite a la insistencia de la pulsión de muerte y la fuerza que compele al castigo por sentimiento de culpa.

La presencia de Un Rey Padre todopoderoso genera sufrimiento, sumisión, miedo y deseo de matarlo, dando como resultado un sometimiento sacrificial a su figura.

Al decir de Gabriel Garcia Marquez: la vida no se la enseña

Bibliografía

Baranger Madeleine y Willy; Mom, J.M. : *El trauma psíquico infantil, de nosotros a Freud. Trauma puro, retroactividad y reconstrucción*. Revista de Psicoanálisis-APA-vol.44-n* 4, 1987.

Barthes, Roland: Fragmentos de un Discurso Amoroso, Siglo XXI , 2002

Braunstein, Néstor: *Goce*, Siglo XXI, 1999

Cosentino, J. y otros: *Puntuaciones freudianas de Lacan: Acerca de Más allá del principio de placer,* Manantial, 2000

Etchegoyen, Horacio: *Los fundamentos de la técnica psicoanalítica,* AE, 1993

Frenkel, Perla; Lauriña, Cecilia. *"Porque no todo se puede, algo se puede"*- Congreso Latinoamericano-Fepal 2002

Freud, Sigmund:

La interpretación de los sueños, AE-IV, 1900

Recuerdo, repetición y reelaboración, AE-XII, 1914

Puntualizaciones sobre el Amor de Transferencia, AE-XII, 1914

Tótem y tabú, AE-XIII,1915

Introducción del Narcisismo, AE-XIV, 1914

Pulsiones y destinos de pulsión, AE-XIV, 1915

La Transitoriedad, AE-XIV, 1916

Algunos tipos de carácter dilucidados por el trabajo psicoanalítico, AE-XIV, 1916

Duelo y melancolía, AE-XIV, 1917

Pegan a un niño, AE-XVIII, 1919

Lo Ominoso, AE-XVII, 1919

Más allá del Principio de Placer, AE-XVIII, 1920

Psicología de las masas y análisis del yo, AE-XVIII,1921

El yo y el Ello, AE XIX, 1923

El sepultamiento del Complejo de Edipo, AE-XIX, 1924

El problema económico del masoquismo, AE-XIX, 1924

Inhibición,síntoma y angustia, AE-XX, 1925

El Malestar en la Cultura, AE- XXI, 1930

Nuevas Conferencias de Introducción al Psicoanálisis, AE-XXII, 1933

Análisis Terminable e Interminable, AE- XXIII, 1937

Construcciones en el análisis, AE-XXIII, 1937

Cartas a Wilhelm Fliess-1887/1904- AE, 1986

Gerez Ambertín, Marta: *Imperativos del Superyó,* Lugar Editorial, 1999

Las Voces del Superyó, Manantial, 1993

Green, André: *La concepción psicoanalítica del afecto,* Siglo XXI, 1975

La nueva clínica psicoanalítica y la teoría de Freud, AE, 1990

La diacronía en psicoanálisis, AE, 2002

Kierkegaard, Soren: *La repetición.* Ediciones de bolsillo

Kristeva, Julia :*Historias de Amor,* Siglo XXI, 1987

Kristeva, Julia: *Al comienzo era el Amor*, Gedisa Editorial, 1986
Lacan, Jacques: Escritos II, *La dirección de la cura*, Paidós, 1984
El yo en la teoría de Freud y en la técnica Psicoanalítica-
El seminario II, Paidós,1984
Los cuatro conceptos Fundamentales del Psicoanálisis- El seminario XI, Paidós,1987
Nasio, Juan.D.: *El placer de leer a Freud*, Gedisa Editorial, 1999
El libro del dolor y del Amor, Gedisa Editorial, 1999
Los más famosos casos de Psicosis, Paidós, 2001
Melgar, Ma. Cristina: *Amor-Enamoramiento-Pasión*, Ed. Kargieman, 1997
Miller, Jacques-Alain: *Recorrido de Lacan*, Quehacer del psicoanalista, Manantial,1996
Milmaniene, José: *La Castración y sus Vicisitudes*, Ed.Kargieman, 1993
Extrañas Parejas, Paidós, 1998
Rougemont, Denis de: *El amor y Occidente*, Editorial Kaidós, 1996
Tramontano, Azucena: *Hacia una posible interpretación de la ausencia*, Congreso Latinoamericano-Fepal 2002
Verhaeghe, Paul: *El amor en los tiempos de la soledad*, Paidós, 2001
Weisz Alvarez , C. ; Buora, A. ;Cothros, H. ; Galak, L. ;
Kury, J. ; Lauriña, C. ; Novelli, E. ; Tramontano, A: *Las máscaras del superyó*, Prístino Ediciones, 2003
Zajdman, Raul: *La agresión en la obra de Freud*, Ed. Kargieman, 1985

Lic. Azucena Tramontano

Lic en Psicologia y Psicoanalista
Miembro titular en función didáctica de la Asociación Psicoanalítica Argentina (APA) y de la Asociación Psicoanalítica Internacional (IPA)
Se ha desarrollado en el ambito de la docencia como profesora adjunta y coordinadora de cátedra de las materias de Psicoanálisis I en la Universidad de Belgrano. En la materia Autores Argentinos de Psicoanálisis en la Universidad Favaloro. En la materia Psicología de la Personalidad en la Universidad de Buenos Aires. Ha sido profesora titular del postrado de Psicoanálisis del Colegio de psicólogos de Morón-Pcia de Buenos Aires. Cargos obtenidos por concurso. Dicta seminarios en el Instituto Angel Gama de la APA y ha dictado seminarios de postrado en la Universidad de Belgrano. Tutora y jurado de tesis de final de carrera de la UB.
Ex psicóloga del Servicio Infanto-Juvenil del hospital Tobar García y del servicio de Geriatría y adultos del Hospital A. Ameghino
Ex Supervisora del Servicio de Psicopatología Infanto-Juvenil del hospital Ramos Mejía y del servicio de adultos del hospital Argerich. Actual supervisora de los candidatos a psicoanalistas de la Asociación Psicoanalítica Argentina.
Coautora del Libro "60 años de psicoanálisis en Argentina", Buenos Aires: Lumen (2002), "Las máscaras del Superyó", Buenos Aires: Ediciones Prístino (2003) y "Los Enigmas de la sexualidad", Buenos Aires: Editorial Travesía 2007.
Ha presentado Trabajos en diferentes congresos y jornadas nacionales e internacionales sobre Transferencia, Sueños, Mito de Edipo y Fascículos de orientación docente, artículos en la revista de Psicoanálisis de APA y en la Revista Moción de APA.
Coordinadora de los cursos virtuales de la APA.
Actual Coordinadora de la Comisión de Evaluación de los trabajos de promoción a miembro titular de la APA.
E-mail: azutramontano@gmail.com

Las pestes de la peste

Juan Vasen

*"El que ama y no obre
engendra peste"*
William Blake

Nos tomo de sorpresa como todo lo traumático. La pandemia nos dejo boquiabiertos hasta que nos pusimos el barbijo. Y se caracterizó por pegar bajo el cinturón de nuestros saberes obligándonos a pensar. La primera de las catástrofes en las que nos sumió es la catástrofe de las certidumbres.

Esa fue quizás la primera de las pestes de la epidemia. Y quizás una de las que más alteró y aún altera nuestra vida cotidiana: la incertidumbre en relación a hábitos y costumbres que son parte natural consustancial de nuestra cotidianeidad.

Tomemos por ejemplo la *relación con nuestro cuerpo:* ¿cuántos de nosotros estamos preocupados por la aparición incierta de un aumento de la temperatura corporal? Nos toman la fiebre en los supermercados, empezamos a tocarnos la frente a cada rato, nuestra masa corporal aumenta pos la pasividad física. Nuestro cuerpo se encuentra invadido por señales que nos alarman.

A esa incertidumbre se suma además la enorme transformación de las modalidades de *nuestro lazo social,* de nuestras formas de contacto y acercamiento a los otros. Esos otros que nos generan afecto, interés y atracción, pero a la vez temor. No solo de ahora, desde siempre. Por ejemplo el hábito de saludar dando las manos se popularizó desde el imperio romano. ¿Cuál era su sentido? Se trataba de una demostración de que las personas no portaban armas. Es decir, se trataba de una forma confiable de encuentro para disipar la enorme desconfianza ante un ataque. Entonces en este momento encontrarnos con otros, compartir un espacio nos llena de incertidumbre respecto a la posibilidad de contagiarnos. El arma que pudieran portar es un virus.

Y en relación al *vínculo entre padres e hijos* esa falta de certidumbre abarca tanto la inseguridad respecto a poder cuidarlos como la incertidumbre respecto a poder soportarlos en una situación de mayor cercanía y presencia. La cantidad de videos graciosos en la web respecto a lo insoportable de la presencia de los niños en el hogar es una forma social de catarsis de una tensión y una angustia fuertemente presente. Goethe había dicho que: -¨No hay nada más insoportable que una sucesión interminable de días hermosos¨. Y nosotros estamos frente algo que puede tornarse insoportable más aún porque no se trata de una sucesión interminable de días hermosos sino, por el contrario, de una sucesión de alteraciones de nuestro entorno habitual sin saber aún cuando terminarán estos días inciertos. ¿Y qué decir cuando a esa incerteza se suman a veces condiciones muy desfavorables?. Entonces las angustias son potenciadas de modo extremo por las carencias y vulnerabilidades. ¿Cómo puede cobijar quien se siente a la intemperie?

Quedarse en casa ha sido una consigna comprensible .Como muchas de las medidas de un gobierno que se ha mostrado prudente y cuidadoso. Y rápidamente se fue notando, quizas comenzando por aquí, la lupa que el virus puso sobre las as desigualdades previas. Sobre llovido mojado esta pandemia recayó de manera diferenciada sobre los sectores donde las condiciones habitacionales son de por sí, y lo eran antes de la epidemia, casi insalubres. No es lo mismo permanecer en una casa confortable para jugar con los hijos aún cuando sea eso fuente de muchas nuevas tensiones que hacerlo en un recinto y que no cuenta con los servicios básicos de infraestructura y confort.

Y la escolaridad desde las casas con todo las diferencias que supone ese cambio de escenario dejaron a la intemperie la dsigualdad de acceso a redes y conexiones virtuales que en este momento han rescatado su potencial más allá del abuso de su empleo dominante como ¨niñeras electrrónicas¨ previo y han hecho propuestas creativas y aliviadoras.

Es emomento de replantear prioridades y dimensionar lo que significa el dolor de un déficit habitacional y de accesibildad a bienes y servicios que genera desigualdades insoportables.

Por otro lado toda crisis es generadora de nuevas formas de subjetivación de nuevas formas creativas no sólo de *flexibilidad* adaptativa ante lo inevitable sino de formas de *plasticidad* creativa para poder encarar nuevos disfrutes y nuevas formas de contacto y de encuentro en medio de la inseguridad y la duda. Tal vez la cercanía pueda generar formas de lazo, de conversación, de juego, de intimidad entre quienes nos hemos ido acostumbrando insensiblemente muchas veces a un marcapaso social con un ritmo bastante cocaínico.

¨El futuro tiene mas posibilidades en la incertidumbre¨ dice Diego Sztulwarc. (2019). Y tal vez en esta incertidumbre se esté generando un futuro nuevo. Quizás estas brumas puedan ser el incierto amanecer de nuevas formas de conectarnos con el cuerpo, los otros, y también con los hijos y los alumnos.

Chocolate amargo, intervenciones, transferencia y peste:

Entre otras cosas probablemente mas graves la pandemia nos ha confrontado con la necesidad de dar flexibilidad y plasticidad a las condiciones de nuestra práctica con niñes. Demanda de nosotros un compromiso diferente, quizás en el modo de involucrarnos, en el cuidado de la abstinencia o la neutralidad.

Es muy diferente garabatear, jugar a las escondidas o a la generala por viedollamada que presencialmente En esta semana tuve que hacer una primera consulta a distancia porque la familia del jovencito vive en una ciudad bastante distante. El chico de 11 años atendido por un colega estaba muy agresivo, muy intolerante y hasta riesgosamente autoagresivo en algunas oportunidades.

Ante esa situación mi colega solicita mi intervención para evaluar si se justificaba recurrir a un psicofármaco. Mi lema en este sentido es: *psicofármacos sólo cuando no hay más (o no hay otro) remedio.*

Luego de una entrevista por videollamada con los padres rganizamos un encuentro también virtual en donde él estaría presente. Esto se hizo prácticamente imposible por su negativa rotunda que incluía esconderse, intentar apagar los teléfonos o tirarlos por el aire. Por supuesto que esto obedecía a una situación contextual y familiar que será necesario abordar por cuerda separada con los padres. Pero en ese momento mi preocupación era poder entablar con él algún tipo de diálogo.

Ante la situación creada que hacía insostenible que el muchachito permanezca en lo que estaba intentando ser una consulta, el padre propone llevárselo al kiosco a comprar un chocolate. Sorprendentemente en ese momento él se dirige a mí a través del teléfono y me dice que se va a ir a comprar un chocolate blanco, a lo cual yo le digo que a mí también me gusta el chocolate, especialmente y a diferencia de él, el amargo. Y le pido que si puede me compre uno. El abre los ojos muy grandes y me mira sorprendido y le comenta al papá:-¨ A Juan le gusta el chocolate amargo.

A partir del momento en que regresa del kiosko con su chocolate y el mío me empieza escribir y a dejar un par de audios en los que me pide disculpas y me dice que la próxima vez vamos hablar. Cosa que efectivamente poudimos hacer en adelante. No me parece que en otras circunstancias hubiera tenido una intervención semejante. Creo que la sensación de estar todos en el mismo barco de esta pandemia me hizo pensar en que debía igualarme a él y mostrarme como alguien deseante, no de él (¿qué me quiere ¨este¨ podría haber sentido?) Alguien a quien también le gusta comer chocolate y no a niños como él.

Algo de esto hizo posible que se abra una rendija donde pudo empezar a deslizarse un diálogo entre nosotros. Será que que él sepa que a mí me gusta el sabor amargo le permitiría saber que contaba con alguien al que pudiera contarle sus amarguras. ¿Podemos considerar que esta fue una intervención psicoanalítica'?

Winnicott se preguntaba si él no podía intervenir psicoanalíticamente pero creía que podía ayudar de otra manera...¿por qué no hacerlo? Y además que una interpretación no se mide por el saber previo que la empuja sino por la sorpresa ante sus efectos. Probablemente esta peste nos haga pensar en esa (nuestra) peste que es el psicoanálisis. Esa que según las palabras que supuestamente intercambio con Jung, Freud llegando a Estados Unidos: ¨No saben que les traemos la peste¨.

¿Cómo vamos a jugar sin tocarnos?

¨Lo más profundo es la piel¨
Paul Valery

Comienzo citando el articulo de Jose Natanson del último número de Le Monde Diplomatique ¨Cuando volvamos a abrazarnos¨.

¨El tacto es el más misterioso de nuestros sentidos". Lo desarrollamos tempranamente, enroscados en el útero protector de nuestras madres, y luego lo transformamos en la barrera física que nos separa del ambiente externo, digamos la interfaz entre el yo y el mundo. Mientras que el crecimiento del sistema auditivo y visual se produce gradualmente hasta que resultan completamente efectivos, el sentido del tacto funciona desde antes del momento en que vemos la luz. Y si la vista y el oído nos informan sobre cosas que pasan lejos, el tacto nos ayuda a entender lo que ocurre ahí nomás. Es la primera pista a partir de la cual comenzamos a formarnos la conciencia de nosotros mismos, y tiene como herramienta a la piel, que con sus 18.000 centímetros cuadrados promedio es el más grande de nuestros órganos sensoriales, el que mantiene la integridad de nuestros órganos y el que nos protege de eventuales amenazas externas, haciéndonos reaccionar cuando nos quemamos o nos pegan.

Pero además de cuidarnos, el tacto funciona como un recurso de construcción de lazos y vínculos entre los animales sociales, entre los cuales se encuentran casi todos los humanos salvo Fernando Iglesias. Las tigresas lamen a sus crías, los cachorros juegan entre ellos, se pelean y mordisquean de una manera no tan diferente a como lo hacen nuestros hijos. Las investigaciones coinciden en que el modo en el que nos tocamos y abrazamos reproduce la forma en la que nuestros ancestros los monos se revisan el pelaje y se acicalan. Además, por supuesto, del estímulo sexual, el tacto sirve para acompañarnos y relajarnos, y es desde siempre el recurso principal del consuelo. Nos sentimos mejor cuando nos tocan.¨ (https://www.eldiplo. org/notas-web/cuando-volvamos-a-abrazarnos/2020):

Ariel llega a su primer encuentro conmigo. Ocurre en cuarentena. Es una excepción que mi praxis como psiquiatra infantil me permite dada la urgencia de la situación y habida cuenta de los cuidados extremos con que es traído a la consulta. Le había mandado un breve vídeo contándole de un modo accesible para sus 5 años por qué nos íbamos a ver. Lo encuentro en el pallier de mi edificio y cuando el encargado le abre la puerta él corre, entusiasta, a abrazarme. Lo miro a los ojos y le explico, lo más amablemente que puedo, que no podremos abrazarnos ni tocarnos.

-¨¿Por el virus? Me pregunta.

-¨Si, por eso¨. Me mira como sin entender

-¨Podremos jugar a muchas cosas, charlar y dibujar, pero no tocarnos¨.

-Pero, ¿y como vamos a jugar sin tocarnos?¨ me espeta algo desconsolado.

¿A cuantas cosas no podemos jugar ahora que no podemos tocarnos? ¿qué lazos veremos debilitados o interferidos?

Contacto con tacto

> *"Soy muy soberbio, ambicioso, vengativo,*
> *con más pecados sobre mi cabeza que*
> *pensamientos para concebirlos, fantasía*
> *para darles forma o tiempo para llevarlos*
> *a ejecución."*
> Hamlet

Verónica estaba agitada en el inicio de esa sesión. Por primera vez había ido a un baile de egresados fuera de su colegio. Se había arreglado y vestido con especial dedicación. Y eso no pasó desapercibido. Varios muchachos ¡de diecisiete, o más..! se acercaron a conversar con ella. Y la sacaron a bailar. ¿Por qué a ella?. No salía de su asombro. Ninguno le creía que tuviera catorce. Parecía estar en otro mundo.

El fin de semana había ido al cine. Vio una película llamada "Contacto" en la que se narraba la historia de una astrónoma que no sólo descubría la existencia de vida en otros planetas, sino que además, concretaba diálogos interplanetarios.

La película se despliega hasta su clímax: el momento del encuentro entre la protagonista y los extraterrestres.

Durante ese desarrollo algunos recuerdos de su padre muerto, acuden a la mente de la investigadora. Ella va siendo inundada por las imágenes de una playa donde transcurrían sus veraneos de infancia.

Mientras tanto, la organización del encuentro queda a cargo de los visitantes, quienes parecen darse cuenta de que podrían ser vividos como terroríficos o asquerosos por los terrícolas.

Llega el momento. La astrónoma es conducida a un escenario igual a la playa de sus recuerdos. Entre médanos ve avanzar hacia ella a un hombre mayor, quien se le va haciendo más familiar a medida que las distancias se acortan. Se reconocen. Su padre la mira y le habla, con una voz que no es la suya sino la de los extraterrestres que, por su intermedio, se dirigen a ella.

De haber sido de otro modo, ¿hubiera podido responder?

Las mediaciones de la fantasía

La construcción de una escena permite tomar prestado -como en la película que Verónica relata- un recuerdo para que su representación encubra y vehiculice algo de un orden diferente que el de la representación. Un escenario verosímil, se dispone para que lo verdadero se presente velado. La sesión posibilita el despliegue de una escena -ella relata- que remite a otra -la película- en la que la protagonista se encuentra con algo entrañable que vela lo unheimlich, lo ominoso, lo siniestro, extraterrestre. Lo unheimlich para ella de la relación con su padre. Eso inaceptable que tiene que ver con la sexualidad. La del padre, el aspecto hombre del papá, o la de ella, proyectivamente localizada.

Pero, además plantea una manera de acercamiento a

eso. Se trataba de tomar contacto, pero con tacto. Una manera de sostener la escena incorporando a ella lo inverosímil, en transferencia. Es aquí donde importa el timing, en especial en tiempos de cámara rápida. Hay digestiones que no pueden acelerarse, de lo contrario las cosas no se absorben o metabolizan. Estas consideraciones van más allá de los rasgos fóbicos de Verónica. Edgar Allan Poe, maestro del género del terror, decía: "Un cuento debe contener ingredientes que rompan de manera tenue el lenguaje común...".

De eso se trataba su demanda transferencial: De que pudiera haber un espacio donde lo inaceptable pudiera ser incluído en cuentos que, a su vez, pudieran ser contados. Este era su modo de entrar en contacto con lo temido.

Lo que implicaba una construccción de ese espacio, de esas mediaciones, y no sólo el des-pliegue de una película, en el sentido de una membrana, que porosamente dejara ver, mas allá de ella.

Este es el punto en que la metáfora fílmica presenta algun límite. Porque continente y contenido no se separan por planos de clivaje francos. Lo reprimido está freudianamente infiltrado por las defensas. Por ende no se trata quitar velos. La verdad no emerge como resultado de un simple develamiento, sino como efecto de un trabajo.

¿Entonces?

La escena de juego es un despliegue imaginario y simbólico que vela un real pulsional dejandolo detrás de escena de manera que el jugar, el dale que se hace posible. Pero siempre hay retoños de lo pulsional reprimdo que eluden la repesión y se hacen presentes disafrazados en la escena. Esos retoños estan cargados de una corporalidad que se escenifica mediada a través de espadeos, tenis, juegos de lucha o cuidados de muñecos o animales.

Esa dimensión sensible esta vedada de hacerse presente en las consultas y encuentros con chicos/as/es hoy.

De ahí el tacto necesario de nuestro lado para favorecer ese despliegue, esa imaginarizacón y puesta en palabras, ese desplazamiento sublimatorio de lo que insiste si no a traves de síntomas o actos.

En mi experiencia personal la construccion en las sesiones de esa piel que aloje lo ¨profundo¨ es más trabajosa en la virtualización actual. Lo registro por el agotamiento mayor despues de una jornada de trabajo con niños en pantallas. Y tal vez sea por la mayorm demanda de mediaciones que la falta de contacto determina.

Todos estamos aprendiendo de esto. Y cuando nos gane el desánimo tengamos en cuanta a Beckett cuando dice ¨*Fallaste, no importa. Falla de nuevo, falla mejor*¨.

Bibliografía

Sztulwarc; Diego (2019): *La ofensiva sensible*. Caja Negra Bs. As.
Natanson, Jose: *Cuando volvamos a tocarnos*. Le Monde Diplomatique .Bs.As. 2020
Beckett, Samuel. (1983) *Worsttward Ho Grove* Press Inc. (first published 1983)

Dr. Juan Vasen

Psicoanalista.
Especialista en Psiquiatria Infanto Juvenil.
Ex jefe de residentes de psicopatología (1984)en el hospital de niños Ricardo Gutiérrez y médico de planta el Hospital Carolina Tobar García desde el año 1985 al 2018.
Ex Coordinador del programa Cuidar Cuidando
Secretario General del Forum Infancias
Autor de ¿Post-mocositos? (2000) Contacto Animal (2004) Fantasmas y pastillas (2005) La atención que no se presta el "mal" llamado ADD (2007) Las certezas perdidas (2008) El mito del niño bipolar (2009) Una nueva epidemia en un vez sin propios (2011) Autismos ¿Espectro o diversidad? (2015) ¿Niños o cerebros? Cuando las Neurociencias descarrilan (2018).
Escuchar las Infancias (2019) en coautoria
www.juanvasen.com.ar
www.foruminfancias.com.ar
Facebook Juan Vasen

A la manera de un Epilogo.
Entre "quedate en casa" y "tests para todos"

Por Raúl Domingo Motta[*]

Un evento biopolítico presuntamente local (originado en un mercado de animales vivos de la ciudad de Wuham, China) irrumpe los discursos burocratizados de las crisis recurrentes del sistema mundial y se afirma como un acontecimiento planetario.

Rápida y sigilosamente se infiltra en el sistema nervioso de la complejidad social tan sensible como aún impensada, atraviesa sin pausa y tregua los discursos adormecedores de los periodistas que no disimulan sus muecas de incoherencia, desconcierto, incredulidad, incertidumbre, desorientación, miedo y angustia.

Al principio, las estadísticas envuelven el planeta, no así la imperiosa reflexividad sobre el acontecimiento mismo. A medida que la pandemia avanza comienza a percibirse que el acontecimiento global atraviesa todas las dimensiones de la realidad humana, se hace cotidiano, íntimo, inteligente, monstruoso y la política comienza a improvisar posibles soluciones consultando a los científicos, pero estos se hallan tan perplejos como todos los demás. Ambos, el político y el científico descubren que el acontecimiento está fuera de norma, es e-norme, porque no se cuenta con los conocimientos, los equipamientos, la organización y las instituciones para dar una rápida solución a semejante evento, pero el punto es más profundo porque los recursos potencialmente existen, al menos

[*] Director Catedra Itinerante UNESCO "Edgar Morín" CIUEM

para las respuestas más urgentes, pero no la organización acorde a la complejidad del asunto.

Muy pronto se aprecia el costo, las muertes crecen velozmente, las comparaciones estadísticas con antecedentes históricos de otras pandemias y enfermedades intentan banalizar los hechos. Pero la saturación de las morgues y los cementerios muestran en tiempo real que la pandemia no es la novedad, sino lo que ella revela por primera vez a escala mundial. Ni el mercado, ni los estados, ni la dirigencia política ni la tecnocracia, ni la "intelligentsia" que cada una por su lado se arrogaban hasta entonces, el control local y global de los sucesos, pueden con ello, todos se asocian por primera vez, en una perplejidad generalizada.

Aparecen argumentos con intentos tan balsámicos como tenebrosos afirmando que los muertos no son una novedad porque otros acontecimientos fueron más mortíferos y las soluciones mágicas están al orden del día. El discurso populista parece confundirse con el mágico que, a veces, se solapa con el tecnológico, se anuncian curas posibles y hasta vacunas inmediatas. Pero el tiempo y la velocidad del acontecimiento montado sobre la dinámica de la complejidad planetaria del desorden humano muestra que esas comparaciones son superfluas, mientras tanto la cuarentena se hace relativamente planetaria y la falta de una gobernabilidad acorde a la escala del desafío es tan evidente como el silencio de la mayoría de los agentes de las organizaciones internacionales. "Quédate en casa" (todo un privilegio en las sociedades del presente) y la palabra "test" son las únicas y pobres consignas que circulan por el mundo.

El miedo colectivo se transforma en una parálisis ominosa y la desesperación privada en una angustia sórdida. Comienza lentamente a evidenciarse que no hay certezas en el horizonte inmediato, pero también se experimentan procesos inéditos de organización humana. A medida que avanza la cuarentena y el reino de las estadísticas, la ansiedad habla el lenguaje de la pos(t)pandemia deseada. El mercado se paraliza relativamente y los estados comienzan a hacer anuncios impensados meses atrás. Pero la pandemia parece encarnizarse con los excluidos, los ancianos, los enfermos y los marginados.

La discusión entre sostener la cuarentena y levantarla para evitar la crisis económica no se hace esperar, cada uno elige uno de los extremos y las estadísticas dirimen los resultados a futuro. Mientras tanto, los escépticos y los utopistas discuten qué pasará con el futuro de la humanidad ¿volverá a ser como antes de la pandemia? ¿Al fin se pegará un salto de calidad hacia un mundo mejor? Nada cambiará luego que el "accidente" se disipe dicen los más conservadores y poderosos. Entre la visión conservadora, que niega el poder profundamente re-configurador de la pandemia, y la visión quimérica, que propone un año cero de la historia, se anuncia algo más preciso, el acontecimiento de la pandemia desnuda la fragilidad de la complejidad humana, la relación entre fragilidad y complejidad se hace evidente, la interdependencia entre todas las dimensiones humanas y la nueva escala de la relación entre la humanidad y el planeta se singulariza en cada miembro de la especie de forma pánica, pero no menos objetiva. Junto a esta fragilidad, descubrimos cuánto ignoramos y al mismo tiempo, experimentamos el protagonismo del error individual y colectivo, tanto científico como político.

Entre la consigna "todos en casa" y "test para todos" hay un vacío de solidaridad y reflexividad estratégica sorprendente, mientras tanto, se realizan campañas espaciales y vueltas audaces a una "nueva normalidad" que nadie puede descifrar. Pero la cifra de la complejidad es la fragilidad de un sujeto impensado que emerge en medio del miedo y la lucidez, el sujeto humanidad, el nombre "genérico" del habitante de la casa común. Contexto real que se revela a medida que se desmorona un mercado anémico y una tecnocracia anónima, emergen en forma desordenada pero firmes los gérmenes de nuevas posibilidades donde conservar es revolucionar y revolucionar es cuidar. La comunidad que resiste al miedo y lo transforma en prudencia solidaria se sitúa por delante de la impericia política o, como puede observarse también, acompaña voluntariamente a la política pertinente. Más allá de ello y las incertidumbres presentes, un horizonte planetario se revela cada vez más con mayor evidencia.

La necesidad de una civilización planetaria se reconoce en el hecho concreto de que la mayoría de los conflictos, de los problemas y desafíos del presente son fenómenos interiores y corresponden a un mundo satelizado y errante. Las diferencias económicas, políticas, religiosas, nacionales, raciales e ideológicas se han acentuado, pero a su vez están siendo absorbidas en el movimiento interdependiente y complejo de acontecimientos planetarios.

Las diferencias entre oriente y occidente, el norte y el sur, las derechas y las izquierdas, lo artificial y lo natural, la conservación y la revolución, el socialismo y el capitalismo, la paz armada y la guerra fría, los colores de los hombres, la pobreza y la riqueza, lo local y lo global, la salud y la enfermedad, el empleo y el desempleo, recorren y son recorridas por una mutación radical que encierra una crisis de escalas sin precedentes: cambios de signos y de tiempos.

El principio mismo y el significado de estas diferencias transitan por una dimensión borrosa y discontinua. Dos elementos de esa mutación se retroalimentan entre sí: la complejidad de la planetarización y la planetarización de la complejidad. Esta retroalimentación demanda una sincronicidad inédita entre la diversidad de acciones, decisiones y responsabilidades locales en un contexto de fragilidad global. Pero la incertidumbre es el signo de lo posible, para bien o para mal. Un fantasma aparece en medio de este desafío, la sombra del estado totalitario o tal vez, una nueva especie, un estado "totalizante" que envuelva la fragmentación tecnotrónica de las comunidades transformadas en ghettos preventivos, donde los derechos sociales y políticos de la modernidad se evaporen al ritmo de los decretos de necesidad y urgencia.

Raúl Domingo Motta

Profesor e investigador en humanidades del Centro de Estudios Interdisciplinarios (CEI) de la Universidad Nacional de Rosario (UNR). Profesor e investigador principal del Instituto de Investigación en Ciencias Sociales (IDICSO - CONICET) de la Universidad del Salvador. Director Cátedra Itinerante UNESCO "Edgar Morin" (CIUEM) y de la Revista Complejidad.
www.complejidad.info
E-mail: contacto@complejidad.info

"En este sentido, el confinamiento podría dar lugar a una crisis existencial saludable en la que reflexionaríamos sobre el significado de nuestras vidas profundamente, esta crisis es antropológica: nos revela el rostro lisiado y vulnerable del formidable poder humano, nos revela que la unificación tecno económica del mundo, creó al mismo tiempo una interdependencia generalizada, una comunidad de destinos sin solidaridad".
Edgar Morin (2020)

Impreso en Imprenta Dorrego, Ciudad de Buenos Aires en
el mes de junio de 2020. Producción gráfica y editorial,
Ricardo Vergara Editor - edicionesvergara@gmail.com